D1689738

MÜNCHENER STUDIEN ZUR POLITIK

Herausgegeben vom
Geschwister-Scholl-Institut für Politische Wissenschaft
der Universität München
durch Gottfried-Karl Kindermann,
Nikolaus Lobkowicz, Hans Maier und Kurt Sontheimer

23. Band

GISELA RÜSS

Anatomie einer politischen Verwaltung

Das Bundesministerium für gesamtdeutsche Fragen –
Innerdeutsche Beziehungen 1949–1970

VERLAG C.H.BECK · MÜNCHEN

ISBN 3 406 03733 X

Umschlagentwurf: Wolfgang Taube, München
© C. H. Beck'sche Verlagsbuchhandlung (Oscar Beck) München 1973
Gesamtherstellung: Walter Pieper, Würzburg
Printed in Germany

VORWORT

Fast jedes Buch, das über die Regierungsorganisation der Bundesrepublik Deutschland erscheint, beklagt, wie wenig sich die politische Wissenschaft mit diesem Thema beschäftigt [1]. Obwohl ich diese Klagen nicht wiederholen will, verstehe ich meine Arbeit doch auch nicht anders als den viel zitierten „Baustein" [2], um auf dem Gebiet der Regierungslehre ein wenig weiterzukommen.
Ein Ministerium zu untersuchen, bringt eine Vielzahl von Problemen mit sich, die einem Außenstehenden nicht durchschaubar oder geradezu absurd erscheinen mögen. Ein nahezu unwahrscheinlicher Geheimhaltungstrieb [3], der sich sogar auf Dinge erstreckt, die an anderen Stellen ohne weiteres erhältlich sind, erfordert komplizierte Wege der Materialbeschaffung. Obwohl das Ministerium für gesamtdeutsche Fragen nie grundsätzlich jede Unterstützung verweigert hat [4], lief das tatsächliche Verhalten faktisch darauf hinaus [5]. Die Gründe dafür sind vielschichtig. Einerseits ist es eine Beamten

---

[1] Zwei Klagen für viele: Wilhelm Hennis [33], Politik als praktische Wissenschaft, München 1968, S. 87; Hans Maier, Politische Wissenschaft in Deutschland, München 1969, S. 224.

[2] So zum Beispiel: Renate Kunze, Kooperativer Föderalismus in der Bundesrepublik, Stuttgart 1968, S. 4.

[3] Vgl. Hans Maier, Politische Wissenschaft in Deutschland, München 1969, S. 224.

[4] Entscheidung Wehners zur begrenzten Unterstützung – mitgeteilt in einem Brief vom 24. 10. 1969 –, die dann durch Wehners Weggang nicht zum Tragen kam; begrenzte positive Entscheidung Frankes in einem Brief an Professor Sontheimer vom 5. 6. 1970.

[5] Nur ein Beispiel für viele: *Stellenübersichten*. Bei einem Besuch im BMG am 22. 8. 1968 verwies man mich auf den nächsten Tag, am 23. 8. sagte man mir zu, sie zu schicken.
Brief vom 26. 8. 1968: „Auf die von Ihnen erbetene Überlassung von Stellenübersichten des BMG werde ich in Kürze zurückkommen."
Brief des BMG vom 6. 9. 1968: „Ihrer Bitte, Ihnen die Stellenübersichten des Bundesministeriums für gesamtdeutsche Fragen zu überlassen, kann ich trotz wohlwollender Prüfung Ihres Anliegens nicht entsprechen, weil derartige Unterlagen nur für den dienstlichen Gebrauch bestimmt sind."
In einem Gespräch im BMG vom 7. 7. 1969 (Ministerialdirigent Weichert, Ministerialrat Warnke) hatte man keine Bedenken, mir die Stellenübersichten zukommen zu lassen.
Brief vom 10. 7. 1969: „Hinsichtlich der Stellenübersichten muß ich im übrigen auf meine Ausführungen im Schreiben vom 6. 9. 1968 verweisen."

offensichtlich eigene Abneigung, irgendetwas über ihre Arbeit in die Öffentlichkeit dringen zu lassen, anderseits tritt dazu im Bundesministerium für innerdeutsche Beziehungen [6] ein besonders ausgeprägtes Sicherheitsbedürfnis. Sicherlich ist das, wenn man die jetzigen Aufgaben bei den Verhandlungen mit der DDR berücksichtigt, nicht ganz unverständlich. Doch manchmal kann man sich des Eindrucks nicht erwehren, daß viele führende Beamte, die selbst unzureichend über das Ministerium in den fünfziger Jahren unterrichtet zu sein scheinen, sich nur sehr zaghaft und mühsam auf dem Wege der ‚neuen Deutschlandpolitik' vorwärts tasten und jede Publizität scheuen [7]. Die ‚alten' Beamten versuchen krampfhaft, sich in dieses Schema einzuordnen und sind zu keinen Aussagen bereit, die die Spitze des BMB vielleicht an ihrer Loyalität zweifeln ließe.

Es fragt sich, ob eine derartige Untersuchung unter diesen Voraussetzungen überhaupt noch sinnvoll ist. Doch bei fast keiner politologischen Arbeit wird man die Möglichkeit haben, alles existierende Material zu erreichen, und Quellen, die heute noch auswertbar sind, wären einer späteren Bearbeitung nicht mehr zugänglich. Dazu zählen insbesondere Interviews [8]. So müßte auch eine spätere mehr historische Analyse Unvollständigkeit in Kauf nehmen.

Bonn, im Oktober 1972   Gisela Rüß

Nach meinem erneuten Vorstelligwerden erhielt ich am 3. 9. 1969 ein Schreiben, in dem man mir alle Organisationspläne ohne Namensangabe anbot, die ich jedoch bis heute nicht erhalten habe.

Im Juni 1970 erhielt ich dann den neuesten Plan ohne Namen. Daß die Stellenpläne auch von Zeit zu Zeit im Handbuch ‚Die Bundesrepublik' abgedruckt werden, scheint wohl kaum jemandem der so auf Sicherheit bedachten Beamten geläufig zu sein.

[6] Verwendete Abkürzungen: BMB für Bundesministerium für innerdeutsche Beziehungen; BMG für Bundesministerium für gesamtdeutsche Fragen.

[7] Man möchte dabei weder die rechten Publizisten in der BRD, noch Ostberlin allzu sehr provozieren.

[8] Die Mehrzahl davon wurde mit Tonband geführt, zu Protokoll gebracht und vom Interviewten korrigiert. Eine Liste der wichtigsten Interviews befindet sich im Anhang. Um späteren wissenschaftlichen Auswertungen wichtige Passagen der Interviews im Wortlaut zugänglich zu machen, wurde soweit wie möglich auf wörtliche Zitate zurückgegriffen.
Zur Problematik der Auswertung von Interviews vgl.: Arnulf Baring [22], Außenpolitik in Adenauers Kanzlerdemokratie, München, Wien 1969, S. 347;
Gerhard Lehmbruch u. a., Einführung in die Politikwissenschaft, Stuttgart, Berlin, Mainz, Köln 1967, S. 86 ff.

EINLEITUNG

Das Bundesministerium für gesamtdeutsche Fragen ist ein Ministerium sui generis, das – obwohl es sich in verwaltungstechnischen Fragen kaum von anderen Ministerien unterscheidet – eine besondere Problematik aufweist. Es wird von vielen – u. a. weil es in klassische Schemata nicht einzuordnen ist – nicht ganz ernstgenommen, und mancher selbst in der Bonner Regierungsmaschinerie weiß kaum von dessen Existenz.

Der Verfasser hat sich das Ziel gesetzt, das BMG/BMB von verschiedenen Aspekten her zu analysieren [9]. Ansatzpunkte dazu sind:
– die Stellung des Ministers in Partei, Koalition und Kabinett
– das Ministerium als Instrument der Politik
– die Konstruktion und die Aufgaben des Ministeriums.

Diese sehr umfassende Betrachtungsweise, die einerseits zeigen will, wie ein Ministerium ‚funktioniert‘, um auch Ansätze zum Vergleich mit anderen Ministerien zu geben, andererseits aber zwangsläufig auch die Veränderungen in der Deutschlandpolitik berücksichtigen muß, bringt erhebliche Schwierigkeiten einer annehmbaren Gliederung mit sich. Im ersten Teil wird versucht, die Entwicklung des Ministeriums unter den verschiedenen Ministerien darzustellen. Dazu gehört die Entstehung des BMG, die ohne Jakob Kaiser nicht denkbar ist. Die einzelnen Kapitel sollen zeigen, welche Auffassungen die Minister von ihrem Amt und ihren Aufgaben hatten, welche Schwerpunkte sie setzten und inwiefern sie das Ministerium als Instrument ihrer Politik verstanden.

Der zweite Teil zeigt die Aufgaben des BMG/BMB unter Berücksichtigung der organisatorischen und personellen Voraussetzungen. Überschneidungen zwischen den beiden Teilen sind dabei nicht auszuschließen.

Das gegenseitige Bedingen von Organisation, personellen Gegebenheiten und politischem Spielraum des Ministers im Wirkungsfeld der Bundesregierung vor dem Hintergrund der Deutschlandpolitik soll deutlich gemacht werden und einen Einblick in die Bonner Regierungstechnik gewähren.

---

[9] Und damit den Rahmen der bisherigen Untersuchungen über Ministerien zu sprengen.

ABKÜRZUNGSVERZEICHNIS

AgF	Archiv für gesamtdeutsche Fragen
BBB	Büro Bonner Berichte
BfgA	Bundesanstalt für gesamtdeutsche Aufgaben
BKA	Bundeskanzleramt
BMB	Bundesministerium für innerdeutsche Beziehungen
BMG	Bundesministerium für gesamtdeutsche Fragen
BRH	Bundesrechnungshof
BT	Bundestag
FB	Forschungsbeirat
IWE	Informationsbüro West
KgU	Kampfgruppe gegen Unmenschlichkeit
KUD	Kuratorium Unteilbares Deutschland
UFJ	Untersuchungsausschuß Freiheitlicher Juristen
VFF	Volksbund für Frieden und Freiheit
VFWD	Verein zur Förderung der Wiedervereinigung Deutschlands

INHALT

Vorwort V

Einleitung VII

Abkürzungsverzeichnis VIII

ERSTER TEIL
DAS BUNDESMINISTERIUM FÜR GESAMTDEUTSCHE FRAGEN UNTER DEN VERSCHIEDENEN MINISTERN

VORBEMERKUNGEN

1. Stellung eines Ministers 3
2. Struktur eines Ministeriums 4
3. Struktur- und Personalpolitik 7

KAPITEL I
DAS BUNDESMINISTERIUM FÜR GESAMTDEUTSCHE FRAGEN UNTER DER LEITUNG VON JAKOB KAISER

A. Die politische Stellung Jakob Kaisers 9

B. Die Entstehung des Ministeriums 11

C. Aufgaben und Selbstverständnis des BMG 15

D. Organisatorische und personelle Entwicklung in der Aufbauphase   16

E. Schaltstationen im Ministerium 20

  1. Der Staatssekretär 20
    a) Seine Ernennung 20
    b) Seine Stellung im Ministerium 23
    c) Auseinandersetzungen zwischen Thedieck und Kaiser . . . 25

  2. Der persönliche Referent 27

  3. Der Pressereferent 28

  4. Der Personalreferent 28

F. Schwerpunkte – Funktionen – Möglichkeiten Jakob Kaisers . . 29

G. Thesen zu Kapitel I 33

KAPITEL II

DAS BUNDESMINISTERIUM FÜR GESAMTDEUTSCHE FRAGEN UNTER DER LEITUNG VON ERNST LEMMER

A. Die politische Stellung Ernst Lemmers 34

B. Die Ernennung Lemmers zum Minister 35

C. Die Stellung Lemmers als Minister 36
   1. Seine Amtsauffassung 36
   2. Seine Funktionen im Kabinett 37
   3. Seine Arbeit im Ministerium 38

D. Thesen zu Kapitel II 41

KAPITEL III

DAS BUNDESMINISTERIUM FÜR GESAMTDEUTSCHE FRAGEN UNTER DER LEITUNG VON RAINER BARZEL

A. Die politische Stellung Rainer Barzels und Gründe für seine Ernennung 42

B. Die Arbeit Barzels im Ministerium 43

C. Schwerpunkte der Arbeit des BMG unter Barzel 45

D. Thesen zu Kapitel III 45

KAPITEL IV

DAS BUNDESMINISTERIUM FÜR GESAMTDEUTSCHE FRAGEN UNTER DER LEITUNG VON ERICH MENDE

A. Die politische Stellung Erich Mendes 46
   1. Die Konzeption Mendes und der FDP in der Deutschlandpolitik 46
   2. Mendes Stellung in Partei und Koalition 47

Inhalt XI

B. Mendes Stellung als Minister 48
 1. Seine Ernennung 48
 2. Organisatorische und personelle Entwicklung 49
   a) Wahl des Staatssekretärs 50
   b) Veränderungen 1964 51
   c) Veränderungen 1966 52
   d) Geplante Veränderungen 53
   e) Schlüsselpositionen 54
 3. Schwerpunkte der Politik Mendes 55
   a) Interzonenhandel 56
   b) Zonenrandgebiete 56

C. Thesen zu Kapitel IV 57

KAPITEL V

DAS BUNDESMINISTERIUM FÜR GESAMTDEUTSCHE
FRAGEN UNTER DER LEITUNG VON HERBERT WEHNER

A. Die politische Stellung Wehners 58

B. Wehners Arbeit im Ministerium 59
 1. Strukturelle und personelle Veränderungen 59
   a) Das Ministerbüro 59
   b) Veränderungen in den anderen Abteilungen 61
 2. Die Besetzung von Schlüsselpositionen 62
   a) Der Staatssekretär 62
   b) Der Pressereferent 63
   c) Der Personalreferent 64
   d) Allgemeine Personalpolitik 64

C. Thesen zu Kapitel V 65

KAPITEL VI

DAS BUNDESMINISTERIUM FÜR INNERDEUTSCHE
BEZIEHUNGEN UNTER DER LEITUNG
VON EGON FRANKE

A. Ernennung Frankes zum Minister 66

B. Die politische Stellung Egon Frankes 67

C. Umbenennung und veränderte Aufgabenstellung 69

D. Organisatorische und personelle Veränderungen 70
  1. Ministerbüro – Planungsstab 70
  2. Veränderungen in den Abteilungen I und II 70
  3. Der Parlamentarische Staatssekretär 71

E. Thesen zu Kapitel VI 72

ZWEITER TEIL

DIE AUFGABEN DES MINISTERIUMS UNTER
BERÜCKSICHTIGUNG DER ORGANISATORISCHEN
UND PERSONELLEN VORAUSSETZUNGEN

Vorbemerkung 75

KAPITEL I

DAS VORFELD DES MINISTERIUMS

A. Entstehen des Vorfeldes 76

B. Veränderungen im Vorfeld 77
  1. Vorarbeiten und Auseinandersetzungen über die Fusion einiger Institutionen 77
  2. Begründung durch das Ministerium 79
  3. Auseinandersetzungen um die Kabinettsvorlage 82

C. Die Bundesanstalt für gesamtdeutsche Aufgaben – Gesamtdeutsches Institut 83
  1. Aufbau und Aufgaben der BfgA 83
  2. Die Stellung des Präsidenten 83

D. Thesen zu Kapitel I 85

KAPITEL II

GRUNDSATZARBEIT

Vorbemerkung 86

A. Beobachten – Sammeln – Ordnen 86
  1. Archiv für gesamtdeutsche Fragen
     Abteilung Archiv und Dokumentation der BfgA 86

Inhalt

2. Flüchtlingsbefragungen 88
3. Meinungsbefragungen 89
4. Büro für politische Studien 90
5. Untersuchungsausschuß Freiheitlicher Juristen 90
   a) Entwicklung 90
   b) Zusammenarbeit zwischen BMG und UFJ 91

B. Analysieren – Forschen – Planen 92
1. Königsteiner Kreis – Gesamtdeutsche Wahlen 92
2. Forschungsbeirat 94
3. Forschung 97

C. Politische Grundsatzarbeit im Ministerium 99
1. Bis 1963 99
2. Von 1964 bis 1966 101
3. Seit 1967 102

D. Thesen zu Kapitel II 103

KAPITEL III
ÖFFENTLICHKEITSARBEIT

Vorbemerkung 104

A. Politische Informationsarbeit 105
1. Publikationstätigkeit 105

   Vorbemerkung 105
   a) Beantwortung der kommunistischen Infiltrationspraktiken mit Propagandamaterial 105
   b) Entstehung des Büros Bonner Berichte 106
   c) Bandbreite der Veröffentlichungen 107
   d) Unterrichtung der Bevölkerung in der DDR 108
   e) Probleme eines Verteilers 109
   f) Tendenzveränderungen in der Publikationstätigkeit . . . 109
   g) Wandel in der Publikationstätigkeit seit dem Amtsantritt Wehners 111

2. Rednerdienst 112
3. Filmstelle 112

XIV Inhalt

4. Ausstellungstätigkeit 113
5. Deutschlandhaus 113
6. Informationsarbeit durch andere Institutionen
   Vorbemerkung 115
   a) IWE 115
   b) Volksbund für Frieden und Freiheit 117

B. Politische Öffentlichkeitsarbeit 119
1. Ziel der Öffentlichkeitsarbeit 119
2. Direkte Öffentlichkeitsarbeit durch das BMG/BMB 120

C. Politische Bildungsarbeit 122
1. Bildungstagungen 122
2. Informationsfahrten 123
3. Zusammenarbeit mit den Schulen 123

D. Organisation der Öffentlichkeitsarbeit 124
1. Im BMG/BMB 124
2. In der BfgA 125

E. Thesen zu Kapitel III 126

KAPITEL IV

FÖRDERUNGS- UND BETREUUNGSMASSNAHMEN

Vorbemerkung 127

A. Entstehung und Kontrolle des ‚Geheimfonds'. 127

B. Beratung und Rechtsschutz 129

C. Materielle Hilfeleistungen 130

D. Förderung von Begegnungen und Informationsreisen . . . 132

E. Kulturelle Förderung und Betreuung 134
1. Vertriebenenverbände und Landsmannschaften 134
2. Zonenrandgebiet 136

F. Unterstützung an Institutionen und Vereine in den fünfziger Jahren 137

G. Veränderungen in der Organisation und Art der Subventionen 139

H. Thesen zu Kapitel IV 140

KAPITEL V

BERATUNG UND KOORDINIERUNG

Vorbemerkung 141

A. Stellung des BMG/BMB in der Arbeit der Bundesregierung . . 142
  1. Stellung des BMG unter Jakob Kaiser in der Arbeit der Bundesregierung 142
  2. Stellung des BMG unter Ernst Lemmer in der Arbeit der Bundesregierung 144
     a) Streit um die Olympia-Fahne 144
     b) Das Ein- und Ausreisegesetz 145
  3. Stellung des BMG unter Rainer Barzel in der Arbeit der Bundesregierung 146
  4. Stellung des BMG unter Erich Mende in der Arbeit der Bundesregierung 146

     Vorbemerkung 146
     a) Passierscheinverhandlungen 147
     b) Kabinettsausschuß 148
     c) Amt für innerdeutsche Regelungen 149
     d) Kompetenz des Bundeskanzleramtes 152
     e) Verhandlungen um die Saalebrücke 152

  5. Stellung des BMG unter Herbert Wehner in der Arbeit der Bundesregierung 153
  6. Stellung des BMB unter Egon Franke in der Arbeit der Bundesregierung 156

B. Besondere Probleme in der Koordinierung und Beratung . . . 157
  1. Zusammenarbeit mit den Länderbehörden 157
     a) Gesamtdeutsche Referate der Länder 157
     b) Bezeichnungsrichtlinien und Rundschreiben 158

XVI Inhalt

    c) Kommunale Richtlinien 159
    d) Aufgaben der Grundsatzabteilung bei der Beratung der Länderbehörden 161
  2. Interzonenhandel 162
  3. Zonenrandförderung 162

C. Thesen zu Kapitel V 164

KAPITEL VI

DIE WESTABTEILUNG — DAS SAARPROBLEM

A. Entstehung der Westabteilung 165

B. Das Saarproblem 165
  Vorbemerkung 165
  1. Auseinandersetzungen um die Saardenkschrift 166
  2. Interpretationen der Wahlen vom November 1952 167
  3. Aktionen des BMG im Saarland 168
  4. Die Saarreferate des BMG und des Auswärtigen Amtes – Pläne zu Veränderungen 169
  5. Das Saarstatut 170

C. Auflösung der Westabteilung 171

D. Thesen zu Kapitel VI 172

KAPITEL VII

DIE BERLINER ABTEILUNG

A. Entstehung 1949 173

B. Aufgabenstellung der Berliner Abteilung 174
  1. Verbindung zur Bundesregierung 174
    a) Bundesbevollmächtigter 174
    b) Errichtung von Bundesbehörden in Berlin 175
    c) Auseinandersetzungen zwischen dem Berliner Senat und der Bundesregierung 175

  2. Schwerpunkte der Arbeit 176

Inhalt XVII

C. Organisatorische und Aufgabenveränderungen 177

D. Thesen zu Kapitel VII 179

Schlußbetrachtung – Thesen 180

ANHANG

Verzeichnis der wichtigsten Interviews 185

Literaturverzeichnis 186

Organisationspläne 189

Sachregister 200

Personenregister 203

ERSTER TEIL

DAS BUNDESMINISTERIUM
FÜR GESAMTDEUTSCHE FRAGEN UNTER DEN
VERSCHIEDENEN MINISTERN

VORBEMERKUNGEN

1. Stellung eines Ministers

Die politische Stellung eines Ministers ist von vielen Komponenten abhängig, ebenso wie die Gründe für seine Ernennung vielfältiger Art sein können. Der Kanzler kann gezwungen sein, jemanden zum Minister zu berufen aufgrund von Koalitionsabmachungen [1], oder um rivalisierende Flügel seiner Partei zusammenzuhalten [2]. Ihm kann daran liegen, Individualisten unter die ‚Kabinettsfuchtel' zu bekommen [3] oder einem Protegé den Zugang zu höheren Ämtern zu ebnen [4]. Auch die Tätigkeit im Sachbereich evtl. gepaart mit einer Machtstellung in der Fraktion können für die Ernennung entscheidend sein. In vielen Fällen spielt aber die fachliche Qualifikation nicht die ausschlaggebende Rolle. Die Gründe umreißen gleichzeitig den politischen Spielraum des Ministers, der allerdings durch seine Fähigkeit, das Ministerium als Instrument einzusetzen, und seine Aktivitäten [5] im Kabinett – wenn auch nicht übermäßig, so doch – beeinflußt werden kann.

Ein Minister hat eine Vielzahl von Funktionen zu erfüllen [6], die unter

---

[1] Z. B. Mende, Wehner.

[2] Z. B. Kaiser.

[3] So deutet Lemmer seine Ernennung.

[4] Z. B. Barzel.

[5] Hennis, [33], S. 187 f.: „Der Wechsel im obersten Führungsamt der Bundesrepublik hat jedermann deutlich gemacht, wie stark die lebende Verfassung eines Gemeinwesens von den leitenden Personen geprägt werden kann. Die politische Ordnung eines Gemeinwesens ist nicht nur das Epiphänomen kollektiver gesellschaftlicher Kräfte; eine Verfassungsordnung ist kein lebloses Marionettentheater, in dem nur an juristischen Fäden gezogen wird. Wie stark auch immer die Kraft objektiver Bedingungen sein mag, ein Amt und eine Kompetenz bleiben immer das, was ein lebender Mensch daraus macht."
Vgl. auch Friesenhahn in: Parlament und Regierung im modernen Staat, Veröffentlichungen der Vereinigung Deutscher Staatsrechtslehrer, 16, Berlin 1958, S. 30.

[6] Theodor Eschenburg, Bemerkungen zur deutschen Bürokratie, Mannheim 1955, S. 21: „Er muß sich – sollte es wenigstens – auf Kabinetts- und Fraktionssitzungen vorbereiten. Allein die Doppelfunktion der Kollegialmitgliedschaft und der Behördenleitung würde heute einen Minister weit über seine Kraft in Anspruch nehmen. Kaum kommt er aber wegen all der anderen eben genannten Verpflichtungen seines Amtes zu diesen Aufgaben. Die Verantwortung, die der Mi-

den Amtsträgern eine unterschiedliche Gewichtung erfahren und durch die Schwerpunktbildung die politischen Möglichkeiten mit bestimmen [7].
– Der Minister ist Vertreter seiner Partei, d. h. meist eines Flügels (und damit auch bestimmter Interessen), denen er als Minister Gewicht zu verschaffen und deren politische Konzeption er durchzusetzen versucht.
– Er ist an der Willensbildung im Kabinett und an der politischen Beratung des Kanzlers beteiligt.
– Er ist Dienstherr seines Ministeriums [8].

2. Struktur eines Ministeriums

In der Gemeinsamen Geschäftsordnung der Bundesministerien ist der formale Rahmen für den Aufbau eines Bundesministeriums und seine Arbeitsweise festgelegt [9]. Die Grundlage bildet die hierarchische Gliederung in Abteilungen, Unterabteilungen und Referate.
Die GGO bestimmt:
„Die tragende Einheit im organisatorischen Aufbau des Ministeriums ist das Referat. Jede Arbeit in einem Ministerium muß einem Referat zugeordnet sein ..." (§ 4 (2) GGO I)

---

nister nach der Verfassung für sein Ressort hat, kann in Wirklichkeit kaum einer der heute amtierenden Minister mehr tragen."
[7] Langsam setzt sich auch in Staatslehre und Praxis die Auffassung durch, daß einem Minister die Möglichkeit gegeben sein muß, durch neue organisatorische Formen zu versuchen, die hierarchische Struktur zu sprengen, um sein Ministerium funktionsfähig zu machen und seinen Aufgaben gerecht zu werden. Professor Stern kam deshalb zu dem Schluß: „Jegliche Innenorganisation der Ministerien wird administrativen, der parteipolitischen und der gubernativen, insbesondere planungspolitischen Funktion des Ministers Rechnung zu tragen haben. Die dreifache Rolle des Ministers entspricht allein eine kombiniert stabsmäßige und linienmäßig ausgebildete Organisationsstruktur in der Gestalt der Errichtung eines Führungsstabes zusammen mit der Administrativbehörde und einem politischen Verbindungsstab, nicht im Sinne eines isolierten Nebeneinanders, sondern entsprechend der Umschaltfunktion des Ministers zwischen Politik und Verwaltung, im Sinne einer gegenseitig beeinflussenden und von einander profitierenden Zusammenarbeit." (Klaus Stern, Zur Problematik der Inkorporierung eines „Aufgabenplanungssystems" in der Organisationsstruktur der Bundesregierung, in: *Projektgruppe für Regierungs- und Verwaltungsreform beim Bundesministerium des Innern* [38], Erster Bericht zur Reform der Struktur der Bundesregierung und der Bundesverwaltung, August 1969, Anlagenband, S. 597)
[8] Vgl. E. Guilleaume, Reorganisation von Regierung und Verwaltungsführung, Baden-Baden 1966, S. 41.
[9] Vgl. GGO I, insbesondere § 3 ff. (Die GGO wird intern ‚Gemeinsame Kleiderordnung' genannt).

2. Struktur eines Ministeriums

Nach diesem traditionellen Aufbau kommen in jedem Ministerium dem Staatssekretär, dem persönlichen Referenten des Ministers, dem Personal- und Organisationsreferenten und dem Pressereferenten eine besondere Bedeutung qua Amt zu [10]. Ohne eine Vertrauensbasis [11] zwischen diesen Mitarbeitern und dem Minister kann es zu ernsten Schwierigkeiten in der Arbeit kommen.

a) Der Staatssekretär. Die GGO räumt dem Staatssekretär im Ministerium weite Kompetenzen ein. Er ist Vertreter des Ministers (§ 3) [12] und leitet den Geschäftsbetrieb (§ 6). Es entspräche nicht den Tatsachen, wollte man dem Minister die politischen und dem Staatssekretär die verwaltungsmäßigen Aufgaben zuweisen [13], denn „der Position nach sind sie (Staatssekretäre) Politiker im Ornat höherer Beamter ... sie sind die Chefs der operativen Planung, taktischen Koordination und Personalauswahl in ihren Ministerien." [14] Die jeweilige Abgrenzung zwischen dem Staatssekretär und dem Minister ist nur individuell bestimmbar. Zwei Extreme als Beispiele für diese Möglichkeiten im Bereich des BMG sind die Arbeitsteilungen zwischen Lemmer und Thedieck (weiter politischer als auch verwaltungsmäßiger Spielraum des Staatssekretärs) und zwischen Wehner und Krautwig (keinerlei politischer und auch nur sehr begrenzter verwaltungsmäßiger Einfluß des Staatssekretärs). Duppré [15] sprach davon, daß es notwendig sei, daß Staatssekretär und Minister „an dieser entscheidenden Stelle sich zu einem Tandem formieren können. Auf die volle Funktionsfähigkeit kommt es an. Wenn diese nicht gewährleistet ist, könnte beispielsweise der leitende Beamte mit Hilfe von Vorzimmer und persönlichen Referenten auf die Routinearbeit abgelenkt oder umgekehrt die politische Spitze der Orientierungslosigkeit ausgeliefert werden ... Minister und Staatssekretär ‚müssen es miteinander können', wie man im Jargon sagt. Das ist oft keine Frage des politischen Standortes, sondern sehr viel öfter ein rein menschliches Problem ..." [16]

---

[10] In der tatsächlichen Arbeit eines Ministeriums können sich die Schwerpunkte auch in andere Referate verlagern.
[11] Sie muß nicht unbedingt durch das gleiche Parteibuch gegeben sein.
[12] Eingeschränkt durch den parlamentarischen Staatssekretär.
[13] Thedieck ist der Auffassung, wenn er keine politische Entscheidung zu treffen gehabt hätte, hätte er das Haus jeden Morgen gleich wieder verlassen können. (Interview Thedieck vom 2. 6. 1970)
[14] Rudolf Wildenmann [40], Macht und Konsens als Problem der Innen- und Außenpolitik, Köln, Opladen 1967, S. 153.
[15] Staatssekretär, Chef der Staatskanzlei Rheinland-Pfalz.
[16] Franz Duppré, Der leitende Beamte und die politische Spitze des Amtes in: Öffentlicher Dienst und politischer Bereich [37], Vorträge und Diskussionsbeiträge der 35. Staatswissenschaftlichen Tagung der Hochschule Speyer, 37, Berlin 1968, S. 23.

b) Der persönliche Referent. Der persönliche Referent des Ministers nimmt in jedem Ministerium eine Sonderstellung ein [17] und ist ein „nur dem Minister unterstellter Führungsgehilfe für alle Aufgaben, die ihm vom Minister übertragen werden. Dazu gehören Aufgaben im organisatorischen Bereich (Vorbereitung von Reisen und Organisation des gesamten Arbeitsablaufes im Ministerbüro), in der Verwaltung (Aufbewahrung von Akten, Gesprächs- und Verhandlungsunterlagen) und im politischen Bereich (z. B. Verbindung zur Partei und Fraktion des Ministers)." [18]

Oft hat er mit der hierarchischen Struktur des Ministeriums Schwierigkeiten, da er – um seinen Minister schnell zu informieren – nicht immer den vorgeschriebenen Geschäftsgang einhält und einhalten kann. Er wird auch zum Anlaufpunkt aller Wünsche an den Minister, und in ihm sieht man dann bei einem negativen Ergebnis den Schuldigen. Eigentlich wünschen sich deshalb alle persönlichen Referenten, daß ihre Position nur Sprungbrett für eine Karriere sein möge.

c) Der Pressereferent. „In jedem Ministerium wird ein Pressereferent bestellt. Er informiert die Nachrichtenträger und die anderen Organe der öffentlichen Meinungsbildung unter Beachtung des § 81 Abs. 2 über die Arbeiten und Ziele des Ministeriums. Er hat mit dem Presse- und Informationsamt enge Verbindung zu halten und vertritt das Ministerium auf den Pressekonferenzen." (§ 82 GGO I)

Ein Pressereferent hat im BMG – über die üblichen Hör- und Sprachrohrfunktionen anderer Ressorts hinaus – auch analytische Aufgaben. Er muß imstande sein, seinem Minister Schnellinformationen zu aktuellen politischen Vorgängen vorzulegen, ehe die schwerfällige Maschinerie einer Grundsatzabteilung zu sorgfältigen Beurteilungen in der Lage ist. Ähnlich wie beim persönlichen Referenten entwickeln sich hieraus manchmal Kompetenzkonflikte. Um als Pressereferent die Politik des Ministers schnell und relativ unabhängig ‚verkaufen' zu können, muß er – bei einem besonderen Vertrauensverhältnis zum Minister – weitgehend in den Willensbildungsprozeß eingeschaltet sein.

d) Der Personal- und Organisationsreferent. „Der Organisationsreferent bearbeitet die allgemeinen Organisationsangelegenheiten des Ministeriums. Er bereitet den Organisationsplan und den Geschäftsverteilungsplan vor und regt etwa notwendige Änderungen an. Den Personalbedarf des Ministeriums hat er im Einvernehmen mit dem Personalreferenten zu ermitteln und zu überwachen. Bei Anordnungen, die sich auf die Organisation, die Geschäftsverteilung und den allgemeinen Geschäftsgang auswirken können,

---

[17] Manchmal gelingt es auch dem persönlichen Referenten des Staatssekretärs, eine besondere Machtposition aufzubauen.
[18] Interview Brodeßer – persönlicher Referent von Mende im BMG – vom 20. 6. 1969.

ist er zu beteiligen. Außerdem hat er zu prüfen, wieweit die Organisation verbessert, vor allem vereinfacht und verbilligt werden kann." (§ 7 (2) GGOI)

In kleineren Ministerien (so auch im BMG/BMB) werden die Personal- und Organisationsfragen in einem Referat behandelt.

3. Struktur- und Personalpolitik

Viele Minister (darunter Kaiser und besonders Lemmer) überlassen die Detailarbeiten ihren Staatssekretären [19]. Sie versäumen damit die Möglichkeit, das Ministerium zu einem Instrument ihrer Politik zu machen und geben der Bürokratie größere politische Einflußmöglichkeiten, als ihr zukommen sollten.

Ein Minister hat sein Ministerium im Griff, wenn
– er ständig über alle laufenden Dinge des Hauses umfassend und objektiv informiert wird,
– seine Weisungen im Ministerium ohne Verzögerung oder Verfälschung ausgeführt werden,
– er in der Lage ist, den Einfluß von exogenen Kräften (z. B. Parteien, Interessengruppen) auf den Apparat zu kontrollieren und gegebenenfalls auszuschalten.

Instrumente dazu können Struktur- und Personalpolitik sein. Es ist problematisch, konkrete Aussagen hierzu zu machen [20], denn häufig spielen irrationelle Momente und Zufälle eine nicht zu unterschätzende Rolle, und viele Vorgänge, denen man später eine Kausalkette zugrunde legt, sind nicht in dieser Weise vorausschauend geplant worden [21].

Besonders bei einem Wechsel der Parteien in der Regierungsverantwortung könnte man von einem ‚politischen Parkinson' sprechen, wenn man feststellt, wie neue Referate geschaffen werden, um Positionen für Beamte zu finden, die – aufgrund ihrer politischen Einstellung – in den Schlüsselpositionen Vertrauten des Ministers weichen müssen. Doch häufig gelingen derartige ‚Entmachtungsvorgänge' nur unvollkommen, wenn die neue Spitze

---

[19] Hennis [33], S. 184: „Wer die Mühe des Aktenstudiums scheut und verlangt, daß nur die wesentlichen Dinge an ihn herankommen, der überläßt die Entscheidung darüber, was wesentlich ist, eben anderen ..."

[20] So schrieb mir der Leiter des Ministerbüros des BMG, Jürgen Weichert, am 24. 6. 1968: „Wie sollen Sie nun ... das Motiv der ersten Entscheidung belegen. Den Akten nach werden Sie so viele stichhaltige Gründe finden, daß politische oder personelle Motivierung nur in den seltensten Fällen aufzuzeigen sein werden."

[21] Man erklärte mir im Ministerium, daß man wünschte, Personalpolitik so planend betrieben zu haben, wie ich es schildere.

des Hauses verborgene Machtpositionen nicht erkennt oder übersieht, daß der ‚zweite Mann' im Referat nicht nur durch seine lange Dienstzeit und Detailkenntnis dem neuen Referenten überlegen ist[22], sondern auch als Informationsquelle für seinen ehemaligen Vorgesetzten dienen kann. Viele politisch nicht übermäßig relevante Referate ‚funktionieren' auch ohne kompetente Referatsleitung. Das bietet die Möglichkeit, unliebsame oder nach Auffassung der Leitung unfähige Referenten dorthin abzuschieben, ohne die Arbeit wesentlich zu beeinflussen. Für eine erfolgreiche Struktur- und Personalpolitik ist eine intime Kenntnis des Ministeriums nötig. Verändert ein Minister nichts, läuft er Gefahr, neben dem Ministerium her zu regieren – eine neue Konzeption könnte nur schwer verwirklicht werden. Versucht aber ein Minister, sofort alles neu zu organisieren, zerstört er jede Vertrauensbasis zur Bürokratie. Deshalb müßte er – um sein Ministerium in den Griff zu bekommen – als ersten Schritt einen ‚Lenkungsapparat' schaffen, der ihm ein allmähliches Eindringen in das Haus ermöglicht. Grenzen für eine derartige Politik setzen ohnehin Beamtengesetz und beschränkter Stellenplan. In einer Koalition wacht außerdem der Koalitionspartner ängstlich darüber, daß keine ‚einseitige Personalpolitik' betrieben wird.

---

[22] Insbesondere wenn die Referenten häufig wechseln.

KAPITEL I

DAS BUNDESMINISTERIUM
FÜR GESAMTDEUTSCHE FRAGEN UNTER DER
LEITUNG VON JAKOB KAISER
(1949-1957)

A. *Die politische Stellung Jakob Kaisers*

Jakob Kaiser kam aus der Tradition der christlichen Gewerkschaften. Schon seit 1912 war er hauptamtlich für sie tätig[3]; 1924 wurde er Landesgeschäftsführer der Christlichen Gewerkschaften in Westdeutschland[2]. Während des Dritten Reiches wirkte er im Widerstand in der Gruppe um Wilhelm Leuschner und Max Habermann im Kreise der Männer um den 20. Juli[3]. Nach dem Zusammenbruch 1945[4] vertrat er die Auffassung, daß es nicht wieder zur Gründung des Zentrums kommen dürfe. Bei ihm war „der Gedanke einer überkonfessionellen christlich-demokratischen Partei nicht in Vergessenheit geraten". Seine Ideen, darüber hinaus zu einer „großen linken Volks- oder Arbeiterpartei ähnlich der britischen Arbeiterpartei"[5] zu kommen, mußten jedoch nach der überraschenden Gründung der KPD[6] und dem Nachziehen der anderen Parteien[7] begraben werden. So kam es auch in Berlin zur CDU-Gründung, an der Kaiser entscheidend mitwirkte. Diese Berliner CDU wies andere Züge auf als die Parteigruppierungen in Westdeutschland:

„Die Partei ist sozialistisch und radikal in Berlin, klerikal und konservativ in Köln, kapitalistisch und reaktionär in Hamburg und gegenrevolutionär und partikularistisch in München"[8].

---

[1] Vgl. Erich Kosthorst [8], Jakob Kaiser (Bundesminister für gesamtdeutsche Fragen), Stuttgart, Berlin, Köln, Mainz 1972.

[2] Vgl. Erich Kosthorst [5], Jakob Kaiser (Der Arbeiterführer), Stuttgart, Berlin, Köln, Mainz 1967.

[3] Vgl. Elfriede Nebgen [6], Jakob Kaiser (Der Widerstandskämpfer), Stuttgart, Berlin, Köln, Mainz 1967.

[4] Vgl. Werner Conze [7], Jakob Kaiser (Politiker zwischen Ost und West), Stuttgart, Berlin, Köln, Mainz 1969.

[5] Conze [7], S. 15.

[6] 11.6.1945.

[7] SPD 15. 6., CDU 26. 6.; LDP 5. 7. 1945.

[8] Aus „L'Ordre", Paris, vom 21. September 1946, zitiert nach Heino Kaack, Die Parteien in der Verfassungswirklichkeit der Bundesrepublik, Kiel 1963, S. 33.

I. Das BMG unter Jakob Kaiser

Jakob Kaiser propagierte einen christlichen Sozialismus mit einer wirtschaftlichen Neuordnung,
„die keine blinde Angst vor Sozialisierungsmaßnahmen kennt ...
Was Jakob Kaiser aus den Kreis der CDU-Gruppen im Reich hervorhob und ihm einen Namen machte, war durchaus nicht in erster Linie sein Sozialismus. Andere etwa Werner Hilpert in Hessen oder Karl Arnold im Rheinland – standen ihm hierbei in nichts nach. Zu einer nationalen Figur machte ihn erst die Verbindung des Sozialismus mit dem Reichsgedanken. Durch dieses zweite Hauptelement der für ihn maßgebenden Ideenverbindung konnte er sehr viel weitere Kreise ansprechen, als das mit sozialistischen Parolen je möglich gewesen wäre"[9].

Es entbrannte ein Machtkampf um die Führung der CDU, der von Adenauer mit allen Mitteln geführt wurde[10], dem sich Kaiser jedoch durch seine Belastung in Berlin nicht in vollem Umfange widmen konnte. Sein Versuch, so lange wie möglich seine Position als Vorsitzender der Ostzonen-CDU (die er zusammen mit Ernst Lemmer wahrnahm) zu halten[11], wurde von vielen Gruppen in der ‚West-CDU' mit tiefem Mißtrauen verfolgt[12].

Jakob Kaiser kann – uneingeschränkt zumindest für die Zeit von 1945 bis 1947 – als „Repräsentant des Blockfreiheitskonzepts" angesehen werden. In seiner „Brückekonzeption suchte er nach einem ‚gemeinsamen Nenner', auf den sowohl die Alliierten wie die gleichfalls höchst uneinen Deutschen gebracht werden konnten"[13]. Die politischen Ereignisse – insbesondere die Berliner Blockade – zwangen ihn aber endgültig, seine „Brücke-Konzeption" aufzugeben.

„Er fügte sich also, dem Zwang der Verhältnisse folgend, dem Block-Denken und nahm den Bund westdeutscher Länder als unvermeidliches Provisorium hin, doch nur mit dem Vorbehalt, daß in diesem Bund die Nationalstaatsidee als ständig tickende Unruhe mit eingebaut würde ..."[14].

Kaisers Kampf um die Parteispitze scheiterte, wenn er auch als Vorsitzender der Sozialausschüsse[15] ein entscheidender Machtfaktor in der Partei blieb[16]. Der Adenauer-Flügel setzte sich durch[17].

---

[9] Hans-Peter Schwarz [9], Vom Reich zur Bundesrepublik, Neuwied, Berlin 1966, S. 301, 304.
[10] Ernst Lemmer [10], Manches war doch anders (Erinnerungen eines Demokraten), Frankfurt 1968, S. 290 f.; Conze [7].
[11] Dieser Versuch scheiterte, als ihn die Sowjets Ende 1947 absetzten.
[12] Conze [7].
[13] Schwarz [9], S. 299.
[14] Schwarz [9], S. 325 f.
[15] Conze [7], S. 254 f.; Der Tag vom 17. 5. 1949; vgl. Kosthorst [8], S. 19 ff.
[16] Kosthorst [8], S. 8: „Daß Jakob Kaiser in der Partei zeitweise eine Schlüsselposition besaß bzw. ... inzwischen im Westen wiedergewonnen hatte, ..."

B. *Die Entstehung des Ministeriums*

„Jakob Kaiser, constantly frustrated by Adenauer in past eventually decided that both his future and that of the party demanded cooperation with Adenauer, if need be on the latter's term. This decision must have been difficult, but Kaiser did develop a certain amount of ungrudging respect for Adenauer's leadership ..."[18].

„Im Anfang war Adenauer", so umschreibt Baring den Beginn der Bundesrepublik[19] und macht damit deutlich, daß Adenauers Vorstellungen zur Ausgangsbasis für jede Politik der Bundesregierung wurde. Da Kaiser andere Prioritäten als Adenauer setzte, glaubte er die Deutschlandpolitik Adenauers dabei beeinflussen zu müssen und zu können[20]. „Ihre Herzen schlugen im verschiedenen Rhythmus", charakterisierte dies Paul Sethe[21], und doch wurde Kaiser „in die Unausweichlichkeit der westlichen Festlegung unter Adenauers Führung verstrickt ..."[22].

B. *Die Entstehung des Ministeriums*

In der am 20. September 1949 unter der Kanzlerschaft Adenauers gebildeten Regierung übernahm Kaiser die Leitung des Ministeriums für gesamt-

---

[17] Vgl. Wolf-Dieter-Narr, CDU-SPD, Stuttgart, Berlin, Köln, Mainz 1966, S. 102 f.
[18] Arnold J. Heidenheimer, Adenauer and the CDU, Den Haag 1960, S. 190.
[19] Baring [22], S. 1.
[20] Interview von Hammerstein – Pressereferent im BMG von 1950 bis 1961 – vom 4. 2. 1970: „Die erste Priorität (Adenauers) war der völlige Abbau des Mißtrauens und die Integration in das westliche Bündnis, die er aus Sicherheitsgründen für absolut vorrangig hielt. Der zweite Punkt waren dann die gesamtdeutschen Belange, und Kaiser war mehr der Meinung, das dieses Schritt für Schritt ineinander gehen müsse und daß man das westliche Vertrauen genauso erhalten und die Unterstützung gewinnen könne, wenn man gleichzeitig alle Möglichkeiten, die für eine Wiedervereinigung vorhanden sein könnten, prüfte und unter Umständen wahrnahm."
Vgl. Kosthorst [8], S. 16: „... indem Kaiser – wie Kurt Schumacher – Europapolitik nur unter gesamtdeutschem Vorbehalt zu akzeptieren vermochte, während Adenauer umgekehrt deutsche Politik mit westeuropäischem Vorbehalt forcierte."
[21] Paul Sethe, Öffnung nach Osten, Frankfurt 1966, S. 12.
[22] Conze [7], S. 256.
Kosthorst [8], S. 134: „Für Konrad Adenauer gab es von vornherein keine Alternative, deswegen drängte er in die europäische Föderation. Für Jakob Kaiser gab es am Ende wohl ebenfalls keine; doch glaubte er zu jenem Zeitpunkt noch zu warten, die russische Zielsetzung mit amerikanischer Hilfe stärker abtasten und den westlichen Zugzwang im gesamtdeutschen Interesse stärker ausnutzen zu sollen, ehe eine Westeuropa-Entscheidung schwer widerrufbare Fakten gesetzt hatte."

I. Das BMG unter Jakob Kaiser

deutsche Fragen. Die Gründung des BMG ist ohne seinen ersten Minister nicht denkbar und nicht zu verstehen. Er war der eigentliche Initiator dieser Behörde[23]. „Es war sein Amt, ihm auf den Leib zugeschnitten, ..."[24] Am 5. Juli 1949 forderte er in einer Sendung des NWDR zum erstenmal diese Institution, „ein eigenes Amt – wenn nicht ein eigenes Ministerium – zur Vorbereitung der deutschen Einheit"[25], eine Idee, die im Freundeskreis Jakob Kaisers, insbesondere im Vorstand der späteren Exil-CDU, entstanden war[26]. Der Organisationsausschuß für die Errichtung der Bundesorgane sah ein solches Amt nicht vor[27].
Adenauer stand der Gründung wie der politischen Einstellung Kaisers skeptisch gegenüber[28], betonte aber in einer Wahlkampfrede am 21. 7. 1949 in Heidelberg, daß „wir ... ein besonderes Ministerium zur Vorbereitung der Vereinigung des Ostens mit dem Westen schaffen" müssen[29]. Um den linken Flügel der Partei zu neutralisieren[30], machte er diese Konzession[31] und

---

[23] Lemmer [10], S. 358.
[24] Kosthorst [8], S. 79.
[25] Der Tag vom 6. 7. 1949: „In einer Sendung des NWDR betonte Jakob Kaiser die Notwendigkeit, in der kommenden Regierung der Bundesrepublik Deutschland ‚Ein eignes Amt – wenn nicht ein eignes Ministerium – zur Vorbereitung der deutschen Einheit' zu schaffen. Dieses Amt werde darauf zu achten haben, daß bei allem, was politisch und wirtschaftlich geschieht, die Interessen der Ostzone und Ostdeutschlands fest gewahrt würden. Es würde sich der Vertriebenen und Flüchtlinge anzunehmen und für die Wiedergutmachung des in der Ostzone geschehenen Unrechts Vorbereitungen zu treffen haben. ‚In nicht allzu langer Zeit wird auch die Ostzone wieder im gesamtdeutschen Staat sein. Für diesen Tag wird dieses Amt vorzusorgen haben. Es wird ein Amt des nationalen und sozialen Gewissens sein müssen. Damit wird der deutsche Kernstaat ein sichtbares Symbol einer unlösbaren Verbundenheit mit den Menschen des deutschen Ostens schaffen.'"
[26] Interview von Hammerstein vom 4. 2. 1970; Kosthorst [8], S. 89.
[27] Über den Vorschlag bei den zuständigen Bundesministerien Referenten für Probleme der SBZ einzurichten, wurde – weil es sich um eine „rein politische Angelegenheit" handelte – kein Entschluß gefaßt. (Der Tag vom 31. 7. 1949) Vgl. auch: Der Tag vom 23. 8. 1949. Adenauer hat sich ohnehin nicht um diese Vorschläge gekümmert. (Baring [22], S. 3 f.)
[28] So skeptisch, daß er sogar dem Präsidenten des Verfassungsschutzes aufgetragen haben soll, Kaiser zu überwachen. (Otto John, Zweimal kam ich heim, Düsseldorf, Wien 1969, S. 252 f.; Sefton Delmer, Die Deutschen und ich, Hamburg 1961, S. 709 f., 734; Der Spiegel vom 14. 11. 1955, S. 19)
[29] Der Tag vom 22. 7. 1949; häufiger wiederholt, so: Der Tag vom 2. 8. 1949, 24. 8. 1949.
[30] Kaisers Eintritt in das Kabinett stieß bei Repräsentanten des linken Flügels auf harte Kritik. (Interview von Hammerstein vom 4. 2. 1970)
[31] Brief von Thedieck an den Verfasser vom 16. 4. 1970: „Daß Adenauer zunächst kein sonderliches Verhältnis zur Arbeit des Ministeriums hatte, trifft sicher

B. Die Entstehung des Ministeriums

überließ Jakob Kaiser das BMG. Er begriff ohnehin Deutschland- und Außenpolitik als seine Domäne, die zu beeinflussen Kaiser nur sehr schwer gelingen sollte [32].

Auch der Name des Ministeriums blieb bis zum Schluß umstritten. In der ersten Entwicklungsphase wollte man, um jegliche Provozierung des Auslandes zu vermeiden, den Namen „Ministerium für Sonderaufgaben" [33] wählen. Sprach sich Adenauer dann noch Ende August für ein „Ostministerium" [34] aus, so war Mitte September von einem „Ministerium für die deutsche Einheit" [35] oder auch von einem „Ministerium für die Wiedervereinigung" [36] die Rede, bis sich Kaiser für „Ministerium für gesamtdeutsche Fragen" entschied [37]. Gegen die Einrichtung dieses speziellen Ministeriums gab es Widerstände von den verschiedensten Seiten. Sogar der von Kaiser ausgewählte Staatssekretär Thedieck legte eine Denkschrift vor, in der er Kaiser vorschlug, das Innenministerium zu übernehmen und dort auch für die gesamtdeutschen Belange tätig zu sein [38]. Auch die Gemeinschaft der aus der SBZ geflüchteten Juristen und Beamten, aus der später der Königsteiner Kreis entstand, glaubte diese Funktion im Bundeskanzleramt besser untergebracht [39].

Auf stärkste Ablehnung stieß Kaiser und sein Ministerium bei der SPD und insbesondere bei Kurt Schumacher, der für alle, die wie Kaiser versucht hatten, ihre Positionen in der sowjetisch besetzten Zone zu halten, um vielleicht doch noch etwas ausrichten zu können, nur beißenden Spott übrig hatte [40]. Auch seine Antwort auf die Regierungserklärung Adenauers am 21. September 1949 enthielt solche Angriffe:

zu. Er hat der Begründung des Ministeriums wahrscheinlich nur zugestimmt, weil er Herrn Kaiser im Kabinett haben wollte, und weil der ausdrückliche Wunsch von Herrn Kaiser dahin ging, ein solches Spezialministerium zu leiten. Im Laufe der weiteren politischen Entwicklung gab es dann natürlich ... ziemlich viele Spannungen zwischen Adenauer und Kaiser. Warum Adenauer in seinen Memoiren hierauf überhaupt nicht eingegangen ist, vermag ich nicht zu beantworten. Vielleicht paßte ihm das nicht in sein Gesamtkonzept." Vgl. Kosthorst [8], S. 8.

[32] Vgl. Kosthorst [8].   [33] Kosthorst [8], S. 16.
[34] Tagesspiegel vom 24. 8. 1949. „Jakob Kaiser hat sich die von Adenauer und anderen anfangs gebrauchte Bezeichnung ‚Ostministerium' keinen Augenblick zu eigen gemacht." Kosthorst [8], S. 82, Vgl. S. 87.
[35] Tagesspiegel vom 17. 9. 1949.
[36] Tagesspiegel vom 19. 9. 1949.
[37] Kosthorst [8], S. 82.
[38] Interview Thedieck vom 9. 7. 1969; Bonner Rundschau vom 3. 4. 1964; Franz Thedieck [3], Das Bundesministerium für gesamtdeutsche Fragen in: Bayrische Verwaltungsblätter, Heft 11/1961, S. 325; Kosthorst [8], S. 87 f.
[39] Die Welt vom 30. 7. 1949.
[40] Vgl. Schwarz [9], S. 339 f.

I. Das BMG unter Jakob Kaiser

„Wir müssen bei dieser Politik auch abrücken von einem Rückfall in die missionarische Illusion der Brückentheorie... Ich verstehe, daß in den eisigen Stürmen des kalten Krieges sich manche Leute in Deutschland den Charakter erkältet haben. Einige dieser Herren sind heute Mitglieder der Bundesregierung."

Schumacher sah keine Veranlassung dafür, ein gesamtdeutsches Ministerium zu errichten:

„... wir brauchen kein besonderes Ostministerium. Wir brauchen auch nicht ein Staatssekretariat beim Bundeskanzleramt, wir brauchen eine Abteilung im Innenministerium, ... die die konkreten Fragen im Verkehr zwischen der Bundesrepublik und zur Ostzone und außerdem eine Menge von sozialen und verwaltungsmäßigen Problemen auf diesem Gebiet zu behandeln hat. Wir sollten durch eine Abteilung beim Innenministerium manifestieren, daß das Verhältnis der deutschen Bundesrepublik zur sowjetischen Besatzungszone unter deutschem Blickwinkel ein innerdeutsches Problem ist." [41]

Wehner hält heute diesen Angriff mehr für „den Ausdruck seines Mißbehagens gegenüber der Adenauerschen Regierungskonzeption insgesamt ... als für eine sachlich tragfähige Politik." [42] Sprach sich die SPD noch 1950 [43] und 1951 [44] (Wehner: Das BMG ist eine Fehlkonstruktion)

„... Entfremdung zwischen den potentiellen Verbündeten Kaiser und Schumacher vertieft." Kosthorst [8], vgl. S. 94.

Lewis J. Edinger, Kurt Schumacher, Köln, Opladen 1967, S. 348:

„Schumacher machte keinen Hehl aus seiner Verachtung für Kaiser, der sich für einen ebenso überzeugten Antifaschisten, Antikommunisten und echten deutschen Patrioten hielt wie Schumacher und deshalb glaubte, für eine Führungsposition in Deutschland ebenso qualifiziert zu sein. Schumacher machte sich daher einen Mann zum bitteren Feind, der ein wertvoller Verbündeter hätte werden können. Schumachers verächtliche Kommentare über Kaisers Bemühungen, als Führer der CDU in der Sowjetzone anerkannt zu werden, und Kaisers spätere Versuche, Adenauer die Führung der westdeutschen CDU streitig zu machen, waren für Kaiser eine direkte Herausforderung seines Anspruchs, ein ‚sich selbst aufopfernder hartnäckiger Vorkämpfer der deutschen Wiedervereinigung' zu sein. Durch Schumachers Verhalten soll Kaiser seine Bereitschaft, mit der SPD zusammenzuarbeiten, verloren und sich dazu entschlossen haben, dem Wunsch Adenauers, die Sozialdemokraten 1949 aus einer Regierungskoalition auszuschließen, nachzugeben."

[41] Sten. Berichte des BT, 21. 9. 1949, S. 34 f.
[42] Interview Wehner vom 10. 12. 1969.

Zwischen Wehner und Kaiser bestand jedoch im gesamtdeutschen Ausschuß des Bundestages eine gute Zusammenarbeit. (Interview von Hammerstein vom 4. 2. 1970) Auch das Verhältnis von Schumacher zu Kaiser wandelte sich kurz vor Schumachers Tod. (Interview Wehner vom 10. 12. 1969) Kosthorst [8], S. 241 ff.

[43] Sten. Berichte des BT, 24. 3. 1950, S. 1842 ff.

gegen das Ministerium als solches aus, so ging schon 1952 der Haushalt des BMG – zwar gegen die Stimmen der SPD – aber ohne jede weitere Aussprache über die parlamentarische Bühne.

C. Aufgaben und Selbstverständnis des BMG [45]

Man schätzte 1949 die Möglichkeiten des Ministeriums unter den gegebenen Umständen sehr realistisch ein und setzte in der Kabinettsvorlage [46] folgende Schwerpunkte:
1. Sammeln und Ordnen von Material über die Verhältnisse in der Ostzone und dem Gebiet jenseits von Oder und Neiße, Förderung der Erforschung der Kulturgeschichte.
2. Zugänglichmachen des Materials für die Öffentlichkeit in der BRD und Information der „Deutschen im Osten" über die BRD.
3. Betreuung und Förderung politischer Flüchtlinge.
4. Beratung und Information der anderen Ministerien.
5. Besondere Aufgaben in Berlin.
6. Besondere Aufgaben in den westlichen Grenzgebieten.

Ganz eindeutig nicht zu den Kompetenzen des Ministeriums zählten Kontakte zur DDR [47], die zu diesem Zeitpunkt auf Regierungsebene ohnehin undenkbar schienen. Auch von einer Koordinierung aller gesamtdeutscher Kontakte oder Angelegenheiten im BMG wurde nicht gesprochen, eher war es die Aufgabe, „Wildwuchs der Ost-West-Gespräche (zu) unterbinden" [48]. Im übrigen blieben die Aufgaben unklar umrissen und in ständiger Konkurrenz mit den klassischen Ministerien. Das BMG sah 1950 seine Funktion in der Manifestierung des Alleinvertretungsanspruchs:
„Das Bundesministerium verkörpert in seiner Existenz die Forderung der Bundesregierung, über das derzeitige Gebiet der Bundesrepublik hinaus alle Deutschen zu vertreten. Es ist der politische Konzentrationspunkt derjenigen Kräfte, welche sich in aktiver Weise für die Wiedervereinigung aller

---

[44] Sten. Berichte des BT, 24. 3. 1950, S. 1972 f.
[45] Vorstellungen Kaisers über die Aufgaben des Ministeriums vor der Gründung, vgl. Kosthorst [8], S. 59 f.
[46] Vorlage für das Kabinett vom 30. 9. 1949, Betr.: Aufbau und Arbeit des Bundesministeriums für gesamtdeutsche Fragen (im Folgenden zitiert als Kabinettsvorlage 1949), S. 2 ff.
[47] Der Tag vom 2. 9. 1949: „Das Ostministerium, so fügte er (Adenauer) hinzu, werde nicht etwa die Hauptaufgaben haben, Verbindungen mit den ostzonalen Behörden aufzunehmen, denn es könne nicht die Aufgabe des Ostministeriums sein, den Zuständen, die jetzt in Ostdeutschland herrschen, den Anschein der Gesetzmäßigkeit zu geben ..."
[48] Kosthorst [8], S. 90.

Deutschen in Freiheit und für ein entschiedenes Eintreten gegen den kommunistischen Expansionsdrang einsetzen. Seine Errichtung ist somit als Antwort auf die in Gegenwart bestehende unglückselige Teilung Deutschlands zu werten ... Als Hüter, Mahner, Förderer hat das Ministerium überall dort einzugreifen, wo gesamtdeutsche Fragen beraten und entschieden werden." [49]

D. Organisatorische und personelle Entwicklung in der Aufbauphase

Kaiser stand mit wenigen Mitarbeitern in einigen Räumen des Bundesrates vor der Schwierigkeit, ein Ministerium aufzubauen, für das es kein Vorbild gab. Er – selbst ohne jede Verwaltungserfahrung – überließ es Thedieck, die Grundlagen zu schaffen und die dazu nötigen Mitarbeiter heranzuholen. Thedieck entwickelte ein Schema, nach dem ein solches Ministerium eine Verwaltungsabteilung, eine Ostabteilung, eine Abteilung in Berlin und eine Westabteilung [50] haben müsse [51]. Die Entwicklung der Referate wurde weitgehend durch die personellen Gegebenheiten bestimmt. „Je nachdem wir nun langsam Leute bekamen, haben wir die Referate geschaffen. Es wurde um die Menschen ‚herum gebaut'." [52] Dadurch wuchs eine Organisation [53], die für Außenstehende nur schwer durchschaubar war [54] und den Referen-

---

[49] Tätigkeitsbericht der Bundesregierung [2] 1950, S. 111.
[50] Interview Thedieck vom 9. 7. 1969: „Das war nun wieder auch bedingt, weil ich der ‚alte Westmann' war."
[51] Interview Thedieck vom 9. 7. 1969.
Organisation 1951:
Zentralabteilung: Organisation, Haushalt, Personal (Z 1); Innerer Dienst (Z 2); Presse, Information, Publikationen (Z 3) – untersteht direkt dem Staatssekretär. Abteilung I: „Angelegenheiten der SBZ und des deutschen Ostens", Referate: Politische Grundsatzfragen, Verfassung, Wirtschaft, Kultur, Hilfsmaßnahmen u. a.; Abteilung II: Vertretung des Ministeriums in Berlin. Abteilung III: „Westabteilung".
Der Haushaltsplan von 1950 sieht 183 Stellen vor.
[52] Interview Thedieck vom 9. 7. 1969.
[53] Interview Thedieck vom 9. 7. 1969: „Da mag auch etwas Wildwuchs bei gewesen sein."
[54] Interview Thedieck vom 9. 7. 1969: „Ich habe gewisse organisatorische Veränderungen zu meiner Amtszeit nicht durchgeführt, obwohl mir gewisse Schemata vorlagen. Man kann diese Referate nicht einfach so verschieben, ohne an die Menschen zu denken. Es ist unter Umständen zweckmäßiger, eine weniger gute organisatorische Form zu behalten, damit aber die Arbeitsfreudigkeit und den Elan der Beamten und Angestellten zu erhalten. Ein neuer Minister und ein neuer Staatssekretär können da viel rigoroser und rücksichtsloser vorgehen, als jemand, der das langsam aufbaut, die Menschen heranholt und dort eingesetzt hat."

D. Organisatorische und personelle Entwicklung

ten einen relativ großen Aktionsradius gab. Eine personelle Kontinuität wie in den anderen Ministerien, die auf Mitarbeiter in den Reichsministerien zurückgreifen konnten, war im BMG nicht möglich [55]. Eine Vielzahl von Mitarbeitern holte sich Thedieck aus der Kölner Verwaltung, die auch im Ministerium überwiegend Verwaltungsaufgaben übernahmen [56]. In der Kabinettsvorlage von 1949 war darauf hingewiesen worden, daß „vor allem Persönlichkeiten berücksichtigt werden, deren Mitarbeit sich auf die eine oder andere Weise auf die Ostzone günstig auswirkt." [57] Insbesondere versuchte man Flüchtlinge für die Arbeit im BMG zu gewinnen, so z. B. Freiherr von Dellingshausen; der Wirtschaftsreferent Dr. Achenbach (vorher Zentralverwaltung in Ostberlin); Dr. Kunisch (für kurze Zeit Minister in Halle) [58]. So sehr es verständlich war, daß man Mitarbeiter heranziehen wollte, die die Verhältnisse in der DDR aus eigener Anschauung kannten, so konnte man aber von diesen nur im beschränkten Maße ein objektives Urteil erwarten [59], und einige waren sicher überfordert, die Geschehnisse getrennt von ihrem eigenen Schicksal zu werten.

Kaiser selbst brachte nur eine geringe Anzahl von Mitarbeitern in das Ministerium [60]. Ihm lag insbesondere auch an einer Beteiligung von Sozialdemokraten [61], weil er glaubte, gesamtdeutsche Politik müsse die Aufgabe

---

[55] Beim Beginn des Aufbaus der Bundesministerien gab es Listen der Parteien von potentiellen Mitarbeitern. (Interview Thedieck vom 1. 12. 1969)
So kam z. B. über die SPD-Liste Frau Dr. Drechsler und über die CDU-Liste Friedrich Koepp ins Ministerium. (Interview Thedieck vom 1. 12. 1969)
Wehner meinte zum Eintritt von Frau Dr. Drechsler: „Ziemlich am Anfang des Bundesministeriums für gesamtdeutsche Fragen war eine Person, die der SPD zugerechnet wurde, drin, und das war nicht, weil sie der SPD angehörte, sondern ungeachtet dessen." (Interview Wehner vom 10. 12. 1969).

[56] Z. B. Hüttemann, Dr. Knoop, Sucka, später hinzu kamen Dr. Kosser, Dr. Rohn (Interview Thedieck vom 9. 7. 1969).

[57] Kabinettsvorlage 1949, S. 1.

[58] Interview Thedieck vom 9. 7. 1969.

[59] Betont auch im Interview Kludas – Mitarbeiter im Pressereferat des BMG von 1950 bis 1961 – vom 17. 4. 1970.

[60] So z. B.: von Hammerstein, Dr. Türk, Timm, Germer (Interview Thedieck vom 9. 7. 1969).

[61] Bestätigt auch im Interview von Zahn – Mitarbeiter des BMG von 1950 bis 1967 – vom 25. 6. 1969. Kabinettsvorlage 1949, S. 1: „Soweit es sich dabei um Persönlichkeiten handelt, die der SPD nahestehen, muß natürlich die Bereitschaft zur loyalen Mitarbeit gewährleistet sein."
Kosthorsts negative Interpretation dieses Satzes (Kosthorst [8], S. 95 und S. 365, Anmerkung 35) kann der Verfasser nicht teilen, denn schon die schriftliche Fixierung über Mitarbeiter, die der SPD nahestehen, wird in den anderen Kabinettsvorlagen kaum zu finden sein.
Bestätigt in Interviews: Gradl (8. 8. 1970), von Hammerstein (4. 2. 1970); dagegen Wehner (Interview vom 10. 12. 1969): „Aber von einer Besetzung auch

I. Das BMG unter Jakob Kaiser

des ganzen Volkes sein [62]. Seine Absicht scheiterte aber an der Haltung Schumachers, der gegen die Mitarbeit eines in der Berliner SPD sehr engagierten Mannes, Karl J. Germer, Einwände erhob [63]. Sicherlich wäre Kaiser wie auch Heinemann [64] mit diesem Vorhaben bei Adenauer auf Schwierigkeiten gestoßen. Die ablehnende Haltung der SPD nahm Adenauer die Entscheidung ab. Kaiser holte sich dann aber Richard Timm (SPD) [65] ins BMG, der bis April 1952 in der Berliner Abteilung Wirtschaftsreferent war. Dann kam Germer im Mai 1952 doch ins Ministerium [66], zu einem Zeitpunkt also, als sich die Haltung der SPD dem BMG gegenüber wandelte [67].

---

wesentlicher Positionen durch Sozialdemokraten war nicht die Rede ... vielleicht trügt da einige Leute heute die Erinnerung."

[62] Auch in der Gründung des Kuratoriums Unteilbares Deutschland kam der Wunsch Kaisers erneut zum Ausdruck, das Streben nach Wiedervereinigung auf eine breitere Basis zu stellen. In ihm sind deshalb alle großen politischen Parteien und gesellschaftlichen Strömungen vertreten (CDU/CSU, SPD, FDP, Arbeitgeber, Arbeitnehmer, Kirchen usw.). Das KUD ist auf Initiative Jakob Kaisers und seines engen Beraters W. W. Schütz zurückzuführen. Schon 1950 forderte Kaiser „eine echte Volksbewegung ... die dem Willen der gesamten Nation zur Wiederherstellung von Einheit und Freiheit lebendigen Ausdruck verleihe, ... bei dieser Volksbewegung solle nach Beruf und Parteizugehörigkeit nicht gefragt werden." (FAZ vom 9. 6. 1952)

Die Vorarbeiten zur Gründung des KUD, die im Juni 1954 erfolgte, sind zum großen Teil im Ministerium geleistet worden. (Der Tag vom 11. 3. 1954) Vgl. Kosthorst [8], S. 285 ff. Thedieck stand der Gründung des KUD aus vielerlei Gründen reserviert gegenüber und vertrat die Auffassung, das BMG sei an der Gründung des KUD eigentlich „unschuldig" gewesen (Interview Thedieck vom 9. 7. 1969) Vgl. Korsthorst [8], S. 288 f. Das KUD war immer bemüht, seine Unabhängigkeit gegenüber staatlichen Stellen zu betonen. (z. B. W. W. Schütz: Reform der Deutschlandpolitik, Köln, Berlin 1966, S. 70 f.) Trotzdem bestehen natürlich Verbindungen zum Ministerium, „Zusammenarbeit zu Zwecken der Konsultation". (Wehner im ZDF am 9. 2. 1967)

Das Kuratorium erhält vom Ministerium auch Zuwendungen für Veranstaltungen und Publikationen.

[63] Interview Germer – Mitarbeiter des BMG von 1952 bis 1955 – vom 28. 1. 1970.

[64] Gustav W. Heinemann, Was Dr. Adenauer vergißt in: Frankfurter Hefte, Juli 1956, S. 460.

[65] Vormals Bezirksbürgermeister von Neuköln.

[66] Germer verließ das BMG unter recht komplizierten Umständen 1955. Er hatte sich geweigert, einen Bericht über eine SPD-Veranstaltung als Information für das BMG zu kaufen. (Interview Germer vom 28. 1. 1970)

Es kam nach seiner Suspendierung vom Dienst zu einem Vergleich vor dem Arbeitsgericht. (Tagesspiegel vom 24. 9. 1955)

Über die politische Relevanz dieser Auseinandersetzung bestehen unterschiedliche Versionen. Wehner meint, daß „das wohl nicht sehr politisch zu werten sei".

Man hat später häufig von einem ‚schwarzen BMG' [68] gesprochen. Insbesondere Mende sah darin retardierende Momente für seine Politik:
„Das gesamtdeutsche Ministerium war natürlich schon aus seiner Entstehung heraus sehr stark mit CDU-Angehörigen besetzt, und Staatssekretär Thedieck war wohl ein Musterbeispiel sehr konservativer CDU-Gesinnung mit direktem Draht zu Herrn Globke und damit ins Bundeskanzleramt ... das gesamtdeutsche Ministerium ist eine Hochburg sehr streng konservativ christlich-demokratischer Gesinnung gewesen." [69]

Dagegen haben sich Thedieck und auch andere Mitarbeiter des BMG [70] gewandt:
„Ich kann nur immer wieder sagen, daß es eine irgendwie absichtliche Auswahl von regulären und linientreuen CDU-Leuten ganz bestimmt nicht gegeben hat." [71]

Es läßt sich aber nicht leugnen, daß eine Vielzahl von leitenden Persönlichkeiten des BMG in der CDU waren [72], angefangen beim Staatssekretär [73] über die Abteilungsleiter [74] Magen [75], Dr. Müller [76], Dr. Türk [77] zu den Referatsleitern wie von Hammerstein, Dr. Kunisch, Brammer, Dübel [78]. Viele

---

(Interview Wehner vom 10. 12. 1969) Anders dagegen Franz Neumann am 9. 5. 1957 im Bundestag (Sten. Berichte des BT, S. 11 982).

[67] Vgl. S. 15.

[68] Manche sagen, es sei eher ‚blau' durch die ‚Fraktion' der ehemaligen evangelischen Oberkirchenräte.

[69] Interview Mende vom 11. 12. 1969.

[70] So z. B. von Hammerstein, Dr. Plück: „Das gesamtdeutsche Ministerium ist allen Ernstes in dieser – wenn Sie so wollen – CDU-Zeit überparteilich gewesen." (Interview Dr. Plück – Mitarbeiter des BMG von 1952 bis 1964 – vom 3. 12. 1969)

[71] Interview Thedieck vom 1. 12.1969. Er betonte dabei besonders, daß der jetzige Bundestagsabgeordnete der SPD, Dr. Dieter Haack, noch zu seiner Zeit ins Ministerium gekommen ist.

[72] Die FDP war nur bis zu ihrer Spaltung 1956 stärker vertreten (von Zahn, von Dellingshausen).

[73] Thedieck ist seit Oktober 1945 in der CDU (Interview Thedieck vom 9. 7. 1969).

[74] Obwohl Beamte des Ministeriums meinten, auch Gefaeller (Abteilungsleiter in Berlin von 1956 bis 1969) sei in der CDU, sagt er, nie in einer Partei gewesen zu sein.

[75] Von 1953 (FAZ vom 27. 11. 1952) bis 1956 Leiter der Berliner Abteilung, später Bürgermeister von Bonn.

[76] Dr. Müller war zu keinen Auskünften bereit; in einem Telefongespräch am 3. 6. 1970 erklärt er nur, daß ihm die jetzige Politik zutiefst zuwider sei.

[77] Zeitweise Leiter der Berliner Abteilung.

[78] Ab 1965 im Familienministerium, zweiter Vorsitzender der Exil-CDU.

dieser Mitarbeiter kamen aus der Ost-CDU [79] und hatten zur West-CDU kein sehr enges Verhältnis [80].

E. Schaltstationen im Ministerium

1. Der Staatssekretär

a) Seine Ernennung. Es stand für Kaiser von vornherein fest, daß er – wenn er ein Ministerium übernehmen sollte – Thedieck als Staatssekretär einsetzen wollte. Thedieck und Kaiser kannten sich aus der Weimarer Republik, als sie zusammen staatsbürgerliche Kurse für christliche Gewerkschaftsführer veranstalteten [81]. Thedieck leitete damals die Abwehrstelle des preußischen Innenministeriums für die besetzten Westgebiete [82]. Auch im Widerstand blieben Thedieck und Kaiser im engen Kontakt [83]. Doch Konrad Adenauer war nicht bereit, Thedieck als Staatssekretär Kaisers zu akzeptieren. Interpretiert Thedieck den Tatbestand dahingehend, daß Adenauer ihn wegen seiner Arbeit unter Severing als zu weit links eingestuft habe [84], so ist auch nicht von der Hand zu weisen, daß Adenauer Thediecks Tätigkeit gegen die Separatisten in der Weimarer Republik als Affront gegen sich selbst empfunden haben konnte. John berichtet in seinen Memoiren, Adenauer hätte ihn als Präsidenten des Verfassungsschutzes aufgefordert, Kaiser und Thedieck zu überwachen:

„Thedieck, dem Staatssekretär Kaisers, würde er auch allerhand zutrauen ... Er hätte ihn schon im Auftrag der preußischen Regierung bespitzelt, als er noch Oberbürgermeister von Köln gewesen sei." [85]

---

[79] Dübel, Sagner, u. a.

[80] Wenn man auch der Behauptung des CDU-Bundestagsabgeordneten Dr. Wörner nur schwer zustimmen kann, die CDU habe „auf personalpolitischen Gebiet gewirkt wie ein unschuldiges, neugeborenes Kind ... Da sind wir zarte, unschuldige Engelein, wobei ich Ihnen gerne konzediere, nicht der Grundsätze wegen, sondern aus schlichter Unfähigkeit bzw. aus Naivität." (Interview Wörner vom 16. 6. 1970)

[81] Kosthorst [5], S. 106.

[82] Nebgen [6], S. 43.

[83] Nebgen [6], S. 43.

[84] Brief Thediecks vom 16. 4. 1970 an den Verfasser: „Als Kaiser 1949 erklärte, er wolle nur Bundesminister werden, wenn ich Staatssekretär in seinem Ministerium würde, war Adenauer zunächst sehr dagegen. Welche Motive ihn bewegten, ist nicht mit voller Sicherheit zu sagen; vielleicht war er der Meinung, Jakob Kaiser sei politisch links eingestellt und ich ebenfalls, wobei er wohl daran dachte, daß viele Jahre lang mein Chef im preußischen Innenministerium Carl Severing war."

[85] Otto John, Zweimal kam ich heim, Düsseldorf, Wien 1969, S. 253.

E. Schaltstationen im Ministerium

Die Behauptung Johns klingt unwahrscheinlich, da zwischen Adenauer und Thedieck seit Ende 1950 ein gutes Verhältnis entstanden war und viele aus späterer Sicht fälschlicherweise behaupten, Adenauer hätte Thedieck von vornherein als Bewacher Kaisers ins BMG delegiert [86]. Bis zur offiziellen Ernennung Thediecks zum Staatssekretär am 13. 7. 1950 [87] kam es zu einem Kleinkrieg zwischen Kaiser und Adenauer, in dem Adenauer u. a. am 17. 10. 1949 monierte, daß Thedieck kein Recht habe, in Vertretung zu zeichnen [88]. Kosthorst sieht bei Adenauer besonders außenpolitische Gründe für seine Vorbehalte gegen Thedieck, „und zwar die Rücksichtnahme auf politische Animositäten des Auslandes, hier vor allem Belgiens" [89]. Am 8. Dezember 1949 schrieb Kaiser an Adenauer:

„Ich bedauere außerordentlich, Herr Bundeskanzler, daß Sie sich leider noch immer nicht entschließen konnten, Herrn Thedieck das verdiente Vertrauen entgegen zu bringen. Lebhafter noch bedauere ich es, daß Sie – wie ich aus einer Unterhaltung mit Dr. Heinemann entnehmen mußte – glaubten, schon anderweitig über ihn verfügen zu können, ohne mir selbst ein Wort davon zu sagen ...

Ich kann und darf die Gründe, die gegen Herrn Thedieck vorgebracht werden, nicht gelten lassen. Seine Vorkriegstätigkeit in bezug auf Eupen-Malmedy kann von deutscher Seite nur anerkannt und von belgischer Seite sicherlich nicht ernsthaft beanstandet werden. Was seine Tätigkeit im Kriege in Belgien angeht, so wird von belgischer Seite voll anerkannt, daß er bis zu seiner Entfernung durch Himmler seine Aufgabe in einer Weise

---

Thedieck meinte dazu: „Jakob Kaiser hat einmal erzählt, daß in den zwanziger Jahren eine Sitzung des Vorstandes der Rheinischen Zentrumspartei stattgefunden habe, in der über eine Neuordnung Preußens durch Verselbständigung der Provinzen zur Debatte gestanden hätte. Bei dieser Gelegenheit habe der Oberbürgermeister Adenauer Jakob Kaiser, dem damaligen Landesgeschäftsführer des christlichen Gewerkschaftsbundes im Rheinland, gesagt: ‚Was wird wohl der Spitzel von Herrn Severing dazu sagen?' und damit habe er mich gemeint. Sicher hat Kaiser das gelegentlich Otto John erzählt." (Brief an den Verfasser vom 17. 4. 1970)

[86] So z. B.: Günther Scholz, In Bonn schlägt's 12, Berlin 1961, S. 228.
Wenn aber Adenauer Thedieck nicht getraut hätte, hätte er ihn wohl kaum Anfang 1950 zu überzeugen versucht, Präsident des Verfassungsschutzes zu werden. (Brief Thediecks an den Verfasser vom 16. 9. 1970) Vgl. Kosthorst [8], S. 98.

[87] Archiv der Gegenwart vom 13. 7. 1950.
Da kein Staatssekretär vor Juli 1950 ernannt worden ist, kann man die Behauptung von Kosthorst ([8], S. 95), daß die „volle Arbeitsfähigkeit ... dadurch beeinträchtigt" wurde, anzweifeln.

[88] Karl Brammer [4], Materialien zu einer Biographie Jakob Kaisers (im Archiv der BfgA).

[89] Kosthorst [8], S. 95.

erfüllt hat, die nur als Erleichterung des belgischen Schicksals empfunden und gewürdigt wurde. Zeugnisse dafür liegen vor. Daran ändert die von einem ehemaligen deutschen Separisten gegen ihn entfachte Pressehetze gar nichts ... Sie kennen mich genügend, Herr Bundeskanzler, um zu wissen, daß ich nicht zu den Männern gehöre, die einen wertvollen Mitarbeiter gegen bessere Überzeugung und gegen das Interesse der übernommenen Aufgabe fallen lassen könnten. Eher müßte ich selber die Konsequenzen ziehen. Ich darf nicht in Gefahr kommen, mein Gesicht zu verlieren ..." [90]

Adenauer antwortete am 9. Dezember:

„Ich bin der Auffasung, daß wir sorgsam alles vermeiden müssen, was das gegen Deutschland bestehende schwere Mißtrauen irgendwie begünstigen würde. Unter einer solchen Erwägung müssen unbedingt alle persönlichen Rücksichten zurücktreten. Ich darf Sie daran erinnern, daß wir uns im Kabinett darüber einig waren, daß auch ein in Gruppe V eingestufter früherer PG nicht Staatssekretär werden könne, und zwar lediglich wegen des Eindrucks, den eine solche Ernennung nach außen machen würde. Ich darf Sie weiter daran erinnern, daß ich von der Ernennung des Herrn Vize-Präsidenten Globke zum Staatssekretär Abstand genommen habe, weil er, der nicht PG war, an dem bekannten Kommentar mitgearbeitet hatte ... Ich kann nicht einsehen, daß Herr Thedieck einen Anspruch darauf hat, besser behandelt zu werden als andere ...

Für das Amt des Staatssekretärs in Ihrem Ministerium bringt Herr Thedieck besondere Erfahrung auf diesem Gebiet nicht mit sich. Er hat Erfahrungen bezüglich der Westgrenzen. Aber gerade hier wird sich Ihr Ministerium jeder Tätigkeit enthalten müssen. Herr Thedieck hat aber keine Erfahrungen bezüglich Berlins und der Ostzone, so daß ich also auch hier nicht einsehe, warum unbedingt Herr Thedieck bei Ihnen Staatssekretär werden muß." [91]

Kaiser akzeptierte Adenauers Argumente nicht und schrieb ihm am 1. Januar 1950:

„Keine ernsthafte Persönlichkeit des anderen Landes kann und wird uns deshalb den Respekt versagen, wenn wir diesem untadeligen Manne die Anerkennung nicht verweigern. Nachteilig dagegen müßte es für uns auch im Ausland wirken, wenn wir in wirklich unangebrachter Rücksichtnahme auf vermeintliche oder tendenziös genährte Empfindsamkeiten den Mann quasi verleugnen würden. Ich müßte mir selbst untreu werden, sollte ich mich damit einverstanden erklären ...

Zusammenfassend kann ich nur noch einmal sagen, Herr Bundeskanzler, daß es mir nicht möglich ist, Ihren Schlußfolgerungen in der Angelegenheit Thedieck beizutreten. Es ist zudem festzustellen, daß die Sache längst über das

---

[90] Kosthorst [8], S. 98 f.
[91] Kosthorst [8], S. 99.

E. Schaltstationen im Ministerium

Persönliche hinweg ins Grundsätzliche hineingewachsen ist, eine Tatsache, die mich – wenn überhaupt möglich – den Vorgang nur noch ernster nehmen läßt ...
Ich kann und darf um der Erfüllung meiner Aufgabe willen, ich kann und darf um der Treue zu einem verdienten Menschen und Beamten willen, ich kann und darf um meiner eigenen Geltung willen keine andere Haltung einnehmen. Jeder, der mich kennt, müßte mir sonst die Achtung versagen." [92]

Da Adenauer nicht auf Kaiser verzichten wollte und sich Kaiser – trotz vielfältiger Angriffe Adenauers – nicht von Thedieck trennte, sah sich Adenauer gezwungen, Thedieck zu akzeptieren.

Adenauer hat aber nicht nur im Falle Thediecks versucht, Einfluß auf die Besetzung der Staatssekretärsposten zu nehmen [93].

b) Seine Stellung im Ministerium. Thedieck wurde zur zentralen Figur des Ministeriums [94] und verkörperte es in vieler Hinsicht. Es stand außer Frage, daß er ein außerordentlich fähiger Verwaltungsbeamter war. Sogar Lemmer schrieb: „Seine Sachkenntnis war viele Jahre lang jedem Leiter dieses Ressorts dienlich; ebenso wie seine große Verwaltungserfahrung." [95] Er bestimmte sowohl die Personal- als auch die Strukturpolitik des Mini-

---

[92] Kosthorst [8], S. 100.

[93] Gustav W. Heinemann, Was Dr. Adenauer vergißt, in: Frankfurter Hefte, Juli 1956.
Adenauer macht auch seinem Koalitionspartner das Recht streitig, Staatssekretäre zu benennen. So schrieb er am 6. 9. 1955 in einem Brief an Dehler: „Aus prinzipiellen Gründen kann ich es nicht zugeben, daß irgendeine Partei ein Recht hat, in einem Ministerium die Besetzung des Staatssekretär-Postens durch einen von ihr vorgeschlagenen Herrn zu verlangen. Schon bei der Zusammensetzung seines Kabinetts muß der Bundeskanzler freie Hand in der Auswahl der Persönlichkeiten haben. Das gilt erst recht von der Besetzung der Posten der Staatssekretäre." (Konrad Adenauer, Erinnerungen 1955 bis 1959, Stuttgart 1967, S. 71)

[94] Er hat es aber nicht immer durchsetzen können, daß er in alle Gespräche Kaisers mit Beamten des BMG eingeschaltet wurde. Thedieck schrieb dazu in einem Brief vom 4. 2. 1971 an den Verfasser: „Es gab einmal eine Meinungsverschiedenheit, die sich darauf bezog, ob Herr Minister Kaiser Referenten oder Abteilungsleiter unmittelbar zum Vortrag bestellen konnte. Das war gar nicht strittig. Ich habe aber in dem einen oder anderen Fall darauf hingewiesen, daß die gemeinsame Geschäftsordnung der Bundesministerien vorschreibt, daß in solchen Fällen die Abteilungsleiter oder Referenten ihre Vorgesetzten, also in diesem Falle mich, entweder vor dem Vortrag beim Minister oder spätestens nach dem Vortrag, über den Inhalt des Gespräches unterrichten müßten, und daß es den Zwischenvorgesetzten freistehen müsse, sich an dem Gespräch zu beteiligen. An diese Regelung hat sich Minister Kaiser auch fast immer gehalten."

[95] Lemmer [10], S. 358.

steriums[96]. Kaiser hatte eine solche Behörde noch nicht geführt und ließ Thedieck freie Hand, auch was die Abwicklung der Subventionen betraf[97]. So wurde Thedieck für seine Minister unentbehrlich. Hatte er schon die „halbe Kölner Verwaltung" mit in das Ministerium gebracht[98], so betrachtete er es weiterhin als seine Aufgabe, Mitarbeiter einzustellen. Inwieweit man die Behauptung Germers generalisieren kann, Thedieck hätte bei seiner Einstellung gesagt: „Ich halte es grundsätzlich für falsch, wenn ein Minister sich seine Referenten selbst holt,"[99] bleibt offen. Thedieck hatte jedoch kein allzu großes Vertrauen zur Menschenkenntnis Jakob Kaisers und fürchtete immer die Etablierung einer ‚Nebenregierung'. Denn Kaiser verfügte noch über das Büro der Sozialausschüsse in Königswinter, in dem auch Aufgaben für den Minister Jakob Kaiser erledigt wurden[100].

Thediecks deutschlandpolitische Konzeption resultierte aus einer ganz anderen Erfahrungswelt als die Vorstellungen Kaisers. Thedieck vertrat aus einer defensiven Grundeinstellung heraus einen klaren und kompromißlosen Antikommunismus[101], der im gewissen Ausmaße ideologische Auseinandersetzungen fürchtete[102].

---

[96] Interview von Hammerstein vom 4.2.1970: „... wobei Thedieck die praktische Arbeit des Ministeriums immer geleitet und voll in der Hand hatte, darum haben sich die beiden Minister, die ich erlebt habe, nie wirklich intensiv gekümmert, wobei Kaiser klipp und klar sagte: dazu habe ich ja meine Beamten, die sollen das gefälligst tun, und der Staatssekretär soll das überwachen. Ich bin für die politische Linie verantwortlich ..."

[97] Interview Wehner vom 10.12.1969: Kaiser hat die finanziellen Dinge „weitgehend durch seinen Staatssekretär Thedieck praktizieren lassen. Er selber hat sich kaum in Haushaltsangelegenheiten geäußert oder zur Verfügung gehalten. Das war seine Art der Arbeit ..."

[98] Der Kölner Regierungspräsident intervenierte bei Adenauer, damit Thedieck nicht die ‚ganze Kölner Verwaltung' mitnahm. (Interview Thedieck vom 19.7.1969)

[99] Interview Germer vom 28.1.1970.

[100] Kosthorst [8], S. 106: „Die Kooperation zwischen Kaiser und Thedieck war eng und vertrauensvoll, auch lief die Osmose zwischen den beiden Kreisen um Kaiser, dem persönlichen und dem dienstlichen, zunächst reibungslos, erst später gab es diese oder jene Differenzen. Aus dieser Zeit stammt das Wort von der Nebenregierung in Königswinter, ..."

[101] Oft ist Thedieck deswegen auch ein ‚kalter Krieger' genannt worden (z. B. von W. Borm nach Tagesspiegel vom 7.1.1964). Es ist sehr schwer, diesen Ressentiment beladenen Begriff zu fassen. Thedieck nannte es eine „Gretchen-Frage". (Interview Thedieck vom 1.12.1969) Zum ‚kalten Krieger' gehört die geistig militante Konsequenz, also das Sendungsbewußtsein jedes Mittel nutzen zu sollen, diesem Kommunismus zu begegnen und die Überzeugung vom Dominieren dieses Auftrages über alle anderen Erwägungen.

[102] Vgl. S. 133.

c) *Auseinandersetzungen zwischen Thedieck und Kaiser* [103]. Es kam zu nicht unerheblichen Auseinandersetzungen zwischen Thedieck und Kaiser, die einerseits im Persönlichen [104], andererseits im Spannungsverhältnis Politik – Verwaltung begründet waren.

Der damalige Pressereferent von Hammerstein erklärte die Schwierigkeiten so:

„Kaiser war ohne Zweifel, wenn es um die Durchsetzung seiner politischen Auffassung ging, auch ein bißchen empfindlich und hatte dann auch leicht das Gefühl, dieses Ministerium bringt mir ja zu wenig Verständnis entgegen und zuviel Verständnis dem Staatssekretär. Das war aber auch wiederum klar: Der Staatssekretär war ständig da, traf im Grunde genommen die Entscheidungen selbständig und hatte damit natürlich diese Beamten, die er auch weitgehend selber ausgesucht hatte, auf seiner Seite. Der Minister war ein Politiker, hatte ein Amt wie dieses noch nicht geführt, mußte sich seinen politischen Aufgaben widmen, Reden halten und war nicht ständig oder zu wenig in diesem Ministerium." [105]

Um Wilhelm Wolfgang Schütz kam es im Rahmen der Personalpolitik zu Differenzen [106]. Schütz war eine Zeitlang „außenpolitischer Berater" Kaisers [107] und hatte in dieser Funktion auch ein Zimmer im Ministerium [108]. Thedieck fühlte sich dadurch in seinen Rechten als Staatssekretär eingeschränkt: „Der legitime Berater des Ministers ist der Staatssekretär. Das war eine Einrichtung außerhalb der Legalität." [109] Thedieck und Adenauer erreichten, daß Schütz sich sein Büro außerhalb des BMG einrichtete [110]. Er blieb aber weiterhin freier Mitarbeiter Kaisers.

[103] Angedeutet in: Nebgen [6], S. 43 und in zahlreichen Pressemeldungen.

[104] Hier spielten auch Spannungen zwischen Frau Dr. Kaiser-Nebgen, die einen entscheidenden Einfluß auf ihren Mann ausübte, und Thedieck eine Rolle.

[105] Interview von Hammerstein vom 4. 2. 1970.

[106] W. W. Schütz war leider zu keinem Gespräch bereit. Die Zeit, die er dazu hätte, wäre zu kurz – dann lieber gar nicht!

[107] Der Spiegel vom 18. 6. 1952, S. 6; vom 29. 9. 1954, S. 5 f.; Rheinischer Merkur vom 19. 9. 1952.

[108] Interview Thedieck vom 9. 7. 1969.

[109] Interview Thedieck vom 9. 7. 1969.

[110] Kosthorst [8], S. 105: „Im Anschluß daran entwickelte sich in Briefen allmählich eine enge politische Kommunikation, die Kaiser bewog, den durch seine langjährige Londoner Tätigkeit außenpolitisch versierten deutschen Emigranten als ständigen politischen Berater an seine Seite zu holen – zum vielleicht nicht ganz unverständlichen Mißvergnügen des Staatssekretärs Thedieck und schließlich auch Adenauers, der die außenpolitische Urteilsbildung als seine ureigenste Domäne ansah und nach einer Weile des kritischen Zuwartens und einigen indirekten Eingriffen in einem Schreiben vom 31. Oktober 1952 die Abberufung von Schütz verlangte – mit dem vorgeschobenen Argument, daß bei einem solchen Mitarbeiterverhältnis wie im vorliegenden Falle die notwendige politische Diskretion

In der Zielvorstellung der Wiedervereinigung gingen Kaiser und Thedieck zweifellos konform; über die Wege dorthin bestanden erhebliche Differenzen, die man wohl nicht nur – wie Thedieck – als taktische Auseinandersetzungen werten kann [111]. Insbesondere auch in den „Auffassungen über die zeitliche Erreichbarkeit einer Wiedervereinigung" bestanden große Unterschiede [112]. Nach Kosthorst entstanden erste ernsthafte Auseinandersetzungen – abgesehen um W. W. Schütz – bei der Beurteilung der EVG. „Während Kaiser nur widerwillig der Politik des Kanzlers folgte, war Thedieck an dieser Stelle ihr Befürworter, lag also gerade in einem für das Wiedervereinigungsproblem entscheidenden Punkt eher auf der Linie Adenauers als auf der seines Ministers." [113] Mit der unterschiedlichen Beurteilung des Kuratoriums Unteilbares Deutschland „wurde übrigens das Verhältnis zwischen den beiden Männern, die lange harmonisch zusammengearbeitet hatten, merklich kühler" [114]. Noch größere Spannungen traten auf, als Thedieck auf einer Pressekonferenz am 17. 8. 1954 nicht ausschloß, daß Kaiser John für die Leitung des Verfassungsschutzamtes empfohlen habe. „Was Wunder, daß der Minister für gesamtdeutsche Fragen über seinen Staatssekretär nach den vorhergegangenen Meinungsverschiedenheiten nun neuerlich verärgert war und ihm dies auch mündlich und schriftlich zum Ausdruck brachte. Die Zusammenarbeit zwischen Kaiser und Thedieck war trotzdem auch fortan nicht schlecht, doch stellte sich das Einvernehmen vergangener Jahre nicht mehr wieder her." [115]

Kaum nachprüfbar ist der Vorwurf, Thedieck hätte über den „Club der

---

nicht genügend gesichert sei. Kaiser indessen trennte sich nicht von Schütz; er nahm ihn lediglich aus dem Rampenlicht, indem er ihn seinen Arbeitsraum im Ministerium aufgeben ließ. Im übrigen aber hielt er nach wie vor enge Verbindung zu ihm."

111 Interview Thedieck vom 1. 12. 1969: „Wir haben uns natürlich über viele Fragen unterhalten, diskutiert und auch – wenn Sie so wollen – gestritten. Das ist klar. Man kann immer taktisch dieser oder jener Meinung sein, deswegen gibt es keine grundsätzlichen Differenzen."

112 Bonner Rundschau vom 3. 4. 1964.
Brief von Zahns vom 11. 4. 1970 an den Verfasser: „Die Auffassungen über die zeitliche Erreichbarkeit einer Wiedervereinigung haben in der Tat gewaltige Unterschiede aufgewiesen. Am skeptischsten ist nach meiner Ansicht Adenauer gewesen ... Kaiser teilte diese Auffassung nicht, obwohl er in seiner Berliner Zeit eine Fülle von Erfahrungen gemacht hatte, die eher Adenauers Auffassung bestätigten, als seinen gedämpften Optimismus. Thediecks Haltung war verfassungskonform. Er fühlte sich sowohl der Präambel des Grundgesetzes verpflichtet als auch den Weisungen des Regierungschefs, der die Grundlinien für die Politik zu bestimmen hat."

113 Kosthorst [8], S. 289 f.
114 Kosthorst [8], S. 289.
115 Kosthorst [8], S. 115.

Staatssekretäre" Vorhaben seines Ministers in Zusammenarbeit mit Adenauer von vornherein blockiert. Eine Methode, die Adenauer nicht nur im BMG anzuwenden wußte, die im Falle des BMG unter Kaiser nach der Auffassung Wildenmanns jedoch ein „offenes Geheimnis" war [116].
Es kann auch nicht geklärt werden, inwiefern sich die Differenzen in der Deutschlandpolitik auf die Arbeit des Ministeriums niedergeschlagen haben. Da die Hauptfunktion des BMG in der Verwaltungs- und Subventionstätigkeit bestand und nur in einem sehr kleinen Bereich Einwirkung auf die Deutschlandpolitik möglich war, ist es jedoch wahrscheinlich, daß die Differenzen nicht im Verwaltungsbereich ausgetragen oder gar entschieden wurden [117].

2. Der persönliche Referent

Der erste persönliche Referent Kaisers, Fred Sagner, war von 1945 bis 1948 Vorsitzender der Jungen Union in der Sowjetischen Besatzungszone und ging nach dem Bruch mit den Sowjets mit Kaiser in den Westen. Schon im Parlamentarischen Rat sein persönlicher Referent, blieb er auch im Ministerium auf diesem Posten. Als ‚Vollblutpolitiker' hatte er wenig Verständnis für die Arbeitsweise eines Ministeriums und insbesondere Thediecks. So bestand zwischen Sagner und Thedieck ein außerordentlich frostiges Verhältnis. Als auch noch Schwierigkeiten mit dem Minister dazukamen und seine Pläne, Beamter zu werden, scheiterten, verließ er 1954 seine Stelle als persönlicher Referent und 1956 das Ministerium. Er wurde später Leiter des Ministerbüros im Verteidigungsministerium unter Strauß und Mitbegründer des Komitees ‚Rettet die Freiheit' [118].

Auch seinem Nachfolger Dr. Plück, der ein dreiviertel Jahr persönlicher Referent war, gelang es nicht, eine vermittelnde Position zur Verwaltung herzustellen [119]. Deshalb fiel die Wahl auf Günter Zaluskowski, von dem man – da er Jurist ist – ein besseres Verhältnis zur Verwaltung erhoffte und der zu Thedieck und insbesondere zu Kaiser gute Beziehungen hatte. Doch auch er konnte das schwierige Verhältnis zwischen Kaiser auf der einen und Thedieck mit der Verwaltung auf der anderen Seite nur sehr bedingt verbessern.

---

[116] Wildenmann [40], S. 153: „Auch ist es vorgekommen, daß das Kanzleramt mit Unterstützung des Staatssekretärs eines Ministeriums gegen den Minister operiert hat, wenn er die Auffassung des Kanzlers nicht teilte, mit Rücksicht aber auf andere politische Gründe nicht aus der Regierung entlassen werden sollte und konnte." Vgl. Kosthorst [8], S. 367.

[117] Interview Germer vom 28. 1. 1970; Interview von Hammerstein vom 4. 2. 1970.

[118] Vgl. Der Spiegel vom 30. 9. 1959, S. 17 f.; Interview Sagner vom 19. 6. 1970.

[119] Interview Dr. Plück vom 3. 12. 1969.

3. Der Pressereferent

Eine außerordentlich wichtige Funktion im Ministerium – die weit über die Kompetenzen eines Pressereferenten hinausging – nahm Ludwig von Hammerstein ein. Als enger Vertrauter Kaisers [120], dem es gelang, ein ebenso gutes Verhältnis zu Thedieck herzustellen [121], war er noch weit mehr als der persönliche Referent ein Bindeglied zwischen dem politischen Bereich und der Verwaltung.

Ihm gelang es, Kaisers und Thediecks Auffassungen in vielen Fällen zu synchronisieren [122] und durch seine unbürokratische Art Engpässe zu meistern.

4. Der Personalreferent

Den Personal- und Organisationsreferenten waren unter Thedieck nicht allzu große Entfaltungsmöglichkeiten gegeben, da er sowohl Personal- als auch Organisationspolitik [123] fest in der Hand behielt. Beide Personalreferenten [124] hatte er aus der Kölner Verwaltung geholt.

---

[120] Zusammenarbeit im Widerstand, vgl. Nebgen [6], S. 229.

[121] Interview von Hammerstein vom 4. 2. 1970: „... ich habe beide Seiten ja nun als Pressereferent – als persönlicher Vertrauter Kaisers – mitgemacht. In all den Jahren bin ich nie in die Lage gekommen, daß ich das Gefühl hatte, ... Thedieck will mir unwohl, und das muß man Thedieck hoch anrechnen, denn er wußte ja, daß mich Kaiser dorthin geholt hatte, und er wußte, daß ich loyal zu Kaiser stehe, aber gleichzeitig auch loyal zu ihm stehe. Er hat diese Mittlerrolle respektiert, und mir nie eine Schwierigkeit gemacht. Aber das ist zwischen diesen beiden Männern möglich gewesen, und das spricht menschlich für beide."

[122] Interview von Hammerstein vom 4. 2. 1970: Thedieck und Kaiser „waren eben mal in ein paar Punkten völlig unterschiedlicher Meinung, wobei ich als Pressereferent manchmal wirklich in der schwierigen Lage war, zwischen den beiden zu stehen. Wie ich glaube, kann ich sagen, daß ich immer das volle Vertrauen von Kaiser und Thedieck gehabt habe und häufig auch versucht habe, zu vermitteln, denn ich kannte die Kaisersche Auffassung sehr genau, und ich kannte die Thediecksche Auffassung. Ich kam häufig zu dem Schluß, soweit sind sie gar nicht auseinander, sie sind sich nur über die Anwendung dieses oder jenes Mittels nicht ganz einig."

[123] Er ignorierte auch die vielen Veränderungsvorschläge, die vom Organisationsreferat gemacht wurden. Vgl. Anmerkung 54, S. 16.

[124] Bis 1956 P. Hüttemann, danach Dr. Rohn.

F. Schwerpunkte – Funktionen – Möglichkeiten Jakob Kaisers

Besonderes Interesse Kaisers galt Berlin [125] und dem Saargebiet [126]. Er versuchte, die Willensbildung im Kabinett u. a. auch bei folgenden Entscheidungen zu beeinflussen:

Gegen den Eintritt in den Europarat [127]. Kaiser hatte schriftlich eine Erklärung vorbereitet, die er am 15. Juni 1950 bei der Schlußabstimmung über den Beitritt im Bundestag halten wollte. In dieser Erklärung hieß es u. a.:
„Wer erklärt, daß Stimmenthaltung oder Ablehnung des Beitritts zum Europarat eine Entscheidung für den Osten oder zu mindesten gegen den Westen ist, kann die Tragik der deutschen Situation nicht begriffen haben ...

Für die Bundesrepublik ist der großaufgemachte Beschluß, als nicht gleichberechtigtes Mitglied in den Europa-Rat einzutreten, im Grunde nur eine Demonstration. Diese Demonstration kann und wird aber für den Osten Vorwand zu neuen Vergewaltigungen in und an der Sowjetzone sein ...

Für mich bleibt es Pflicht: Nur das Notwendigste sollte getan werden, was im Kampf gegen den Bolschewismus nötig ist. Es mag sein, daß die Sowjetunion in bezug auf die Sowjetzone ein festes Ziel hat. Es mag sein. Sicher ist es nicht. Wir haben trotzdem strengstens abzuwägen, wieweit wir die Vorwände dazu bieten, ihre Schritte zu einem bestimmten Ziel zu tarnen. Der Europa-Rat ist in seiner Wirkung umstritten. Noch umstrittener ist unsere Rolle dort. Unbestritten ist, daß wir in eine sehr untergeordnete Rolle dort gedrängt sind. Deshalb hätte ich gewünscht, man hätte mit der Beitrittsfrage zum mindesten noch gewartet ..." [128]

Kaiser verzichtete auf diesen „sensationellen Auftritt", „eben weil er die Sensation vermeiden und seiner Mitwirkung im Kabinett Adenauer als Minister für gesamtdeutsche Fragen den Boden nicht entziehen wollte" [129], und erschien nicht zur namentlichen Abstimmung.

Gegen Adenauers autoritären Regierungsstil bei der Entscheidung für den Wehrbeitrag. Stand Kaiser bei der Frage des Eintritts in den Europarat auf der Seite Heinemanns gegen Adenauer, so war Kaiser im Gegensatz zu Heinemann für den Wehrbeitrag, empfand aber Adenauers Alleingang als skandalös [130]. Kaiser war der Auffassung, daß „nach der Koreainvasion ... ein deutscher Verteidigungsbeitrag als Defensivfaktor unerläß-

---

[125] Vgl. S. 173.   [126] Vgl. S. 166 ff.
[127] Aussage Heinemann am 23. 1. 1958 im Bundestag (Sten. Berichte S. 401). Adenauer erwähnt in seinen Memoiren nur den Widerstand Heinemanns. (Konrad Adenauer, Erinnerungen 1945 bis 1953, Stuttgart 1967, S. 373 f.) Vgl. Kosthorst [8], S. 124 ff.
[128] Kosthorst [8], S. 124 f.
[129] Kosthorst [8], S. 126.   [130] Vgl. Kosthorst [8], S. 153.

lich" sei [131]. Er machte sich darüber auch keine Illusionen, daß das den Weg zur Wiedervereinigung verlängern mußte [132]. Für Kaiser war aber die EVG nur Mittel zum Zweck, „und die westeuropäische Union konnte für ihn eben nicht – wie für Adenauer – Ersatz für die Wiedervereinigung werden." [133]

Im Gegensatz zu Adenauer Ankündigung einer sorgfältigen Prüfung der sowjetischen Note vom März 1952 [134]. Kaiser nahm am 12. März in einem Rundfunkkommentar zur Note Stellung:

„... Aber niemand wird in Abrede stellen können, daß es sich bei den Vorschlägen der Sowjetunion für einen Friedensvertrag mit Deutschland um ein gewichtiges politisches Ereignis der letzten Monate handelt ...

In den Grundsätzen für einen Friedensvertrag mit Deutschland ... finden sich eine Reihe von politischen, militärischen und wirtschaftlichen Vorschlägen, die genauester Klärung bedürfen. Es wäre verfrüht, auf Einzelheiten einzugehen ...

Ganz Deutschland fragt heute, ob der Vorschlag der Sowjetunion an die Westmächte verstärkte Hoffnung bedeutet. Darauf kann man nur antworten: Das wird die Erfahrung lehren. Deutschland und die Westmächte werden jedenfalls sorgsam zu prüfen haben, ob sich wirklich im Verhältnis zwischen Ost und West ein Wendepunkt andeutet." [135]

Am 14. März begrüßte der gesamtdeutsche Ausschuß die Erklärung Kaisers, „er täuschte sich allerdings, wenn er glaubte, daß sie die der Bundesregierung, speziell die des Kanzlers war" [136].

Widerstand gegen Teile des Generalvertrages (Bindungsklausel) [137]. Kosthorst schreibt die „im letzten Augenblick vor der Vertragsunterzeichnung vollzogene Annullierung der Bindung nach Art. 7 III ... in erster Linie Jakob Kaisers energischem Einsatz" zu [138]. Der ursprüngliche Text des Art. 7 Abs. III lautete:

---

[131] Kosthorst [8], S. 151.
[132] Kosthorst [8], S. 147.   [133] Kosthorst [8], S. 148.
[134] Thomas Dehler: „Besonders angeregt von der Note war mein fränkischer Landsmann Jakob Kaiser, damals Minister für gesamtdeutsche Fragen. Er beglückwünschte Adenauer zu dem Erfolg, daß nämlich seine Politik der Westintegration diese Wirkung auf die Sewjetunion zeitige und Moskau nunmehr bereit sei, von sich aus die deutsche Wiedervereinigung zuzugestehen." (Albert Wucher (Hg.), Wie kam es zur Bundesrepublik? Politische Gespräche mit Männern der ersten Stunde, Freiburg, Basel, Wien 1968, S. 177)
Vgl. Der Tag vom 13. 3. 1952; FAZ vom 15. 3. 1952; Kosthorst [8], S. 222 ff.
[135] Im Wortlaut bei Kosthorst [8], S. 224 f.
[136] Kosthorst [8], S. 136.
[137] Karl Georg Pfleiderer, Politik für Deutschland, Stuttgart 1961, S. 91; Georg Vogel, Diplomat unter Hitler und Adenauer, Düsseldorf, Wien 1969, S. 209; Kosthorst [8], S. 171 ff.
[138] Kosthorst [8], S. 171.

F. Schwerpunkte – Funktionen – Möglichkeiten Kaisers

„Die Bundesrepublik und die Drei Mächte sind darin einig, daß ein wiedervereinigtes Deutschland durch die Verpflichtungen der Bundesrepublik nach diesem Vertrag, den Zusatzverträgen und den Verträgen über die Bildung einer integrierten europäischen Gemeinschaft – in einer gemäß ihren Bestimmungen oder durch Vereinbarung der beteiligten Parteien angepaßten Fassung – gebunden sein wird, und daß dem wiedervereinigten Deutschland in gleicher Weise die Rechte der Bundesrepublik aus diesen Vereinbarungen zustehen werden."[139]

Kaiser schrieb am 23. Mai 1952 an Adenauer:

„Als Bundesminister für gesamtdeutsche Fragen bin ich verpflichtet, das nach meiner Erkenntnis Beste für die Wiedervereinigung unseres Landes einzusetzen und keiner Handlung zuzustimmen, die nach meiner Überzeugung die Wiedervereinigung behindern könnte. Deshalb würde es mein Gewissen nicht zulassen, dem Vertragswerk mit der Bindungsklausel zuzustimmen."[140]

Auf Kaisers Seite standen u. a. Franz Blücher, Ernst Achenbach und Heinrich von Brentano[141]. Baring vertritt die Auffassung, daß die Westbindung auch ohne Art. 7 Abs. III festgelegt war[142]. Auch Kosthorst gibt zu:

„Zwar war der Artikel 7 III nur ein Teilstück einer auch in den übrigen Artikeln des Vertrages zum Ausdruck kommenden, schwerlich revidierbaren Westbindung – darüber machte sich Jakob Kaiser keine Illusionen –, aber der Artikel 7 III war doch ein besonders krasser Ausdruck für eine Unumkehrbarkeit, weil er eine automatische Bindung innerhalb des gegebenen Vertrages auch für Gesamtdeutschland unumwunden und ausdrücklich deklarierte."[143]

Am 25. 5. wurde dann von amerikanischer Seite eine Neufassung vorgelegt[144].

Wurde schon das Ministerium als Hüter und Mahner in gesamtdeutschen Fragen angesehen[145], so trifft diese Funktion in weit größerem Ausmaß für die Rolle Kaisers im Kabinett zu.

Felix von Eckardt beschrieb, daß es für Kaiser „außerordentlich schwierig (war), seine ganz spezielle Aufgabe mit der Außenpolitik des Kanzlers in Übereinstimmung zu bringen ... Jakob Kaiser rang sich schließlich immer wieder dazu durch, Adenauers Politik zu unterstützen, wohl aus der Erkenntnis heraus, daß zwar der Erfolg dieser Politik hinsichtlich der Wiedervereinigung zweifelhaft blieb, es aber für klardenkende Menschen auch

---

[139] Baring [22], S. 409 f.
[140] Kosthorst [8], S. 177.
[141] Kosthorst [8], S. 171.
[142] Baring [22], S. 160.
[143] Kosthorst [8], S. 174.
[144] Text bei Kosthorst [8], S. 179.
[145] Vgl. S. 15.

keine Alternative gab ... Jakob Kaiser befand sich also in einem schrecklichen Dilemma, und so blieb ihm nichts übrig, als den ständigen Mahner zu spielen, bei jeder politischen Frage seine Stimme zu erheben und an die von uns getrennte Sowjetzone und ihre 17 Millionen Menschen zu erinnern." [146]

Kaiser war also das „gesamtdeutsche Gewissen' der Bundesregierung: „... der tragende Grund, der sein Durchhaltevermögen in der Ungunst der Zeit verstehbar macht: ein Sendungsbewußtsein, daß sich durch eine weit verbreitete Lethargie nicht irremachen ließ." [147]

Die Einflußmöglichkeiten Kaisers auf die Regierungspolitik gingen im Verlaufe seiner Amtszeit erheblich zurück. War Adenauer 1949 noch zu Konzessionen bereit, um Kaiser ins Kabinett zu bekommen, so hatte sich seine Stellung 1953 so in der Partei konsolidiert, daß er den „gesamtdeutschen Jakob" gern wieder losgeworden wäre.

Kaiser „wurde jetzt innerhalb seiner eigenen Partei mit der Aufgabe, die er vertrat, mehr und mehr zurückgedrängt. Für Adenauers Verhältnis wurde er darüber hinaus wohl gar zur Negativfigur eines Michael Kohlhaas der Wiedervereinigung, der ihm zunehmend lästig wurde und den er darum nicht mehr in das zweite Kabinett aufzunehmen gedachte." [148]

Nicht nur seine Opposition gegen Adenauers Außenpolitik sondern auch seine Vorschläge für eine große Koalition waren Adenauer lästig. So wurden vor den Wahlen 1953 die Pläne des Bundeskanzleramtes zur Schaffung eines Informationsministeriums bekannt, das auch Funktionen des BMG mit übernehmen sollte [149]. Es kursierten Gerüchte – insbesondere auch in der CDU-Presse –, daß Kaiser abgelöst würde [150]. Adenauer hatte sich schon auf Tillmanns als Kaisers Nachfolger festgelegt [151]. Auch der Einfluß der zwei Hauptstützen der Hausmacht Kaisers, die Sozialausschüsse [152] und die Exil-CDU [153], war zurückgegangen, trotzdem „wich Adenauer zurück, auch diesmal wohl in der Meinung, seinen Kontrahenden eher im Kabinett als draußen zähmen zu können." [154] Die ständigen Auseinander-

---

[146] Felix von Eckardt, Ein unordentliches Leben, Düsseldorf, Wien 1967, S. 244 f.
[147] Kosthorst [8], S. 188.   [148] Kosthorst [8], S. 158.
[149] Der Spiegel 36/1953, S. 6; 38/1953, S. 8.
[150] So Ruhr-Nachrichten, Bonner Rundschau, Rheinischer Merkur; vgl. Hamburger Echo vom 16. 9. 1954; SPD-Pressedienst vom 24. 9. 1954; Neue Rheinzeitung vom 21. 12. 1954.
Man versuchte dann im August 1954, Kaiser auch in der John-Affäre zu belasten, nachdem John – Präsident des Verfassungsschutzes – nach Ostberlin gegangen war. Vgl. Kosthorst [8], S. 299 ff.
[151] Kosthorst [8], S. 281 f.
[152] Vgl. Kosthorst [8], S. 244.
[153] Kosthorst [8], S. 165.
[154] Kosthorst [8], S. 281.

setzungen zwischen Kaiser und Adenauer gingen weiter: „Freilich darf man sich die Beschränkung der Bewegungsfreiheit Jakob Kaisers nicht zu eng vorstellen. Dieser Mann ließ sich nicht einfach anbinden. Die Monita Adenauers an Kaiser wegen angeblicher und tatsächlicher Überschreitung der Partei- oder Kabinettsdisziplin oder auch seine präventiven Warnungen vor Abweichungen waren so zahlreich, daß man Kaiser geradezu als ‚Konfliktminister' bezeichnen konnte. Die Proteste Adenauers, manchmal sogar von Relegierungsdrohungen begleitet, zeigen andererseits auch, daß der Kanzler und Parteivorsitzende gegenüber Grenzüberschreitungen, so wie er sie verstand, sehr wachsam war, vor allem dann, wenn sie die große Öffentlichkeit suchten."[155]

So schrieb Adenauer z. B. am 5. 10. 1956 an Kaiser:

„Ich mache Sie mit allem Nachdruck und mit allem Ernst darauf aufmerksam, daß Sie als Mitglied des Kabinetts nicht frei sind wie ein Abgeordneter, der nicht Mitglied des Kabinetts ist, und daß Sie unter keinen Umständen Reden halten dürfen, die eine Festlegung in wichtigen Fragen offenbaren, die mit den Grundansichten des Kabinetts vorher nicht abgestimmt worden sind. Ich muß mir alle Folgerungen vorbehalten."[156]

Nach einer Rede Kaisers vor dem Kuratorium Unteilbares Deutschland in Berlin, stellte Adenauer in Zweifel, ob Kaiser „noch auf dem Boden der Bundesregierung stehe"[157].

G. Thesen zu Kapitel I

1. Jakob Kaiser war Initiator dieses Ministeriums, für das sich Adenauer nicht begeistern konnte und das anfangs auf scharfen Widerstand der SPD stieß.
2. Jakob Kaiser war in seiner Hauptfunktion ‚gesamtdeutsches Gewissen' des Kabinetts.
3. Jakob Kaiser hat das Ministerium nur sehr beschränkt als Instrument angesehen und eingesetzt, zumal Thedieck ‚Herr der Verwaltung' war.
4. Es gingen nur wenige Impulse vom BMG aus, was in seinem Schwerpunkt der Subventionsverteilung einerseits und in der Haltung Adenauers andererseits mit seine Ursachen hatte.

---

[155] Kosthorst [8], S. 277.
[156] Kosthorst [8], S. 277.
[157] Kosthorst [8], S. 310.

KAPITEL II

DAS BUNDESMINISTERIUM
FÜR GESAMTDEUTSCHE FRAGEN UNTER DER
LEITUNG VON ERNST LEMMER
(1957 bis 1962)

A. *Die politische Stellung Ernst Lemmers*

Lemmers und Kaisers politische Herkunft weisen gewisse Ähnlichkeiten auf. Lemmer teilte mit Kaiser die Ostzonen-CDU-Erfahrung und kam ebenfalls aus der Gewerkschaftsbewegung [1]. Auch Lemmer zog die Reichseinheit einem integrierten Europa, das nicht die DDR mit einschließt, vor. Die Unterschiede zu Kaisers Auffassungen sind besonders im zeitlichen Abstand begründet, in dem sie Ihre Ämter antraten. Die Entwicklung, die die BRD bis 1957 nahm, ließ die grundsätzlichen Gegensätze zwischen Adenauer und Lemmer schwinden. Als Lemmer sein Amt übernahm, spielte die ‚Brückenkonzeption' in seinen Auffassungen keine ausschlaggebende Rolle mehr. Die BRD war fest in das westliche Bündnis integriert, und auch Lemmer sprach sich nicht offen dafür aus, etwas daran zu ändern. Lemmer und Kaiser waren in ihrem Naturell [2] sehr verschieden. Ging Kaiser immer den direktesten Weg, so war Lemmer zu Kompromissen geneigt und nur selten bereit, für eine Sache mit allen Konsequenzen zu kämpfen, zumal er – leicht beeinflußbar – relativ rasch seine Meinung änderte. Seine Stellung in der Partei war schwächer als die Kaisers. Er hatte zwar die Berliner und die Exil-CDU hinter sich, konnte sich aber nicht – wie noch sein Vorgänger – auf den linken Flügel stützen. Wurde Kaiser selbstverständlich zu diesem Flügel gerechnet, so fällt es schwer, Lemmer nach Parteigruppierungen einzuordnen. Er selbst fühlte sich dem linken Flügel zugehörig. Er legte eine liberale Grundhaltung an den Tag, die – emotional bestimmt – so offen nach allen Seiten und leicht beeinflußbar war, daß sie von manchen als völlige Konzeptionslosigkeit bezeichnet wurde. Sicher erfreute sich Lemmer in und außerhalb [3] seiner Partei großer Popularität, die ihn als gesamtdeut-

---

[1] Vgl. Lemmer [10].
[2] „Ich habe da mehr die Physiognomie eines Journalisten". (Interview Lemmer vom Februar 1970) Da Lemmer nicht mehr dazu gekommen ist, das Protokoll zu korrigieren, habe ich mir bei der Auswertung Zurückhaltung auferlegt.
[3] Zwischenruf von der SPD am 20. 1. 1961 im Bundestag: „In Berlin sind Sie unser Minister." (Sten. Berichte, S. 7935)

schen Minister zu einer überparteilichen Symbolfigur werden ließ, was aber für ihn keine ‚Machtposition' bedeutete. Bei der Übernahme schwieriger Ämter war sie vielleicht sogar hinderlich, weil man bemüht war, offene Auseinandersetzungen mit ihm zu meiden, aber ihm auch keine Möglichkeit zur Entfaltung gab (falls er diese überhaupt wünschte). Seine vorübergehende Stellung als Sonderbeauftragter des Bundeskanzlers in Berlin ist ein Beispiel hierfür.

B. *Die Ernennung Lemmers zum Minister*

Nachdem es feststand, daß Kaiser aus Gesundheitsgründen nicht noch einmal nach den Wahlen von 1957 dieses Amt übernehmen konnte, kam es zu einer Diskussion über den Nachfolger. Dabei machte man sich wieder Gedanken darüber, ob man dieses Ministerium beibehalten sollte[4]. Als Nachfolger waren neben Lemmer Krone[5], Gerstenmeier, Kiesinger[6], Oberländer (bei einer Zusammenlegung mit dem Vertriebenenministerium) und auch Thedieck[7] im Gespräch. Zu einem sehr frühen Zeitpunkt wurde Lemmer als möglicher Nachfolger genannt[8]. Er sträubte sich lange Zeit dagegen und setzte alle Hebel in Bewegung (er bat u. a. Bundespräsident Heuss[9] und die Postgewerkschaft um Hilfe), um Postminister zu bleiben[10]. ‚Machtposition' konnte weder das Postministerium noch das gesamtdeutsche Ministerium für ihn sein. Einfacher zu verwalten und problemloser war das Postministerium. Als aber Adenauer Lemmer vor die Alternative stellte, entweder gesamtdeutscher Minister zu werden[11], oder das Kabinett zu verlassen, glaubte Lemmer keine andere Wahl zu haben.

[4] FAZ vom 11. 1. 1957; Die Welt vom 3. 8. 1957.
[5] Der Tagesspiegel vom 11. 8. 1957.
[6] Der Spiegel vom 30. 10. 1957, S. 14. Dagegen wehrte sich Kaiser wegen Kiesingers NSDAP-Mitgliedschaft. Kaiser hat sich auch 1950 dagegen ausgesprochen, daß Kiesinger Generalsekretär der CDU würde. Vgl. Kosthorst [8], S. 166.
[7] Der Tagesspiegel vom 11. 8. 1957.
[8] Der Spiegel vom 27. 3. 1957, S. 11.
[9] Der Spiegel vom 9. 10. 1957, S. 10.
[10] Bestätigt im Interview Lemmer vom Februar 1970: „Ich bin wirklich gerne Postminister". (Die Welt vom 5. 10. 1957)
[11] Adenauer erteilte Lemmer die Auflage, sich in Bonn eine Wohnung zu nehmen, und nicht wie bisher in der Berliner Vertretung zu wohnen. Dieser Umgebung schien Adenauer doch sehr zu mißtrauen.

II. Das BMG unter Ernst Lemmer

C. Die Stellung Lemmers als Minister

1. Seine Amtsauffassung

Lemmer trat mit den wenigsten Ansprüchen aller gesamtdeutschen Minister sein Amt an, resigniert, weil er glaubte, daß „in der damaligen Phase immer weniger Aussicht darauf bestand, durch Politik zur Lösung dessen zu kommen, was man die deutsche Frage nennt ... deshalb war das gesamtdeutsche Ministerium für mich seelisch das bedrückenste. Die beiden anderen, die ich hatte – Post, Vertriebene und Flüchtlinge –, ja, da sah man wenigstens die Resultate, und seien es nur die neuen Briefmarken."[12]

Seine Haupttätigkeit sah Lemmer in seiner „Wirkung nach außen"[13], auf unzähligen Veranstaltungen zu reden, das gesamtdeutsche Bewußtsein zu fördern, und „nicht in erster Linie darin, die Politik der Wiedervereinigung zu betreiben, da deren Führung und Gestaltung beim gesamten Kabinett, besonders beim Bundeskanzler und beim Außenminister liege. Er werde vielmehr vor allem bemüht sein, der Gefahr des ständigen Auseinanderlebens der Menschen hüben und drüben zu begegnen"[14].

Er erkannte in der Pflege dieser menschlichen Kontakte[15] „einen soliden Beitrag für die innerdeutsche Entspannung" und forderte „jedenfalls, wo es nur möglich ist, die Pflege der menschlichen Beziehungen zwischen Männern der Wissenschaft, der Kunst, überhaupt des kulturellen Lebens, des Sports und auch der Begegnungen zwischen Angehörigen der Familien. Je mehr Deutsche sich mit Deutschen treffen, um so beruhigter dürfen wir sein, hinsichtlich der Einheit unseres Volkes."[16]

Er teilte dabei nicht Bedenken in seiner Partei, in der Regierung oder auch einiger Beamter im Ministerium, die vor allen Dingen die „Infektionsgefahren"[17] sahen[18]. Er rang sich sogar dazu durch, einen Redneraustausch mit Ulbricht vorzuschlagen[19] und sprach sich für einen Austausch von Rundfunkprogrammen mit der DDR aus[20]. Seine Aussagen zu den Gebieten öst-

---

[12] Interview Lemmer vom Februar 1970.
[13] Interview Lemmer vom Februar 1970.
[14] Der Tag vom 2. 11. 1957.
[15] Diese Absichten wurden immer sehr scharf von der DDR angegriffen, z. B. Neues Deutschland vom 5. 1. 1958, 23. 5. 1958.
[16] Interview Lemmer in der Süddeutschen Zeitung vom 20. 2. 58.
[17] Süddeutsche Zeitung vom 20. 2. 58; Lemmers Aussagen in Interviews waren stets weitgehend vom Interviewer abhängig.
[18] Die Welt vom 17. 12. 1957; vgl. Lemmers Interview im Spiegel vom 25. 12. 1957, S. 20 ff.
[19] Süddeutsche Zeitung vom 20. 2. 1958.
[20] Der Spiegel vom 25. 12. 1957, S. 22. Thedieck sprach sich noch 1967 gegen solche Kontakte aus. (Franz Thedieck, Ost-West-Kontakte im Hörfunk und Fernsehen, Reihe des Deutschlandfunks 1/67)

lich der Oder-Neiße-Linie sind nicht sehr deutlich, auch wenn er mehrfach betonte, daß er bei einer Wiedervereinigung von dem Gebiet zwischen Aachen und Görlitz ausginge [21]. Er forderte auch dazu auf, diplomatische Beziehungen zum Ostblock – insbesondere zu Polen – aufzunehmen [22]. Andererseits waren eine Vielzahl seiner Reden bei Heimattreffen und vor Landsmannschaften den Auffassungen der Zuhörer angepaßt.

2. Seine Funktionen im Kabinett

Zwischen Lemmer und Adenauer bestand nie ein großes Vertrauensverhältnis [23]. Adenauer wollte einen Berliner und Vertreter der Exil-CDU im Kabinett haben und war froh, ihm einen der undankbarsten Ministersessel geben zu können, den er über Thedieck jeder Zeit kontrollieren konnte. Die Rollen Kaisers und Lemmers im Kabinett wiesen keine Ähnlichkeiten auf. Versuchte Kaiser auf außenpolitische Entscheidungen von seiner Wiedervereinigungskonzeption her einzuwirken und sah darin seine Hauptaufgabe, so hatte Lemmer keinerlei Einfluß auf außenpolitische Entscheidungen, auch wenn er davon berichtete, unentwegt in den Kabinettsitzungen Einwände gemacht zu haben [24]. Einzige in der Öffentlichkeit bekannt gewordene Auseinandersetzung [25] ist der Streit um die Olympiafahne [26], wenn man von kleineren Differenzen absieht, die durch Lemmers rhetorischen Überschwang entstanden. Sein Mut, gegen Adenauer zu opponieren, blieb immer in den Ansätzen stecken und ohne Auswirkungen [27].

---

[21] Interview Lemmer vom Februar 1970; Der Spiegel vom 22. 11. 1961, S. 70. Hier ging er ausnahmsweise mit seinem Staatssekretär Thedieck konform, der 1959 die oberschlesische Landsmannschaften davor warnte, „Wirklichkeitsfremden Wunschbildern nachzurennen". (Der Spiegel vom 22. 11. 61, S. 70)

[22] FAZ vom 9. 11. 1959. Lemmer mußte dafür scharfe Attacken des Bundes der Vertriebenen hinnehmen. (Vgl. ppp vom 14. 12. 1959)

[23] „Lemmer wurde doch von Adenauer nicht ernst genommen!" (Interview von Hammerstein vom 4. 2. 1970)

[24] Interview Lemmer vom Februar 1970: „Ich meckerte doch ununterbrochen, das steht doch in den Protokollen der Kabinettssitzungen, ich erhob meine Einwände. Es gab dann wiederholte Spannungen. ‚Ach, lassen Sie mich damit in Ruhe', so wehrte er (Adenauer) dann ab, wenn ich dann kam, um vom Gesamtdeutschen her, meine Betrachtungsweise anzubringen."

[25] Interview Lemmer vom Februar 1970: „Die Auseinandersetzungen waren mehr intern."

[26] Vgl. S. 144 f.

[27] Der Spiegel vom 9. 12. 1959: „Es ist seine Eigenart, fern vom Bundeskanzleramt – Bonn-Berlin: 630 km – den Anschein zu erwecken, als ob er mit Konrad Adenauer Abrechnung hält, wohingegen er in Bonn und Auge in Auge mit seinem Regierungschef verkündet, nichts liege ihm ferner, als wider den Adenauerschen Stachel zu löcken."

3. Seine Arbeit im Ministerium

Die Arbeit des Ministeriums verlief doppelgleisiger, als es schon unter Kaiser der Fall war. Lemmer kümmerte sich nur um die „Wirkung nach außen", nahm weder Einfluß auf die Struktur- und Personalpolitik, noch auf die Subventionstätigkeit und versuchte auch nicht, seine politischen Auffassungen in Weisungen an sein Ministerium umzusetzen. Spricht man zu Kaisers Zeiten von einem ‚offenen Geheimnis', so ist es kein Geheimnis, daß zwischen Lemmer und Thedieck ein schlechtes Verhältnis bestand [28]. Nur in privaten Gesprächen schien Lemmer seine eigentliche Meinung über Thedieck äußern zu können [29].

So berichtet Mende: „Ich habe selten so bittere Worte eines Bundesministers über seinen Staatssekretär in den zwanzig Jahren, da ich im Bundestag sitze, gehört, wie die Ernst Lemmers über Thedieck und seine Methoden." [30]

Auch seine Äußerungen über Thediecks Weggang, die vom SPIEGEL kolportiert wurden [31], hat Lemmer von Brentano gegenüber als „Bierulk" bezeichnet [32]. So kann man das Verhältnis zwischen Lemmer und Thedieck als sehr schwierig bezeichnen [33].

Lemmer charakterisiert sein Verhältnis zu Thedieck so:

„Aber die sehr starke Stellung des Staatssekretärs, der ja das Mini-

---

[28] Vgl. ppp vom 28. 5. 1958. Der Spiegel hat sich sogar einmal mit Fragebogen bemüht, Differenzen zwischen Thedieck und Lemmer herauszufinden.

[29] Es war von vornherein klar, daß Lemmer Thedieck nicht zum Rücktritt zwingen konnte (weil Adenauer eher auf Lemmer als auf Thedieck verzichtet hätte) und wollte (weil er den Verwaltungsapparat ohne Thedieck nicht bewältigt hätte). Manchmal entstand dann der Eindruck, Thedieck erfüllte für Lemmer eine Alibi-Funktion für seine eigne Erfolglosigkeit. Doch man muß in seinen Memoiren zwischen den Zeilen lesen, um etwas darüber zu erfahren, aber schon die unterschiedliche Darstellung zwischen Thedieck und Lemmers anderen Staatssekretären deutet das sehr kühle Verhältnis an. An Lemmers Memoiren ist mit Sicherheit der Titel zutreffend.

[30] Interview Mende vom 7. 7. 1969.

[31] Der Spiegel vom 30. 10. 1963, S. 29: „Lemmer prostete: ‚Hochachtung für den Kollegen Mende, daß er das geschafft hat.' ... Lemmer: ‚Thedieck war nicht zu schaffen. Er hatte immer das Machtdreieck Adenauer-Globke-Krone hinter sich.'"

[32] Brief Thediecks vom 14. 8. 1968 an den Verfasser.

[33] Typisch mag auch die Begebenheit sein, von der Thedieck berichtete (Interview Thedieck vom 1. 12. 1969): „Im Kabinett hat mich Adenauer einmal gefragt: ‚Haben Sie Einfluß auf Herrn Lemmer?' Da habe ich gesagt: ‚Ja, so lange wie er im Zimmer ist.' Am nächsten Tag habe ich das Lemmer berichtet, und da hat er geantwortet: ‚Ich verstehe Sie nicht, es gibt doch keinen Minister, der mehr auf seinen Staatssekretär hört als ich!' – Ja, solange ich dabei bin.'"

C. Die Stellung Lemmers als Minister

sterium verwaltungsmäßig aufgebaut hat ... und dessen überragende Position in dieser Qualifikation habe ich anerkannt, anerkennen müssen! Ich hätte sonst Illusionen gepflegt. Infolgedessen ließ ich ihn auf diesem Gebiet schalten und walten, wie er es für richtig hielt, um so mehr, als ich ja von Hause aus kein Verwaltungsmann bin. Und ich bemühte mich – und das war unsere ständige, aufreibende Auseinandersetzung – um die politische Führung des Hauses. Da hatte ich den Staatssekretär in vielen Fällen nicht auf meiner Seite und dazu dann auch noch den Widerstand im Bundeskanzleramt, so daß ich mich allmählich daran gewöhnen mußte, vor Verschiedenem zu resignieren."[34]

Lemmer residierte weit häufiger in Berlin[35] als in Bonn, „nicht um eine Show zu machen ... aber ich war der Realität näher, als wenn ich an den idyllischen Ufern des Rheins sitze als gesamtdeutscher Minister, oder ob ich sozusagen in der Schau auf das Brandenburger Tor meinen Amtssitz hatte."[36]

Das brachte einige Schwierigkeiten mit der Verwaltung mit sich, nicht nur, weil der Minister mit der Berliner Abteilung engeren Kontakt hatte als mit seinem Staatssekretär[37], sondern viele Entscheidungen fielen damit auch in Bonn ohne Konsultierung Lemmers[38]. Er kümmerte sich weder um die finanziellen Angelegenheiten seines Ministeriums noch um die Subventionierung des Vorfeldes[39]. „Das zog alles mein Staatssekretär dankenswerterweise an sich, ohne mich zu verständigen."[40] Er hatte auch kein Interesse daran, „verständigt" zu werden, denn „alles, was so mit Arbeit im Dunkeln zusammenhängt, das ist mir unheimlich."[41] Besonders verübelt wurden ihm deshalb im Ministerium Interviews, die er H. G. Schulz vom Spandauer Volksblatt – insbesondere kritisch über die Aktionen der unterstützten Vereine und die Art der Subventionen – gab[42], die zu Auseinanderset-

---

[34] Interview Lemmer vom Februar 1970.
[35] Sein Berliner Büro hatte er sich schon als Postminister eingerichtet.
[36] Interview Lemmer vom Februar 1970.
[37] Interview Lemmer vom Februar 1970. Seine Behauptung, er hätte engen Kontakt zum Berliner Abteilungsleiter gehabt, wurde von den befragten Beteiligten angezweifelt.
[38] Lemmer betonte aber, daß die technischen Voraussetzungen (abhörsicheres Telefon) dazu bestanden. (Interview Lemmer vom Februar 1970)
[39] (Wenn man von seinem Repräsentationsfonds absieht!) Interview Lemmer vom Februar 1970: „Ich habe mich nie um die Subventionen gekümmert, niemals, weil ich damit nichts zutun haben wollte. Das habe ich völlig der Verwaltung überlassen und der Überlieferung, so wie sie es eingeführt haben."
[40] Interview Lemmer vom Februar 1970.
[41] Interview Lemmer vom Februar 1970: „Ich habe also mit diesen Organisationen nicht das Geringste zu tun gehabt, ohne daß ich sie damit als verbrecherisch disqualifizieren möchte."
[42] Spandauer Volksblatt vom 28. 2. 1958, 30. 3. 1958 („Zwielichtiger Unter-

zungen mit Thedieck und zum Dementi des Pressereferenten führten [43]. Zwischen den öffentlichen Äußerungen von Lemmer und Thedieck bestanden ohnehin keine Absprachen. Wie das Ministerium immer mit Spannung auf die rhetorischen Eskapaden des Ministers wartete, der nur einmal – bei der Beantwortung einer großen Anfrage im Bundestag [44] – dazu überredet werden konnte, sich an das Manuskript zu halten und nicht frei zu sprechen, so übte Lemmer im Bundestag Kritik an seinem Staatssekretär (der in der ‚Welt am Sonntag' auf einen Artikel von Thomas Dehler geantwortet hatte) [45] „und als ein sehr überzeugter Bejaher der parlamentarischen Demokratie glaube ich auch, daß in erster Linie der Minister und nicht der Staatssekretär Kritik an Abgeordneten üben sollte" [46].

Lemmers menschliche Unbekümmertheit, seiner Chefsekretärin im Berliner Ministerbüro zu ermöglichen, mit ihrem alten DDR-Ausweis (der Westberliner Personalausweis blieb derweil auf einem Polizeirevier) ihre Mutter in Babelsberg zu besuchen [47], brachte die Sicherheitsbehörden und insbesondere auch den Staatssekretär, an den Rand der Verzweiflung. Thedieck nahm das zum Anlaß, seinen Rücktritt anzubieten, doch Lemmer bat ihn zu bleiben [48].

Lemmer versuchte auch nicht, eine aktive Personalpolitik zu betreiben, wenn man von Dr. May absieht, den er zum Leiter des Ministerbüros in Berlin ernannte [49]. Er übernahm Staatssekretär, persönlichen Referenten, Personalreferenten und auch Pressesprecher, also alles Positionen, die man – auch nach seiner Meinung – mit Vertrauten des Ministers besetzen sollte [50]. Der erste Pressereferent – von Hammerstein – verließ das BMG Anfang 1961, weil er der Meinung war, elf Jahre seien genug [51]. Unter Kaiser war sein Aktionsradius durch die persönliche Beratung des Ministers und seine Mittlerrolle zwischen Thedieck und Kaiser weitaus größer. Von ausdrück-

---

grund – oder menschliche Kontakte"), 21. 6. 1959; nicht bei allen diesen Artikeln (es handelte sich um eine Serie) waren Interviews von Lemmer abgedruckt, aber Lemmer scheint Informationsquelle gewesen zu sein. Vielleicht haben diese Artikel doch zu einer Überprüfung der Subventionen im BMG geführt.

[43] Spandauer Volksblatt vom 2. 3. 1958.
[44] Sten. Berichte des BT vom 1. 10. 1958, S. 2396 ff.
[45] Welt am Sonntag vom 15. 1. 1961.
[46] Sten. Berichte des BT vom 20. 1. 1961, S. 7904.
[47] Der Spiegel vom 10. 8. 1960, S. 17.
[48] Christ und Welt vom 8. 11. 1963; Interview Lemmer vom Februar 1970; Interview Thedieck vom 9. 7. 1969.
[49] Dessen ‚Kontaktpolitik' allerdings wieder zu Differenzen mit dem Staatssekretär führte. Dr. May verließ das BMG nach kurzer Zeit wieder.
[50] Was nicht heißen soll, daß sein Verhältnis zu diesen Referenten schlecht war.
[51] Interview von Hammerstein vom 4. 2. 1970.

lichen Vertrauten Lemmers im Ministerium konnte nicht die Rede sein, ‚Lemmer hatte nur vertraute Journalisten' [52].

Er machte zu Beginn seiner Amtszeit „aus einer gewissen Betriebsamkeit heraus"[53] eine Vielzahl von Vorschlägen zu organisatorischen Veränderungen, so z. B. die Bildung eines „politisch-publizistischen Beirates"[54]. Alle diese Bemühungen Lemmers verliefen nach kurzer Zeit im Sande.

Sicher ist, daß Lemmer keinerlei Einfluß auf die tatsächlich vom Staatssekretär vorgenommenen Strukturveränderungen des BMG genommen hat: Die Referate der Abteilung I wurden 1958 in zwei Unterabteilungen aufgeteilt, ohne daß die Grundkonzeption verändert wurde; die Verwaltungsabteilung wurde 1962 in zwei Unterabteilungen aufgeteilt, wobei eine – unter der Leitung von Dr. Rohn – für die reine Verwaltungstätigkeit, die andere für Öffentlichkeitsarbeit zuständig war [55].

D. Thesen zu Kapitel II

1. Lemmer trat mit den wenigsten Ansprüchen aller gesamtdeutscher Minister sein Amt an und sah seine Hauptfunktion in der Aufrechterhaltung des gesamtdeutschen Gedankens in einer intensiven Öffentlichkeitsarbeit.
2. Ernst Lemmer hat das Ministerium nicht als ein Instrument verstanden und keinen Einfluß auf die Verwaltung genommen.
3. Die Arbeit des Ministeriums verlief doppelgleisig: einerseits verbale Erklärungen Lemmers (zumeist in Berlin), andererseits Verwaltungsarbeit im Ministerium unter Thedieck.

---

[52] Lemmer hat dem Verfasser eine Vielzahl von Mitarbeitern im BMG genannt, die er zu seinen absoluten Vertrauten zählen würde. Bei einer Nachprüfung blieb keiner übrig. Zwei empfanden es als Zumutung, Vertraute Lemmers genannt zu werden.
[53] Interview von Hammerstein vom 4. 2. 1970.
[54] FAZ vom 3. 11. 1957.
[55] Mit den Referaten Presse – Information, Publikationen und neu hinzukommend Film, Fernsehen, Bild, Ton.

KAPITEL III

DAS BUNDESMINISTERIUM
FÜR GESAMTDEUTSCHE FRAGEN UNTER DER
LEITUNG VON RAINER BARZEL
(Dezember 1962 bis Oktober 1963)

*A. Die politische Stellung Rainer Barzels und Gründe
für seine Ernennung*

Obwohl es bekannt war, daß Adenauer gern auf Lemmer in seinem Kabinett verzichtet hätte (ähnliche Pläne gab es schon vor der Bundestagswahl (1961)[1], kam die Ablösung Lemmers nach der SPIEGEL-Krise überraschend. Genauso überraschend war es, daß nun kein Berliner und Vertreter der Exil-CDU diesen Ministersessel einnahm[2]. Das führte zu harten Auseinandersetzungen mit der Exil-CDU und deren Kandidat Gradl[3]. Bei Barzels Ernennung spielte sein sehr geschicktes Verhalten gegenüber Adenauer eine Rolle, zumal einige Kreise in der CDU nun glaubten, für die Zukunft einen Kanzlerkandidaten gefunden zu haben, den es aufzubauen galt. Adenauer „hat mir gesagt, er bräuchte dort jemanden, der an diesem Platz Erfahrungen sammele, für Berlin, für Ost-West-Probleme, um später auch in anderer Hinsicht mit der genügenden Einsicht und Härte an einem anderen Platz tätig sein zu können."[4]

Barzel galt als der ‚vielversprechende junge Mann', der sich zwar der Unterstützung einiger Parteispitzen sicher sein konnte (Adenauer, Krone, von Brentano), aber über keine eigentliche Hausmacht verfügte. Seine politische Laufbahn hatte Barzel unter Spiecker (Zentrum) und im linken Flügel der CDU (unter Arnold) begonnen[5]. 1957 zog er in den Bundestag ein. Sein

---

1 Der Spiegel vom 13. 1. 1960, S. 15; vom 7. 6. 1961, S. 15.
2 Interview Barzel vom 27. 8. 1970: „Adenauer hatte ein bißchen die Absicht – das ist ja auch in anderen Fällen deutlich geworden –, doch diesem Gruppendenken in der Union einen Riegel vorzuschieben."
3 Frankfurter Rundschau vom 14. 12. 1962.
4 Interview Barzel vom 27. 8. 1970.
5 Sein politischer Werdegang vgl.: Gerhard Loewenberg, Parlamentarismus im politischen System der Bundesrepublik Deutschland, Tübingen 1969, S. 209 f.; Der Spiegel vom 17. 4. 1963, S. 20 f. Über sein Verhältnis zum Spiegel sagte Barzel (Interview vom 27. 8. 1970): „Da richtet man sich immer danach, daß ich den Spiegel immer bitte, mich schlecht zu behandeln, damit das dann für meine

Versuch, sich mit dem Komitee ‚Rettet die Freiheit', das er im Februar 1959 mit aus der Taufe hob [6], eine politische Plattform zu schaffen, endete mit einem Fiasko, aus dem er sich noch halbwegs rechtzeitig zurückziehen konnte [7].

Barzel ist nur schwer auf eine Linie in seiner Partei festzulegen. Er tritt selten mit einer eigenen politischen Meinung hervor, versteht es aber, vorherrschende unartikulierte Meinungen und Strömungen in der Partei und in der Öffentlichkeit zu formulieren [8]. Damit verfügt er sicher über wichtige Voraussetzungen für den Vorsitzenden einer Fraktion mit der Bandbreite von z. T. stark differierenden Auffassungen wie der CDU/CSU.

B. Die Arbeit Barzels im Ministerium

Barzel hat in seiner Amtszeit keine entscheidenden organisatorischen oder personellen Änderungen vorgenommen. „Ich hatte nicht die Absicht, dieses Ministerium in seiner Kompetenz oder in seiner Organisation, wo ich viele Mängel spürte, in irgendeiner Weise grundlegend zu verändern, bevor ich ein Jahr Einblick in diese schwierigen Dinge hatte." [9]

Barzel stürzte sich mit einer Leidenschaft und Intensität in seine neue Aufgabe, die einen Teil der Beamtenschaft in Unruhe versetzte, und mit der auch der Staatssekretär erst fertig werden mußte. Das Verhältnis zwischen Barzel und Thedieck war jedoch offensichtlich nicht schlecht [10], denn Thedieck schrieb: „Mit Rainer Barzel, der aber nur 11 Monate Bundesminister

---

Partei förderlich ist." Ob das auch auf den Artikel Augsteins (Der Spiegel vom 9. 1. 1970, S. 36 ff) zutrifft, ist zumindest fraglich.

[6] Spiegel vom 4. 2. 1959, S. 15 f.; 11. 5. 1960, S. 19 ff. Vgl. Barzel-Interview in: Günther Gaus, Zur Person, II, München 1966, S. 70 f.

[7] Walter Henckels, 111 Bonner Köpfe, Düsseldorf, Wien 1963, S. 34: „Etwas verharmlost stellt er gerne seine Mitbegründung eines Komitees ‚Rettet die Freiheit' dar, eine politische Kampforganisation vor dem Hintergrund der Atomtodkampagne und des Deutschlandplans der SPD. Er beginnt fließend zu stottern, wenn er sagt, hier habe er sich frühzeitig zurückgezogen. Hier predigte er Gegner gern Revanche und benutzte die Drohung der Faust. Rache genoß er kalt, wie Adenauer ähnliches formulierte."

[8] Nur selten verkalkuliert er sich in den Wirkungen so, wie bei seiner New Yorker Rede. (Abgedruckt in: Archiv der Gegenwart 1966, S. 12552 ff.) Haupttenor der Rede: Bei einer Wiedervereinigung sowjetische Truppen auf deutschem Boden.

[9] Interview Barzel vom 27. 8. 1970.

[10] Interview Barzel vom 27. 8. 1970: „Hier in Bonn gab es ja die Wetten, wie lange wird das gutgehen, der älteste Staatssekretär – der jüngste Minister, beide temperamentvolle Herren – sagt man, ich weiß nicht, ob das stimmt –, es ist hervorragend gegangen, und ich kann nur dankbar anerkennen, was er gemacht hat."

für gesamtdeutsche Fragen war, habe ich ausgezeichnet und reibungslos zusammengearbeitet. Wie gut unser Verhältnis war, ergibt sich ja schon daraus, daß ich sein Ausscheiden aus dem Amt und seine Nichtberufung in das Kabinett Erhard zum Anlaß meines Abschiedes genommen habe."[11] Das ist auch auf eine gewisse Aufteilung der Interessenssphäre zurückzuführen, da Barzel in dem „Jahr der Prüfung"[12] keine Ambitionen hatte, Thedieck zu einschneidenden Veränderungen in seiner Arbeit zu zwingen. Ein Wandel in der Stellung Thediecks hatte sich mit dem Ministerwechsel aber ergeben, da Thedieck unter Lemmer einen weit größeren Entscheidungsspielraum ausfüllen konnte und mußte als unter Barzel.

Barzel entwickelte ein sehr umfassendes Informationsbedürfnis[13], wobei er sich auch mit Experten wie Wolfgang Leonhard und Carola Stern traf[14]. Das erregte bei einigen Beamten im Ministerium helles Entsetzen, „was mich nicht hinderte, das weiter zu machen, denn ich führe alle meine Ämter, die ich bisher hatte und habe, so, daß ich sehr gerne mit den zuständigen Kompetenzinhabern arbeite, aber ich brauche für mich selbst immer das Gespräch mit Unabhängigen, gleichfalls Sachkundigen, weil ich mich immer bemühe, nicht der Gefahr der Betriebsblindheit zu erliegen ... weil ich gelernter Beamter bin, war das eine sehr bewußte Überlegung."[15]

Ihm machte die inner- und außerparteiliche Kritik an seiner Ernennung, die sehr massiv war[16], erheblich zu schaffen, und er fürchtete auch, als jüngster Minister in seinem Ministerium nicht ernstgenommen zu werden. So verstand er das BMG als eine Aufgabe, an der er sich bewähren müsse. Er war in der Lage, vom „lauttönenden Antikommunisten"[17] in eine gemäßigtere Lautstärke umzuschalten und auch seine Parteiaktivitäten zu reduzieren[18], so daß von der Opposition nur sehr selten scharfe Angriffe gegen ihn gerichtet wurden.

---

[11] Brief Thediecks vom 14. 8. 1968 an den Verfasser. Zumindest der letzte Satz läßt sich in Hinblick auf Mende auch anders interpretieren.
[12] Interview Barzel vom 27. 8. 1970.
[13] Interview Thedieck vom 1. 12. 1969.
[14] Der Spiegel vom 17. 4. 1963, S. 37.
[15] Interview Barzel vom 27. 8. 1970.
[16] Z. B.: Vorwärts vom 19. 10. 1962; Spandauer Volksblatt vom 16. 12. 1962; Die Welt vom 13. 12. 1962.
[17] Gerhard Loewenberg; Parlamentarismus im politischen System der BRD, Tübingen 1969, S. 209.
[18] Interview Barzel vom 27. 8. 1970: „... ich habe mich ja auch selbst als gesamtdeutscher Minister, wie ich glaube, daß das zu den Pflichten des Amtes weiterhin gehört, auch wenn es jetzt einen anderen Namen hat, einer pointierten parteipolitischen Tätigkeit enthalten. Ich war ein Mann der CDU/CSU, ich habe meine Wahlreden gehalten, aber ich habe das — sagen wir einmal — etwas moderater gemacht, weil ich immer glaubte, daß das ein Feld sei, wo man eigentlich die Kooperation braucht, mit dem Berliner Senat, mit allen verantwortlichen

C. Schwerpunkte der Arbeit des BMG unter Rainer Barzel

Eine Darstellung der Schwerpunkte der Arbeit Barzels fällt nicht nur wegen der kurzen Amtsdauer schwer, auch die Beurteilungen seiner Aktivitäten in der Öffentlichkeit sind äußerst kontrovers. Wurde ihm auf der einen Seite oft ein harter Kurs (‚kalter Krieger') vorgeworfen, so schrieb andererseits Paul Sethe: „Für eine kurze Zeit war er eingezeichneter Gesamtdeutscher Minister und hat in dieser Position viel dazu getan, daß die beiden Deutschlands nicht noch weiter auseinanderrückten." [19]

Sogar der SPIEGEL ringt sich ab und zu dazu durch, Barzel als den „einst flexiblen Gesamtdeutschen Minister im letzten Kabinett Adenauer" [20] zu bezeichnen. Klarer Schwerpunkt Barzels lag auf dem Gebiet der Außenpolitik, wobei er eine größere Beteiligung des BMG an außenpolitischen Vorgängen anstrebte und „da gerne noch etwas institutionalisiert gesehen" hätte [21]. Er sorgte dafür, daß sein Ministerium maßgeblich in die Vorarbeiten zum Memorandum der Bundesregierung vom August 1963 eingeschaltet wurde [22]. Er glaubte, daß man auch auf seine Initiative [23] hin anfing, die gesamteuropäische Sicht des deutschen Problems „etwas konkretisierter" zu erkennen, „Mittel- und Osteuropa zu entdecken, darüber zu reden und das auch in die Politik einzubeziehen." [24]

D. Thesen zu Kapitel III

1. Rainer Barzels Ministerzeit kann nur als eine Übergangsphase angesehen werden, da ein Jahr nicht ausreicht, um sich in einem Ministerium zu profilieren und er erst nach einem Jahr der Prüfung Veränderungen vornehmen wollte.
2. Barzel war bemüht, sich umfassend zu informieren und die Deutschlandpolitik zu modifizieren. Seine kurze Amtszeit ermöglicht es nicht, festzustellen, inwieweit es sich dabei nur um Absichtserklärungen handelte.
3. Barzels Hauptinteresse galt der Außenpolitik.

Kräften, und nur wenn das geht, geht auch der geheime Teil der Politik, vom Geld zur Politik, die in diesem Ministerium anfällt."

[19] Paul Sethe, Öffnung nach Osten, Frankfurt 1966, S. 165. Gemeint war damit wohl auch die Häftlingsaktion, vgl. S. 129

[20] Der Spiegel vom 12. 1. 1970, S. 20. [21] Interview Barzel vom 27. 8. 1970.

[22] Vgl. S. 146. Soweit bekannt Hauptinhalt des Memorandums: Einsetzung gemischter paritätischer Kommissionen BRD – DDR unter der Vier-Mächte-Verantwortung.

[23] Rede vom März 1963 vor dem Verein Berliner Kaufleute, vgl. Rainer Barzel [11], Gesichtspunkte eines Deutschen, Düsseldorf, Wien 1968, S. 278 f.

[24] Interview Barzel vom 27. 8. 1970.

KAPITEL IV

DAS BUNDESMINISTERIUM
FÜR GESAMTDEUTSCHE FRAGEN UNTER DER
LEITUNG VON ERICH MENDE
(1963 bis 1966)

A. *Die politische Stellung Erich Mendes*

1. Die Konzeption Mendes und der FDP in der Deutschlandpolitik

Die FDP fühlte sich immer als „Motor" der gesamtdeutschen Politik[1]. In diesem Bereich gingen von ihr immer wieder Anregungen und Impulse aus. Bezeichnenderweise wurden die meisten Vorschläge nicht von der Gesamtpartei sondern von einzelnen Gruppierungen der FDP getragen. Beispiele dafür sind der Pfleiderer-Plan, das Schollwer-Papier und die Auffassungen von Rubin.

Entscheidende Etappen in der Deutschlandpolitik der FDP (und insbesondere Mendes) sind folgende Pläne oder Vorschläge:

Im *März 1956* schlug Mende auf dem FDP-Parteitag einen neuen Deutschlandplan vor. Dieser Plan – zwei Monate nach dem Austritt aus der Regierungskoalition vorgelegt – beschäftigte sich besonders mit dem Status des wiedervereinigten Deutschlands[2].

Gleichzeitig kam es zur Kontaktaufnahme mit der Ost-LDP[3].

Am *23. Januar 1958* entwickelte Mende in der außenpolitischen Debatte des Bundestages Vorstellungen über ein neues Paktsystem[4]. Am *20. März 1959* wurde als Antwort auf den Friedensvertragsentwurf der Sowjetunion vom Januar 1959 ein Deutschlandplan der FDP vorgelegt[5]. *Am 5. Mai 1959* forderte die FDP zu Verhandlungen zwischen den beiden Delegationen auf der Genfer Außenministerkonferenz auf[6]. Am *2. 6. 1959* machte Mende Adenauer den Vorschlag für Auftragsverhandlungen zwischen den staat-

---

[1] Vgl. XVII. Bundesparteitag der FDP, 6.–7. Juni 1966 in Nürnberg, Auftrag für Deutschland, S. 79.

[2] Kurt P. Tudyka (Hg.), [27], Das Geteilte Deutschland, Stuttgart, Berlin, Köln, Mainz 1965, S. 125 ff.

[3] Tudyka [27], S. 100.

[4] Heinrich von Siegler ([27], Wiedervereinigung und Sicherheit Deutschlands, Band I–II, 1944–1967, Bonn, Wien, Zürich, 1967, 68.

[5] Siegler [26], Band I, S. 325.

[6] Siegler [26], Band I, S. 328 f.

lichen Organen beider Teile Deutschlands [7]. In der Bundestagsdebatte am 30. *Juni 1960* mußte Mende einräumen, daß „nach den sehr harten Reaktionen der Amerikaner und wegen der kompromißlosen Haltung der Sowjets keine Realisierungsmöglichkeiten für Disengagementpläne und ähnliche Vorschläge mehr vorhanden" seien [8].
Im *Februar 1962* forderte die FDP erneut eine Initiative der Bundesregierung in der Deutschlandfrage [9].
Am *14. 1. 1964* forderte die FDP-Fraktion nochmals ausdrücklich die Bildung gesamtdeutscher technischer Kommissionen [10].

2. *Mendes Stellung in Partei und Koalition*

Mende, der 1956 zu den ‚Jungtürken' in Nordrhein-Westfalen gehörte, die den CDU-Ministerpräsidenten Arnold stürzten, übernahm 1960 den Parteivorsitz. Für diese Zeit kann man von einer ziemlich festen Position Mendes in seiner Partei ausgehen, deshalb sind für seine Möglichkeiten als Minister die Funktionen der FDP in der Koalition bedeutsam.

Man hatte sich im Wahlkampf 1961 auf die Koalition mit der CDU festgelegt (,Mit der CDU – aber ohne Adenauer') und wollte fast um jeden Preis in die Regierung. Das verringerte die Einwirkungsmöglichkeiten der FDP im Kabinett erheblich, da sie wichtige politische Konflikte kaum zu Koalitionsfragen machen wollte. Mende verstand die FDP als liberales Korrektiv in einer CDU-Regierung, dem es nur möglich ist, beschränkte Tendenzveränderungen durchzusetzen [11]. Er glaubte nicht, „mit der Faust auf den Tisch schlagen zu dürfen", um nicht Spaltungen in seiner Partei einerseits [12] oder das Schreckgespenst einer großen Koalition andererseits heraufzubeschwören [12]. Eine kleine Koalition mit der SPD ist seiner Gedankenwelt fremd [13], selbst wenn er 1966 darin die Lösung für die Regierungskrise gesehen hätte [14]. Bei den zahlreichen Konflikten, die es um seine Kompetenzen gab, war die Koalition nie gefährdet. Er brachte auch nie Rücktritts-

---

[7] Siegler [26], Band I, S. 329.
[8] Sten. Berichte des BT, 30. 6. 1960, S. 7065.
[9] Siegler [26], S. 333. [10] FDP-Schnelldienst, 17. 1. 1964, S. 1, 8.
[11] Heino Kaack, Die Parteien in der Verfassungswirklichkeit der Bundesrepublik, Kiel 1963, S. 80.
[12] Interview Mende vom 7. 7. 1969: „Mein Hauptehrgeiz war es – man nennt mich ja ehrgeizig – die Partei vor Spaltungen und Sezessionen zu bewahren, und das führte zwangsläufig dazu, daß man nach Kompromissen suchen mußte, daß man manchmal lavieren mußte. Das Einfachste wäre gewesen, mit der Faust auf den Tisch zu schlagen, aber immer mit der Gefahr, daß dann eine der heterogenen Gruppen zur Sezession geneigt hätte."
[13] Gespräch mit Schollwer vom 4. 7. 1969.
[14] Interview Mende vom 7. 7. 1969. Sein Verhalten nach der Wahl 1969 und sein Übertritt zur CDU mögen Beweis dafür sein.

drohungen öffentlich zur Sprache¹⁵. Seine im Vergleich zu Lemmer viel stärkere Stellung im Kabinett verstand er nur in sehr beschränktem Maße zu nutzen. Sein Amt als Vizekanzler brachte ihm keine ‚Machtposition'. Dafür machte er insbesondere Westrick verantwortlich, der selbst die Vertreterrolle des Kanzlers einnahm und z. B. verhinderte, daß eine Vielzahl von Kabinettssitzungen in Abwesenheit Erhards stattfanden¹⁶.

B. Mendes Stellung als Minister

1. Seine Ernennung

Nachdem man trotz des Wahlslogans doch die Koalition mit Adenauer eingegangen war, versuchte Mende, sein Prestige wenigstens dadurch zu retten, daß er unter Adenauer nicht in das Kabinett eintrat. Auch das Angebot Adenauers, Außenminister zu werden, lehnte er ab¹⁷. Sein eigentlicher Wunsch war, Wissenschaftsminister zu werden, was ihm von Erhard zugesagt worden war¹⁸. Probleme entstanden dadurch, daß man Lenz das Ministerium aus persönlichen Rücksichten nicht wegnehmen wollte¹⁹. Weyer trat dafür ein, daß Mende das Innenministerium übernehmen sollte²⁰, was man auch mit einem Wegloben vom Parteivorstand gleichsetzen könnte²¹. Mende wollte aber ein Ministerium, das ihm gleichzeitig die Führung der Partei ließ. Im Parteivorstand der FDP entschied man deshalb, da man Einfluß auf die Deutschland- und Außenpolitik anstrebte, das Bundesministerium für gesamtdeutsche Fragen zu verlangen²².

---

15 Interview Mende vom 11. 12. 1969: „Ich habe dem Bundeskanzler mehrfach unter vier Augen gesagt, daß es unter solchen Umständen sinnlos ist, dieses Ressort zu haben, und daß ich meiner Partei empfehlen würde, daß ich dann zurücktreten möchte ... Das ist mehrfach geschehen, aber nicht öffentlich, sondern in Gesprächen mit dem Bundeskanzler oder in Gesprächen mit Kollegen von der CDU, also Herrn Schröder beispielsweise, aber es hat sich nie verdichtet zu einer ernsthaften Drohung."

16 Interview Mende vom 7. 7. 1969: „Immer mit dem Ziel, die Funktion des Stellvertreters möglichst zu diminuieren und solche Kabinettssitzungen eben unmöglich zu machen ... Also rückschauend muß ich sagen, ich habe selten ein so schäbiges Verhalten im Politisch-menschlichen wie im Begriff der koalitionspolitischen Loyalität erfahren wie im Kanzleramt in der Zeit von 1963 bis 1966. Dafür mache ich verantwortlich in der Hauptsache Herrn Westrick ..."

17 Interview Mende vom 7. 7. 1969.
18 Der Spiegel vom 11. 9. 1963, S. 21.
19 Interview Mende vom 7. 7. 1969.
20 Interview Mende vom 7. 7. 1969.
21 Berliner Morgenpost vom 16. 10. 1963.
22 Interview Mende vom 11. 12. 1969: „So war dann die allgemein akzeptierte

B. Mendes Stellung als Minister

Die Koalitionsverhandlungen gestalteten sich sehr schwierig, da Barzel und Strauß alle Hebel in Bewegung setzten, um zu verhindern, daß Mende Minister für gesamtdeutsche Fragen würde [23]. Auch 1965, als Mende trotz verminderter Abgeordnetenzahl der FDP wieder das gesamtdeutsche Ministerium verlangte, stießen seine Forderungen auf schärfsten Protest, insbesondere der CSU [24]. Sie forderte, da sie die Ernennung Schröders zum Minister nicht verhindern konnte, Mendes Kopf [25]. Auch von einer Einschränkung seiner Kompetenzen war die Rede [26]. Wie ernsthaft die Versuche waren, mit Rehlinger einen Vertrauten Barzels zum Staatssekretär zu machen, bleibt offen [27]. Auf jeden Fall schien der CDU/CSU an einer Ämtertrennung zwischen Staatssekretär und Berlin-Bevollmächtigtem gelegen gewesen zu sein [28]. Es war auch vielfach von einer organisatorischen Veränderung des BMG die Rede. Die CSU schlug ein Europaministerium vor, das die Aufgaben des BMG mitübernehmen sollte [29]. Nach anderen Vorschlägen sollte „das Gesamtdeutsche Ministerium geköpft und ohne seinen bisherigen Chef Mende dem Bundeskanzleramt eingegliedert werden." [30]

2. Organisatorische und personelle Entwicklung

Unmittelbar nach der Regierungsübernahme mußte Mende spüren, wie sehr man gewillt war, ihm personalpolitisch auf die Finger zu sehen. ‚BILD' erschien am 24. 10. 1963 mit großer Schlagzeile, daß Mende Fahrer und Sekretärin auszuwechseln wünsche [31]. Er glaubte nun, doppelt vorsichtig sein zu

---

Lösung, das Gesamtdeutsche ist ein mittleres, und es verbindet die für die Partei wichtige Einflußnahme auf die Deutschland- und Ostpolitik mit der Möglichkeit, es als Parteivorsitzender zu bewältigen."

[23] Der Spiegel vom 23. 10. 1963, S. 25 f.
[24] Der Spiegel vom 11. 10. 1965, S. 38 f.; Stuttgarter Nachrichten vom 14. 10. 1965; FAZ vom 16. 10. 1965; Neue Zürcher Zeitung vom 18. 10. 1965.
[25] Hamburger Abendecho vom 16. 10. 1965; Der Spiegel vom 20. 10. 1965, S. 37 ff.: „Begründung (der CDU/CSU): Wir glauben, daß die Amtsführung des Herrn Mende mit der Verteilung von Wahlgeschenken aus seinem Haushalt nicht sehr erfreulich ist. Wir glauben zweitens, daß seine Vorstellungen von gesamtdeutschen technischen Kommissionen von uns nicht akzeptiert werden können."
Vgl. Bayernkurier vom September 1965.
[26] Berliner Morgenpost vom 30. 10. 1965: „Senator Hoppe: Mendes Kompetenzen wurden nicht eingeschränkt."
[27] Behauptung Mendes im Interview vom 7. 7. 1969.
[28] Interview Mende vom 7. 7. 1969; diese Absicht bestand auch unter Wehner, vgl. S. 62.
[29] Christ und Welt vom 17. 9. 1965; Franz-Josef Strauß, The Grand Design, London 1965, S. 87.
[30] Kölner Stadtanzeiger vom 16. 10. 1965.
[31] Bild vom 24. 10. 1963: „Das ist doch kein Stil. Das sind wir hier nicht

müssen, weil man ihm vorwarf, er mache eine Art ‚Christenverfolgung'[32] und war gezwungen, koalitionspolitische Rücksichten zu üben[33].

a) Wahl des Staatssekretärs. Mendes erste wichtige personelle Umbesetzung war die Wahl eines neuen Staatssekretärs. Es war von vornherein klar, daß Thedieck dieses Amt unter Mende nicht weiterführen wollte. Daß er das öffentlich bekundet hat, um zu verhindern, daß Mende Minister wurde[34], hat er energisch dementiert[35]. Er sah eine Gefahr für das Ministerium darin, daß ein kleiner Koalitionspartner auf öffentliche Erfolge angewiesen ist, aber die Arbeit dieses Ministeriums kein zu starkes Herausstellen in der Öffentlichkeit vertrage[36]. CDU/CSU-Kreise wollten verhindern, daß Thedieck das Ministerium verläßt[37], sogar Bundespräsident Lübke schaltete sich ein, um Thedieck zum Bleiben zu überreden[38].

Nachdem weder Mende noch Thedieck bereit waren, zusammenzuarbeiten, mußte die CDU einen neuen Staatssekretär finden, der eine ähnliche Rolle wie Thedieck im Ministerium wahrnehmen konnte. Es waren Felix von Eckardt, Josef Stingl und Franz Amrehn[39] im Gespräch[40]. Schließlich wurde Dr. Carl Krautwig Staatssekretär, der seit 1949 im Bundeswirtschaftsministerium überwiegend mit Problemen des Interzonenhandels befaßt war. Behaupten Mende und Krautwig, diese Wahl wäre aufgrund des persönlichen Kontaktes auf Initiative Mendes erfolgt[41], so meinen andere, daß der Vorschlag von der CDU ausging[42], da Krautwig ja ‚ohnehin dran

---

gewöhnt.' Mit diesen Worten übte ein hoher Beamter des gesamtdeutschen Ministeriums offene Kritik ..."

[32] Interview Mende vom 11.12.1969.

[33] Interview Mende vom 7.7.1969: „Natürlich hätte ich lieber manchen anderen gesehen, aber da ich mit der CDU in der Koalition war, konnte ich schlecht alle CDU-Mitglieder rauswerfen."

[34] Wie Lemmer und Mende behaupteten. (Interviews vom Februar 1970 und 7.7.1969).

[35] Brief Thedieck vom 21.5.1970 an den Verfasser.

[36] Interview Thedieck vom 1.12.1969.

[37] Vgl. Hermann Schreiber, Zwischenzeit, Stuttgart 1964, S. 256.

[38] Interview Mende vom 7.7.1965; Christ und Welt vom 8.1.1963; Stuttgarter Nachrichten vom 19.10.1963.

[39] Amrehn, den Thedieck gern als seinen Nachfolger gesehen hätte, glaubte – nachdem er den Wahlkampf unter dem Slogan ‚Immer in Berlin' geführt hatte – jetzt Berlin nicht verlassen zu können.

[40] Frankfurter Rundschau vom 21.10.1963.

[41] Interview Mende vom 7.7.1969: „Die Initiative ging ausschließlich von mir aus." Mende in einem Leserbrief an die FAZ vom 7.10.1968.

[42] Interview Karl-Friedrich Brodeßer vom 20.6.1969: „Da die CDU nur sehr ungern bereit war, Mende das BMG zu überlassen, behielt sie sich ein Mitspracherecht bei der Entscheidung über die Person des Staatssekretärs vor. So weit mir bekannt, war es der persönliche Wunsch des Bundeskanzlers Erhard,

B. Mendes Stellung als Minister

war', Staatssekretär zu werden. Über Krautwigs parteipolitische Ausrichtung bestehen unterschiedliche Versionen. Sprechen die einen davon, daß es Koalitionsabmachungen gab, nach denen der Staatssekretär der CDU nahestehen sollte [43], so behaupten andere, Krautwig sei zur FDP übergeschwenkt [44]. Nach eignen Aussagen ist er in keiner Partei [45]. Monierten FDP-Abgeordnete die Wahl Krautwigs als Vertrauensmann Erhards als fundamentalen Fehler Mendes, so scheint sicher, daß zwischen Mende und Krautwig ein gutes Verhältnis bestand [46]. Da Mende einen Schwerpunkt seiner Arbeit im Interzonenhandel sah, waren Krautwigs Kenntnisse auf diesem Gebiet nicht unwichtig [47]. Trotz seines guten Kontakts zu Westrick ist in der Öffentlichkeit der Eindruck entstanden, daß Krautwig die Politik seines Ministers nicht entschieden genug vertreten hat oder vertreten konnte [48], da er sein Interesse sehr auf den Interzonenhandel eingeschränkt hatte [49]. Sein Einfluß auf die Personalpolitik des Ministeriums war spürbar. So kam z. B. durch ihn Horst-Henner Schattenberg ins Ministerium.

b) Veränderungen 1964. Der neue Staatssekretär konnte mit der gewachsenen Verwaltung des Ministeriums nicht allzu viel anfangen. Er vermißte eine klare Gliederung und wurde darin auch von haushaltstechnischen Überlegungen geleitet, nach denen die finanzielle Zuwendungen nicht auf alle Referate verteilt werden sollten [50].

Herrn Dr. Krautwig als Staatssekretär ins BMG zu nehmen. Diesem Wunsch glaubte Herr Dr. Mende nach allen Umständen entsprechen zu können, da Herr Dr. Krautwig allenfalls eine lose Verbindung zur CDU hatte, in besonders engem Kontakt zum damaligen Chef des Bundeskanzleramtes stand und aus seiner früheren Tätigkeit über detaillierte Kenntnisse von Grundlagen und Abwicklung des innerdeutschen Handels verfügte."

[43] Die Welt vom 21. 10. 1963; 30. 10. 1963.
[44] Süddeutsche Zeitung vom 15. 3. 1968.
[45] Telefonische Auskunft Krautwigs vom 3. 6. 1970; Interview Mende vom 7. 7. 1969. Er war früher in der CDU.
Krautwig war in dem Telefongespräch durchaus bereit, Auskünfte zu geben. Eine schriftliche Anfrage, die z. T. auch Fragen enthielt, die telefonisch bereits geklärt waren, beantwortete er am 27. 8. 1970: „Alle Fragen, die Sie stellen, betreffen interna der beteiligten Ministerien. Zu einer Beantwortung halte ich mich nicht befugt."
[46] Leserbrief Mendes an die FAZ vom 7. 10. 1968.
[47] Inwiefern Mende den Interzonenhandel zum Schwerpunkt wählte, nachdem er Krautwig als Staatssekretär nehmen ‚mußte', bleibt offen.
[48] ‚Er diente seinem Minister, befolgte aber die Weisungen von Erhard bzw. Westricks.' (Aussage eines Beamten des BMG)
[49] Vielleicht ist die Behauptung des Spiegel, Krautwig hätte das BMG gern wieder verlassen, gar nicht so falsch. (Der Spiegel vom 8. 11. 1965, S. 33 f.)
[50] Telefongespräch Krautwig vom 3. 6. 1970; Interview von Zahn vom 25. 6. 1969.

Im August 1964 kam es deshalb zur ersten Strukturveränderung unter Mende[51].

„Als ich das Ressort übernahm, stellte ich fest, daß es doch sehr unübersichtlich in Bezug auf politische Wirksamkeit war, zum anderen lagen auch schon einige Monita des Bundesrechnungshofes vor, doch die Organisation des Ministeriums etwas straffer zu gliedern und die Verantwortlichkeiten klarer aufzuzeigen. Ich habe gleich mit dem Staatssekretär verabredet, daß wir erstens den politischen Aktivitäten organisatorisch besser entsprechen, zweitens auch den Vorstellungen des Bundesrechnungshofes entsprechen sollten. Die Motive waren also sowohl politischer wie verwaltungstechnischer Art."[52]

Die Westabteilung, die keine Funktionen mehr hatte, die eine Abteilung gerechtfertigt hätte, wurde aufgelöst, und die Reste wurden in die Z-Abteilung übernommen. Die Z-Abteilung wurde damit groß genug, um die Position eines Abteilungsleiter zu rechtfertigen. Mende holte sich dafür einen FDP-Mann[53]: Lothar Weirauch, früher stellvertretender Leiter der Abteilung Unterbringung und Liegenschaftswesen im Bundesverteidigungsministerium und ehemaliger Bundesgeschäftsführer der FDP, übernahm im August 1964 die Leitung der Abteilung Z (Verwaltung, Öffentlichkeitsarbeit, Zonenrand- und Grenzgebiete)[54]. Weirauch hatte nach SPIEGEL schon 1961 moniert, die FDP-Minister betrieben zu wenig Personalpolitik, und wäre selbst gern Staatssekretär im Wohnungsbauministerium geworden[55].

c) *Veränderungen 1966.* Die zweite einschneidende organisatorische Veränderung, die Mende als Schaffung einer Planungsabteilung propagierte, erfolgte im Juli 1966[56]. Mit dieser Planungsabteilung war die Unterabteilung IIA gemeint, die man von finanziellen Förderungsarbeiten befreit hatte[57], für die die Unterabteilung IIB zuständig wurde.

Mende sprach während seiner Amtszeit laufend von der Einrichtung eines Planungsstabes[58]; diese organisatorische Veränderung wurde ihm allerdings

---

[51] Auf klare Trennung der Finanzangelegenheiten war mehr die Umorganisation von 1966 abgestellt.

[52] Interview Mende vom 7. 7. 1969.
Die geistige Urheberschaft für diese Strukturveränderung nehmen eine Vielzahl von Mitarbeitern des BMG für sich in Anspruch. (Vom Minister über den Staatssekretär bis zum Organisationsreferenten; eigentlicher Verfasser scheint jedoch der Hilfsreferent im Organisationsreferat, Schnorrenberg, zu sein.)

[53] Koalitionsabmachung.
Der Spiegel vom 12. 8. 1964, S. 14: „Bundesminister Mende füllt sein gesamtdeutsches Ressort mit FDP-Beamten auf."

[54] Vgl. Stellenplan im Anhang.   [55] Der Spiegel Nr. 53/1961, S. 15 ff.

[56] Sten. Berichte des BT, 26. 5. 1966, S. 2118.

[57] Vgl. Stellenplan im Anhang.

[58] Z. B. in Politik Heft 2/1966, S. 11; Süddeutsche Zeitung vom 23. 9. 1964.

B. Mendes Stellung als Minister

von seinem Koalitionspartner nicht zugebilligt [59]. Als „Notlösung" wurden dann von Fall zu Fall politische Referenten zu Planungsaufgaben herangezogen [60].

Mit der Trennung von Förderungs- und Grundsatzreferaten traten gleichzeitig personelle Veränderungen ein. Das langjährige Grundsatzreferat mit dem sehr verschwommenen Namen „Aktivierung des gesamtdeutschen Gedankens" paßte nicht in das neue Schema. Bis dahin war es unter der Leitung von Dr. von Dellingshausen Dreh- und Angelpunkt der ideologischen Auseinandersetzung und Subventionshauptstelle. Mende glaubte, von Dellingshausen [61] an eine Stelle versetzt zu haben, wo er mit seinen politischen Auffassungen nicht in Konflikt kommen könnte [62]. Tatsächlich führte er seine Aktivitäten – zwar reduziert – in der Förderungsabteilung weiter. Leiter des neuen politischen Grundsatzreferats, das aus dem bisherigen Referat I/2 (Allgemeine Politik, Völkerrecht, Staatsrecht) herausgetrennt wurde, wurde Dr. Hans-Jürgen Schierbaum (CDU) [63].

d) Geplante Veränderungen. Mendes Versuche, das Kabinettsreferat [64] auszubauen, um seinen Funktionen als Vizekanzler besser gerecht werden zu können, wurden nicht genehmigt [65]. Zwar bestand von 1964 bis 1966 ein besonderes Kabinetts- und Parlamentsreferat unter der Leitung von Dr. That. Das entsprach aber nicht den qualitativen und quantitativen Vorstellungen Mendes über ein ihm angemessenes Kabinettsreferat. Den politisch relevanten Teil der Aufgaben übernahm sein persönlicher Referent [66].

Auch eine organische Veränderung des Wirtschaftsreferats erfolgte nicht,

---

[59] Interview Mende vom 7. 7. 1969.
[60] Interview Brodeßer vom 20. 6. 1969.
[61] Von Dellingshausen war bis 1956 in der FDP und ist seit 1967 in der CDU.
[62] Interview Mende vom 11. 12. 1969; vgl. S. 101.
[63] Jetzt Leiter der Unterabteilung Allgemeine Politik.
[64] Interview Brodeßer vom 20. 6. 1969: „Das Kabinettsreferat hat sich personell nicht verändert. Von der Aufgabenstellung her, die Herr Dr. Mende innerhalb der Bundesregierung neben seinem Amt als Minister für gesamtdeutsche Fragen auch als Stellvertreter des Bundeskanzlers hatte, haben sich gewisse Veränderungen in der Vorbereitung der Kabinettssitzung zwangsläufig ergeben, weil Herr Mende eben der führende Exponent des Koalitionspartners in der Bundesregierung war. Die hierzu erforderlichen Arbeiten, Vorarbeiten und Koordinierungsarbeiten sind indes nicht im Kabinettsreferat des gesamtdeutschen Ministeriums sondern vom persönlichen Referenten vorgenommen worden. Das Kabinettsreferat hat auch unter der Ministerschaft von Herrn Mende die Dinge nur aus der Ressortsicht des gesamtdeutschen Ministers erarbeitet und vorbereitet."
[65] Nach Der Spiegel vom 12. 8. 1964, S. 14, sollte die Stelle Genscher angeboten werden. Interview Mende vom 7. 7. 1969: „Ich sagte, nachdem ich auch das Amt des Stellvertreters des Bundeskanzlers habe, möchte ich einen Ministerialdirektor dafür haben – hat man mir abgelehnt."
[66] Vgl. Anmerkung 64.

obwohl Mende immer wieder die Bedeutung des Interzonenhandels als Hebel in der gesamtdeutschen Politik betonte [67].

e) Schlüsselpositionen. Untersucht man Schlüsselpositionen, so ergibt sich folgendes Bild:

ea) Der persönliche Referent. Zum persönlichen Referenten holte sich Mende einen Mann seiner Partei und seines Vertrauens, Karl-Friedrich Brodeßer [68], der auch schon in der Fraktion sein persönlicher Referent war. Obwohl das Ministerbüro mit dem Wehners in keiner Weise konkurrieren konnte, übernahm Brodeßer ähnliche Funktionen [69], und wußte ohne Schwierigkeiten, Staatssekretär und Abteilungsleiter zu überspielen.

eb) Der Personalreferent. Das Personalreferat war mit Dr. Otto Rohn besetzt, der von Thedieck ins Haus geholt worden war, aber den Erwartungen offensichtlich nicht entsprochen hatte [70]. Er wurde unter Mende – vielleicht auch wegen Differenzen mit seinem Abteilungsleiter – abgelöst und übernahm das Referat Kultur, Erziehung, Jugend. Seine Stelle wurde mit dem ehemaligen persönlichen Referenten Thediecks, Hans Georg Baumgärtel, besetzt [71]. Er hatte diese Stellung nach Thediecks Weggang angestrebt, nachdem er vorübergehend das politische Referat innehatte. Es gelang ihm, das Vertrauen des Ministers und insbesondere des Staatssekretärs zu erlangen [72]. Mende erschien die Frage des Personalreferats weniger wichtig, weil er sich „um jeden eigentlichen Beförderungsvorgang kümmerte. Ich bilde mir ein, daß Fehlentscheidungen in diesen drei Jahren nicht möglich waren." [73]

ec) Der Pressesprecher. Nach kurzer Zeit kam es zu erheblichen Auseinandersetzungen mit dem Pressesprecher, Dr. Plück, dem Mende vorwarf, ein

---

[67] Interview Mende vom 7. 7. 1969, vgl. S. 56.

[68] Nach Mendes Rücktritt persönlicher Referent von Weyer im Innenministerium in Nordrhein-Westfalen, danach Personalreferent, jetzt Abteilungsleiter im Bundeskanzleramt.

[69] Interview von Zahn vom 25. 6. 1969: „Ein Ministerbüro gab es immer, besetzt mit zwei Sekretärinnen und einem persönlichen Referenten. Sie hatten unter Kaiser und Lemmer kaum eine Bedeutung, unter Mende etwas mehr. Er benutzte Herrn Brodeßer, um seine Meinung inoffiziell bekannt zu machen, wenn er etwas geändert wünschte."

[70] Obwohl er Leiter einer Unterabteilung war, wurde er nicht Ministerialdirigent. So konnte man ihn leicht auf ein Referat ‚abschieben', auch mit der Begründung, es sei ungewöhnlich, daß ein Ministerialrat eine Unterabteilung leite.

[71] Seit dem Amtsantritt Mendes in der CDU.

[72] Interview Mende vom 7. 7. 1969: „... ich habe mich bei der Beurteilung der Beamten immer auf das ruhige Urteil von Staatssekretär Krautwig verlassen, und darum störte es mich gar nicht, daß ein Mann, der eigentlich ein Vertrauter von Thedieck war und CDU war, das Personalreferat übernahm."

[73] Interview Mende vom 7. 7. 1969.

B. Mendes Stellung als Minister

eifriger CDU-Zuträger gewesen zu sein [74]. Dr. Plück dementierte das energisch und führte die Auseinandersetzungen auf sein schlechtes Verhältnis zum Staatssekretär zurück [75]. Dr. Plück übernahm Ende 1964 das gesamtdeutsche Referat im Bundespresseamt, nachdem er im August 1964 als Pressesprecher abgelöst worden war. Neuer Pressereferent wurde Dr. Bruno Maurach (FDP) aus dem Vertriebenenministerium. Das stellte sich nach kurzer Zeit nur als Übergangslösung heraus, da ihm einige taktische Fauxpas unterliefen und seine Tätigkeit im Propagandaministerium Goebbels für die exponierte Stellung eines Pressesprechers nicht unbedingt dienlich war. Kurz vor Mendes Rücktritt Ende 1966 wurde Rolf Goßmann (FDP) neuer Pressereferent.

3. Schwerpunkte der Politik Mendes

Seine Schwerpunkte, die Grundtendenz seiner Arbeit lief darauf hinaus, das Ministerium zu einem politischen Instrument zu machen und gleichzeitig große Publizität zu erreichen [76]. Ihm gelang es aber nur in sehr beschränktem Maße, die Kompetenzen des Ministeriums auszubauen. Er erreichte weder die Errichtung des Kabinettsausschusses unter seiner Leitung [77], noch konnte er die Koordinierung aller gesamtdeutschen Angelegenheiten und Kontakte in seinem Hause durchsetzen [78]. Er steigerte zwar das Haushaltsvolumen erheblich [79], wozu aber auch schon Barzel Vorarbeiten geleistet hatte [80].

---

[74] Interview Mende vom 7. 7. 1969.
[75] Interview Dr. Plück vom 3. 12. 1969.
[76] Interview Mende vom 7. 7. 1969: „Da gebe ich Ihnen recht, ich habe oft die Flucht in die Öffentlichkeit angetreten. In dem Augenblick, wenn die Intrigen im Innern wieder einen Höhepunkt erreicht hatten, nahm ich die nächste Rede, sei es in Saarbrücken, sei es in Berlin, sei es in Hannover, sei es in Bad Hersfeld zum Anlaß, um gewisse Dinge in die Öffentlichkeit zu bringen. Das hat zunächst in Bonn eine Schockwirkung und wiederum einen Protest am Montag beim Kanzleramt gebracht, aber mir dann die Bestätigung des Weges. Das war oft eine Notwehr, um den Intrigen in Bonn zu entsprechen. Die Flucht in die Öffentlichkeit brachte mir wenigstens dann den Partner der Öffentlichkeit . . ." Doch sicher ist das nur die eine Seite des Publizitätsbedürfnisses Mendes, denn auf eine Frage nach seinen Kompetenzschwierigkeiten antwortete er: „Aber ich glaube, wenn Sie mal die Presse verfolgen, es ist selten so viel vom gesamtdeutschen Ministerium gesprochen und geschrieben worden wie in dieser Zeit." (Interview Mende vom 11. 12. 1969)
[77] Vgl. S. 148 f.
[78] Vgl. S. 149 ff.
[79] Gesamtausgaben 1962 (Entwurf): DM 140.840.500.
Gesamtausgaben 1966 (Entwurf): DM 234.858.300.
[80] Interview Barzel vom 27. 8. 1970.

IV. Das BMG unter Erich Mende

Mende selbst sieht die Schwerpunkte seiner Arbeit folgendermaßen: „Rückschauend muß ich sagen, es gab 1963 bis 1966 ein Interzonenhandelsvolumen, das wir bis heute noch nicht erreicht haben. Das Thema Passierscheine [81], bisher unerreicht, auch in der neuen Koalition. Die Frage der politischen Häftlinge, eine sehr gewagte Geschichte ...
Und die Saalebrücke [82] ist bisher die einzige kooperative Demonstration gewesen, obwohl sich das Autobahnstück Bad Hersfeld – Eisenach auch angeboten hätte, oder die Zweispurigkeit der Magdeburger Brücke, die ich damals schon ins Gespräch brachte. Also, so rückständig war die Lage damals nicht ... Wäre das gelungen, ... daß Chruschtschow hätte herkommen können mit allen sich daraus ergebenden wirtschaftlichen Möglichkeiten, dann hätte möglicherweise 1964 die Deutschlandpolitik eine Wende bekommen." [83]

a) Interzonenhandel. Schon die Wahl des Staatssekretärs schien darauf hinzuweisen, daß Mende sich intensiv dem Interzonenhandel widmen wollte. Er verstand den Interzonenhandel als ein politisches Instrument, das es zu nutzen galt, um menschliche Erleichterungen zu erreichen [84]. Das führte zu ständigen Auseinandersetzungen mit dem Wirtschaftsministerium, das sich hierfür allein kompetent fühlte. Sein Versuch, Begegnungen mit DDR-Politikern und Wirtschaftsfachleuten zu unterstützen, wurden vom Bundeskanzleramt blockiert [85].

Da das ohnehin sehr kleine Wirtschaftsreferat des Ministeriums nicht verändert wurde, konnte Mende fast nur auf die Kenntnisse und Einwirkungsmöglichkeiten seines Staatssekretärs vertrauen, der auf unkonventionellen Wegen auch das Wirtschaftsministerium auszuschalten wußte [86]. Zu einer Kompetenzveränderung im Interzonenhandel, die Mende mit seinen Plänen zur Veränderung der Treuhandstelle angestrebt hatte, kam es nicht [87].

b) Zonenrandgebiete. Schon Lemmer hatte seine ganze Arbeitskraft in die rhetorische Außenwirkung des Ministeriums gelegt.
Ähnliche Schwerpunkte setzte Mende im Zonenrandgebiet [88].
„Ich habe in den drei Jahren, da ich gesamtdeutscher Minister war, nach

---

[81] Vgl. S. 147.
[82] Vgl. S. 152.
[83] Interview Mende vom 7. 7. 1969.
[84] Interview Mende vom 7. 7. 1969.
[85] Der auf Umwegen zur Hannover-Messe 1966 eingeladene stellvertretende DDR-Ministerpräsident Balkow mußte so wieder ausgeladen werden. (Der Spiegel vom 9. 5. 1966, S. 36; Interview Mende vom 7. 7. 1969)
[86] Vgl. Der Spiegel vom 10. 2. 1964, S. 19.
[87] Vgl. S. 150.
[88] Als der Verfasser im BMG nach dem Zonenrandgebiet als Schwerpunkt der Politik Mendes fragte, stellte man die offensichtlich ernst gemeinte Gegenfrage: Meinen Sie vor der Wahl?

meinen eigenen Tagebuchfeststellungen 32 Arbeitstage im Zonenrandgebiet erlebt. 32 Arbeitstage, ich rechne nicht die berühmten Sonnabend- und Sonntagsreden bei den Landsmannschaften und Grenztreffen ... und ich kenne aus persönlicher Begegnung sämtliche Bürgermeister, Landräte und Regierungspräsidenten von Flensburg bis Passau."[89]

Er führte dabei ein neues System der finanziellen Zuwendungen ein, das ihm die Möglichkeit gab, sofort bei seinen Bereisungen finanzielle Zusagen machen zu können.

„Natürlich habe ich das nicht ohne einen Hintergrund getan. Wenn der Minister kommt und dem Bürgermeister und dem Landrat gleich etwas zusagt, wirkt das ganz anders, jedenfalls schädigt es nicht das Prestige des Ministers, als wenn der Minister das nur einem Schriftsatz seines Staatssekretärs oder Ministerialdirektors überläßt."[90]

Das rief Proteste bei den Landesbehörden[91] und bei SPD und CDU hervor. Mende sah sich gezwungen, gegen den Journalisten von Wersebe Strafantrag zu stellen[92], der behauptet hatte, Mende zweckentfremde Steuergelder im Zonenrandgebiet, um die FDP ins rechte Licht zu setzen[93]. Mende gelang es nicht, koordinierende Kompetenzen im Zonenrandgebiet zu erlangen, auch wenn entsprechende Vorschläge gemacht wurden[94].

Auf seine Initiative kam es jedoch zur Neufassung der Richtlinien über kommunale Kontakte im Zonenrandgebiet[95].

C. Thesen zu Kapitel IV

1. Mende versuchte, das Ministerium zu einem politischen Instrument zu machen, das als einheitliche Koordinierungs- und Kontaktstelle zur DDR Mittelpunkt gesamtdeutscher Politik sein sollte.
2. Mendes Ministerzeit war deshalb neben dem Bestreben eine ‚fortschrittliche Deutschlandpolitik' zu betreiben, ein Kampf um Kompetenzen, den er gegen die CDU/CSU nicht für sich entscheiden konnte.
3. Durch sein großes Bedürfnis nach Publizität wurde das Ministerium in den Vordergrund geschoben.

---

[89] Interview Mende vom 7. 7. 1969.
[90] Interview Mende vom 7. 7. 1969.
[91] Insbesondere in Bayern.
[92] Interview Mende vom 7. 7. 1969.
[93] Zwei Artikel in: Der Weiß-Blaue-Hintergrund vom Oktober 1965.
General-Anzeiger (Bonn) vom 30. 7. 1970: „Das Gericht hat dazu festgestellt: ‚Beide Zuschüsse hielten sich streng an die Richtlinien des Deutschen Bundestages für die Verwendung der betreffenden Haushaltsmittel.'"
[94] Vgl. S. 162.
[95] Vgl. S. 158 ff.

KAPITEL V

DAS BUNDESMINISTERIUM FÜR GESAMTDEUTSCHE FRAGEN UNTER DER LEITUNG VON HERBERT WEHNER
(1966 bis 1969)

(Ich übergehe die 33 Tage der Ministerzeit Gradl, in denen man ihm „wie Mose das geheiligte Land zwar zeigte, er es aber nicht betreten durfte.")[1]

A. Die politische Stellung Wehners

Wehners Position in seiner Partei und in der Koalition kann mit keiner seiner Amtsvorgänger verglichen werden. Er hat sich durch geschicktes Taktieren und unermüdliche Arbeit in eine Schlüsselstellung in der SPD gebracht und bestimmt seit mindestens zehn Jahren den ideologischen Kurs der Partei. Es wäre nicht falsch, ihn als Vater der Großen Koalition zu bezeichnen, auf die er seit Jahren hin gearbeitet hat.

Es schien zuvor klar zu sein, daß in einem Kabinett mit sozialdemokratischer Beteiligung der gesamtdeutsche Minister nur Wehner heißen könnte. Er mußte damit von vornherein den Nachteil auf sich nehmen, als Renegat für die DDR noch weniger akzeptabel zu sein, als alle anderen gesamtdeutschen Minister vor ihm.

Im Kabinett trat er als ‚gesamtdeutscher Motor' besonders gegen die CDU/CSU-Minister auf, wobei Kiesinger eine gewisse Vermittlerrolle übernahm.

Seine Hauptgrundsätze in der Deutschlandpolitik bei seiner Amtsübernahme waren:

– man sollte versuchen, soviel wie möglich im Vorfeld eines Friedensvertrages zwischen Bonn und Ostberlin auszuhandeln
– die Ebene der Verhandlungen hängt vom jeweiligen Thema ab
– Ziel ist es, die Spannungen abzubauen und das Verhältnis der gegensätzlichen Ordnungen zu entkrampfen, um zu annehmbaren Regelungen für die Deutschen zu kommen.

---
[1] Interview Gradl vom 8. 8. 1970.
Walter Henkels, 111 Bonner Köpfe, Düsseldorf, Wien 1963, S. 115:
„Er gibt gerne zu und sagt es ohne Scheu, daß ihm die Betrauung mit dem Gesamtdeutschen Ministerium lieber gewesen wäre ..." Wenn man von Beförderungen absieht, ist in den 33 Tagen nichts im Ministerium geändert worden.

B. Wehners Arbeit im Ministerium

1. Strukturelle und personelle Veränderungen [2]

Wehner hatte seinen Vorgängern gegenüber den Vorteil, bei seinem Amtsantritt relativ gut über das BMG informiert zu sein, da er als Vorsitzender des gesamtdeutschen Ausschusses seit 1949 mit vielen Vorgängen im Ministerium vertraut war.

a) Das Ministerbüro. Seine wichtigste organisatorische Entscheidung lag in der Errichtung des Ministerbüros, das neben dem persönlichen Referenten und dem Leiter des Ministerbüros Berlin das neugeschaffene Parlaments- und Verbindungsreferat, den Pressesprecher und das Kabinettsreferat umfaßt [3]. Von der Gewichtigkeit dieser Referate her könnte man noch von keinem Lenkungsapparat sprechen. Wehner kam es aber darauf an, für Vertraute Positionen zu schaffen, die ihnen weit mehr Weisungsbefugnisse und Einflußmöglichkeiten gaben, als es beispielsweise einem persönlichen Referenten zukommt, ohne die ganze Organisation sofort umwerfen zu müssen und damit Unruhe in die Beamtenschaft zu bringen.

So rechnet es Abteilungsleiter von Zahn Wehner hoch an, „daß er diesen Übergang so schmerzlos für alle machte, ... Diese Form, ein Ministerbüro aufzubauen und sich einen Stamm von Leuten zu schaffen, denen er absolut vertrauen konnte und von denen er wußte, daß sie seine Absichten richtig verstanden und durchsetzen würden, das halte ich für den schonendsten Weg, das Ministerium auf einen anderen Kurs zu bringen." [4]

Wehner wäre auch aus Koalitionsrücksichten nicht in der Lage gewesen, eine umwälzende Umorganisation durchzuführen und mußte dem Ministerbüro den klingenden Beinamen Planungsstab geben, um seine Personalforderungen durchzubekommen.

Wehner gab selbst zu, Planungsstab „das ist ein bißchen auf Vorschuß gemacht worden ... ein Planungsstab im eigentlichen Sinne des Wortes ist das noch nicht gewesen."

Es war ja „Auch eine Verteidigung, ... wenn Ihnen der Finanzminister, und zwar ein Mann wie der Herr Strauß, sagt, er halte nichts davon, daß man persönliche Referenten als Ministerbüro deklariert, weil er offenbar keinen Sinn hat und jene Schule dafür keinen Sinn hatte, daß man versuchte, Ministerien arbeitsfähig zu machen, da muß man sich eine Verteidigungsstellung aufbauen, damit das überhaupt genehmigungsfähig ist [5]. Die Absicht bestand ja und gearbeitet ist ja da auch worden." [6]

---

[2] Zu den strukturellen und personellen Veränderungen gehört auch die Einrichtung der BfgA, vgl. S. 77 ff.
[3] Süddeutsche Zeitung vom 16. 6. 1967, 15. 11. 1967.
[4] Interview von Zahn vom 25. 6. 1969.
[5] Bonner Rundschau vom 16. 5. 1967: „Das gesamtdeutsche Ministerium be-

Die entscheidende Position des Leiters des Ministerbüros übertrug Wehner Jürgen C. Weichert, der sich kurz vor der Bildung der Großen Koalition als stellvertretender Leiter der Bundeszentrale für politische Bildung beurlauben ließ und persönlicher Referent Wehners wurde [7]. Weichert, der als Regierungsdirektor in das Ministerium kam und bis Ende 1967 zum Ministerialdirigenten befördert wurde [8], kann als Vertrauter Wehners angesehen werden [9]. Er hatte schon während seiner Tätigkeit als Assistent des außenpolitischen und gesamtdeutschen Ausschusses im Bundestag engen Kontakt zu Wehner. Die Stellung Weicherts als persönlicher Referent war nur vorübergehend gedacht. Doch Wehners Kandidat Hans-Josef Horchem [10] – bis dahin Oberregierungsrat im Bundesamt für Verfassungsschutz – trat dieses Amt nicht an. Vielleicht hatte ihn – neben finanziellen Gründen – auch die Publizität seines Amtswechsels verschreckt. Obwohl Horchem faktisch nie im BMG gearbeitet hat, taucht er in allen entsprechenden Publikationen der DDR auf [11].

Die Verbindungsreferate im Ministerbüro – Parlaments- und Verbindungsreferat und Kabinettsreferat – hatten in dieser Form noch nicht bestanden [12].

Wehner schien aber an dieser Arbeit besonders gelegen zu sein:

„..., so habe ich das Ministerbüro ... einigermaßen arbeitsfähig gemacht, dort auch die Bearbeitung aller Parlamentsangelegenheiten so entwickeln lassen, daß das exakt und qualitativ hochwertig wie möglich gelingen konnte." [13]

Das Parlamentsreferat übernahm Dr. Dieter Haack, der bereits seit Ende 1963 im BMG war [14] und wegen seiner Parteizugehörigkeit [15] bei Amtsantritt Wehners plötzlich ‚gefragt' war. Theoretisch hätte die Personalunion

---
antragt die Stelle eines Ministerialdirigenten für den Leiter des neuen Ministerbüros, dazu einen Ministerialdirigenten als Leiter der Unterabteilung IA ..."
Der Spiegel vom 22. 5. 1967, S. 31: „Den Strichen der Strauß-Kommission entkam überdies je ein Ministerialdirigent für die SPD-Minister Herbert Wehner (gesamtdeutsche Fragen) ..."

[6] Interview Wehner vom 10. 12. 1969.
[7] Der Spiegel vom 28. 11. 1966, S. 190.
[8] Ab 16. 7. 1970 Ministerialdirektor.
[9] So z. B. Süddeutsche Zeitung vom 16. 6. 1967.
[10] Der Spiegel vom 30. 1. 1967, S. 106.
[11] Neues Deutschland vom 9. 3. 1967; Graubuch – Expansionspolitik und Neonazismus in Westdeutschland –, Berlin 1967, S. 23; Albrecht Charisius, Julius Mader, Nicht länger geheim, Berlin 1969, S. 305.
[12] Vgl. S. 53.
[13] Interview Wehner vom 10. 12. 1969.
[14] Vgl. Anmerkung 71, S. 19.
[15] Seit Oktober 1969 als SPD-Abgeordneter im Bundestag; über seinen Wahlkampf: Süddeutsche Zeitung vom 14. 8. 69.

als Leiter des Staatssekretärbüros und des Parlaments- und Verbindungsreferats durch Dr. Haack bedeutsam sein können, insbesondere da für Dr. Wetzel das Ministerium neu war. Doch durch persönliche Differenzen zwischen Wetzel und Haack kam das kaum zum Tragen.

b) Veränderungen in den anderen Abteilungen [16]. Die – von Mende so genannte – Planungsabteilung (Unterabteilung IIA) blieb in ihrem Aufbau bestehen. Das Referat Volkstum wurde in die Förderungsabteilung übernommen und der Teil Erziehung, Jugend des Referats von Dr. Rohn wurde ein Referat in der Öffentlichkeitsabteilung.

An der Spitze der Unterabteilung trat eine Veränderung ein, als Schattenberg – der sich auch Hoffnungen auf den Abteilungsleiterposten gemacht hatte – abgelöst wurde und der Abteilungsleiter von Zahn diese Unterabteilung leitete. Nach der Pensionierung von Zahns 1967 übernahm der Sozialstadtrat von Berlin-Tempelhof, Kreutzer (SPD), diese Funktion [17].

Schattenberg übernahm die Unterabteilung Förderungsmaßnahmen, die nahezu unverändert (das Referat Informationsreisen wurde aufgelöst und Zonenrandfragen kamen hinzu) in die Verwaltungsabteilung überführt wurde. Damit ist auch ein neuer Schwerpunkt erkennbar: Grundsatz- und Öffentlichkeitsarbeit bildeten jetzt die politische Abteilung.

In der Öffentlichkeitsarbeit wurden entscheidende organisatorische und personelle Veränderungen vorgenommen. Dr. Knoop mußte mehr als ‚Notlösung' die Öffentlichkeitsarbeit übernehmen, da man Schattenberg als Ministerialdirigenten die Unterabteilung zukommen lassen wollte, die am wenigsten politisch relevant war, und sich dabei für die Förderungsabteilung entschied.

Das Referat Politische Bildung übernahm Claus-Hinrich Gosselck, den Weichert aus der Bundeszentrale geholt hatte.

Dr. That wurde auf das Referat Begegnungen ‚abgeschoben'. Aus diesem Referat hatte man von Dellingshausen herausgenommen, offenbar in der Befürchtung, er könne ähnliche Aktivitäten wie in seinem alten Grundsatzreferat entwickeln.

Das neugeschaffene Jugendreferat übernahm Dr. Ritter, vorher Jugendreferent der SPD [18].

---

[16] Die Veränderungen in der Berliner Abteilung vgl. S. 177.
[17] Die Welt vom 19. 5. 1967.
[18] Vgl. Der Spiegel vom 5. 2. 1968, S. 38. Dr. Ritter ist seit Anfang 1970 faktisch Unterabteilungsleiter, seit Anfang 1971 offiziell mit der Wahrung der Geschäfte beauftragt.

2. Die Besetzung von Schlüsselpositionen

a) Der Staatssekretär. Wie vorsichtig Wehner bei personellen Umbesetzungen war, scheint der lange Zeitraum anzudeuten, währenddessen er Krautwig als Staatssekretär behielt. Er gab dafür folgende Erklärung:

„... ich hatte den Staatssekretär im Amt gelassen, vorwiegend aus dem Grund, weil er in Personalidentität auch das Amt des Bevollmächtigten der Bundesregierung in Berlin ausübte und ich es zu der Zeit nicht für gut gehalten hätte, wenn diese beiden Positionen aufgesplittert worden wären. Es gab da genug Bemühungen darum, einen ausgesprochenen Funktionär der CDU mit Residenz in Berlin zum Berlin-Bevollmächtigten zu machen. Das habe ich dann immer zurückgewiesen, solange bis der Betreffende selber erklärt hat, daß er als Staatssekretär im Ministerium für gesamtdeutsche Fragen auszuscheiden wünsche ..."[19]

Wehner wußte aber diese erzwungene personalpolitische Zurückhaltung durch Aktionen im Ministerium zu umgehen, denen Krautwig durch seine Arbeitsweise entgegenkam und sie geradezu herausforderte[20]. Wehner entschied von vornherein Organisationsfragen selbst[21], die eigentlich in die Kompetenz eines Staatssekretärs fallen. So unterrichtete z. B. Weichert Krautwig von der Einrichtung des Ministerbüros als vollendete Tatsache[22]. Auch die ‚Entmachtung' Schattenbergs und die Ablösung Baumgärtels als Personalreferenten (der dann wieder persönlicher Referent Krautwigs wurde), begrenzte die Einflußsphäre des Staatssekretärs[23]. Schließlich residierte Krautwig mehr in Berlin als in Bonn und zog Memoranden an seinen Minister persönlichen Aussprachen vor[24], bis er im März 1968 „aus Gesundheitsgründen" um seinen Abschied bat[25].

Die Wahl Wetzels zum neuen Staatssekretär überraschte, zumal sich Wehner damit weite Kreise der SPD verärgerte[26]. Wurden in der Zeit davor noch Hennis, Spangenberg und Ludz als mögliche Kandidaten genannt[27],

---

[19] Interview Wehner vom 10. 12. 1969.

[20] Interview Kreutzer vom 7. 7. 1970: „Außer um Interzonenhandel und Berlin hat er sich doch um nichts gekümmert."

[21] Interview von Zahn vom 25. 6. 1969.

[22] Ob man dieses Vorgehen auch als „schmerzlosen Übergang" (vgl. S. 59) bezeichnen kann, ist zumindest zweifelhaft.

[23] Vgl. Stuttgarter Zeitung vom 15. 11. 1967.

[24] Süddeutsche Zeitung vom 15. 3. 1968.

[25] Stuttgarter Zeitung vom 15. 3. 1968; Süddeutsche Zeitung vom 15. 3. 1968; Der Spiegel vom 25. 3. 1968, S. 24.

[26] Die Welt vom 28. 4. 1968.
Aus der Sicht Wehners und Teile der ‚Baracke' war Wetzel in Hessen Unrecht geschehen, das man mit seiner Ernennung zum Staatssekretär wieder ausgleichen wollte.

[27] Handelsblatt vom 8. 4. 1968.

B. Wehners Arbeit im Ministerium

so kam es Wehner darauf an, einen Verwaltungsmann zu gewinnen (‚die Ideen glaubt er ja alleine zu haben'), der ihm die Verwaltungsarbeit abnehmen konnte [28], was bei Krautwig offensichtlich nicht der Fall war.

Die Ernennung Wetzels zeigte die Eigenwilligkeit und auch merkwürdigen Wege der Personalpolitik Herbert Wehners. Wetzel, dessen steile Karriere gerade abrupt beendet schien [29], weil er als Staatssekretär im Hessischen Innenministerium eine umstrittene Anweisung zur Überwachung des SDS in Gießen gegeben hatte, wurde aus dem einstweiligen Ruhestand in das BMG katapultiert [30]. Bonns Hofchronist Walter Henckels beschreibt Wetzel als „nüchternen Klardenker ... selbstbewußt, zuweilen vielleicht ein Zyniker und in gewisser Weise ganz fern ein Jünger Macchiavellis", der „die Apparatur von Anfang an fest in die Hand genommen" hat [31]. Sicher fester, bürokratischer und vielleicht auch autoritärer als es vielen Beamten im Hause recht war [32], was ihm u. a. auch die Schwierigkeit brachte, immer auf der Suche nach einem neuen persönlichen Referenten zu sein [33].

b) Der Pressereferent. „Parteibewußte Genossen monierten" [34] nicht nur, daß Wehner Krautwig behalten hatte, sondern hielten es für unverständlich, daß er auch den Pressesprecher Goßmann (FDP) von Mende übernahm. Am meisten überraschte das wohl Goßmann selbst, da bei Amtsantritt Wehners seine Probezeit noch nicht abgelaufen war und er sich schon nach einer neuen Beschäftigung umsah [35]. Wehner maß jedoch einem Pressereferenten nicht allzuhohe Bedeutung bei und ließ einen Teil der aktuellen Pressearbeit über die ‚Baracke' tätigen. Goßmann war deshalb in der schwierigen Lage, eine Politik des Ministers ‚verkaufen' zu müssen, über die er in vielen Fällen nur unzureichend informiert wurde, und mußte überdies auch noch das Referat „Pressepolitische Aufgaben" leiten. Erst auf Drängen seiner Mitarbeiter war Wehner bereit, sich einen neuen Pressereferenten zu suchen, eine Aufgabe, die bei den Konditionen, die man in Bonner Ministerien einem Pressereferenten zu bieten hat, nicht ganz einfach ist [36]. Im

---

[28] Christ und Welt vom 22. 3. 1968.
[29] Der Spiegel vom 19. 2. 1968, S. 54 f.
[30] Rudolf Strauch, Bonn macht's möglich, Düsseldorf, Wien 1969, S. 102 f.
[31] FAZ vom 28. 9. 1968.
Es ist erstaunlich, daß sich der Bayernkurier (17. 8. 1968) dazu durchrang, Wetzel durchweg positiv zu beurteilen; vielleicht ist das auf seine Gießner Aktion zurückzuführen.
[32] Christ und Welt vom 14. 6. 1968: „... im Hessischen Innenministerium machte sich Wetzel durch seine befehlsgewohnte Art, die keinen Widerspruch duldete, viele Gegner, die nur darauf warteten, seine Karriere zu stoppen."
[33] Vgl. auch seine Auseinandersetzungen mit Herold, S. 72.
[34] Der Spiegel vom 20. 11. 1967, S. 33.
[35] Gespräch Goßmann vom Juni 1970.
[36] Eine Erfahrung, die man auch schon bei der Suche nach einem Nachfolger von Hammersteins gemacht hatte.

Februar 1969 wurde dann Alfred Adam [bis dahin stellvertretender SPD-Sprecher] Pressereferent [37] und war damit mit 28 Jahren der jüngste Pressereferent in Bonner Ministerien [38]. Goßmann behielt das Referat Pressepolitische Aufgaben, das ihm die Fachaufsicht über einen Teil der Publikationen des VFWD bzw. der BfgA gibt und ihn darüber hinaus mit einer Vielzahl von ‚Feuerwehraufträgen' beschäftigt.

c) Der Personalreferent. Es war verständlich, daß Wehner Baumgärtel auf diesem Posten nicht behalten wollte. Da der Personalfundus des BMG jedoch nicht groß ist, mußte Wehner den Nachfolger unter den vorhandenen Möglichkeiten finden. Die Wahl fiel auf Bruno Warnke, der seit Anfang der fünfziger Jahre im Ministerium stets mit der Betreuung von Vertriebenen und Flüchtlingen beschäftigt war, und ein absolut loyaler – fast möchte man sagen – biederer Beamter ist. Das brachte Wehner auch den Vorteil, vor übermäßigen Postenanforderungen auf den unteren Ebenen [39] durch seine Partei geschützt zu sein.

d) Allgemeine Personalpolitik. Wehners Personalpolitik war nur schwer durchschaubar, was einige Zeitungen in Verlegenheit brachte. So schrieb das ‚Handelsblatt' am 12. 3. 1968:

„... daß man Wehner nicht den Vorwurf machen konnte, im Gesamtdeutschen Ministerium SPD-Personalpolitik betrieben zu haben". Drei Wochen später konnte man in der gleichen Zeitung lesen:

„... da man ohnehin die internen Veränderungen, die dieses Ministerium nach Wehners Einzug erfahren hat, mit Aufmerksamkeit registriert ... weil die Methoden, durch die der Union zuzurechnenden Beamten in ihrem Einfluß beschnitten worden sind, allgemein als ungewöhnlich angesehen werden."[40]

Wehner kam zugute, daß ein großer Teil der ‚ersten Garde' des Ministeriums in seiner Zeit pensioniert wurde und er die Möglichkeit zur Neubesetzung hatte (z. B. von Zahn, Gefaeller).

Doch er klagte,

„das ist ja auch keine Schule, wo man sagt, jetzt hört ein Jahrgang auf und fängt ein neuer an. Das kann man nur mit lebenden Menschen und dazu noch mit Beamten, die man ja nicht willkürlich herumwürfeln kann, wo man nur sehr enge Grenzen in bezug auf Versetzungsmöglichkeiten hat, vor allen Dingen, wo es sich um eine kleine Zahl handelt."[41]

Unter diesen Schwierigkeiten ist Wehners Personalpolitik [die auch den

---

[37] Bonner Rundschau vom 1. 1. 1969.
[38] Vgl. ZEITmagazin vom 20. 11. 1970. Adam verließ das BMB am 31. 3. 1971 wieder.
[39] Auf den höheren Ebenen holt er sich seine Vertrauten selbst herein.
[40] Handelsblatt vom 8. 4. 1968.
[41] Interview Wehner vom 10. 12. 1970.

Neid des Koalitionspartners hervorrief] als geschickt zu bezeichnen [42], wenn auch manche personalpolitische Entscheidung weniger auf Planung als auf spontane Reaktionen Wehners zurückzuführen ist.

C. Thesen zu Kapitel V

1. Wehner war seiner Stellung in Partei und in Koalition nach der stärkste gesamtdeutsche Minister.
2. Er versuchte, eine Basis für eine ‚neue Deutschlandpolitik' zu finden, die auch Kontakte zum ‚anderen Teil Deutschlands' einschloß, um in Verhandlungen menschliche Erleichterungen zu erreichen.
Er strebte eine Stilveränderung in der Deutschlandpolitik an, um aus dem Rahmen der Propaganda und des Ressentiments herauszukommen. Seine Politik mußte aber stark von Kompromissen geprägt sein, da die Große Koalition sehr unterschiedliche Meinungen in der Deutschlandpolitik vereinte.
3. Ein großer Teil seiner Bemühungen lief darauf hinaus, sein Ministerium politischer zu machen und den Apparat – mehr als es bisher üblich war – in gesamtdeutsche Aktivitäten einzuschalten.

---

[42] Interview Wörner vom 16. 6. 1970: „Wobei ich ja das den Leuten gar nicht vorwerfe, das ist nicht im Tone des moralischen Vorwurfs gesagt, eher im Tone des Neides."
CDU-Beamte im BMB registrieren aber mit sichtlicher Genugtuung, daß „wir immer noch in der Überzahl sind".

KAPITEL VI

DAS BUNDESMINISTERIUM FÜR INNERDEUTSCHE BEZIEHUNGEN UNTER DER LEITUNG VON EGON FRANKE
(seit 1969) [1]

A. Ernennung Frankes zum Minister

Nach der Bundestagswahl im September 1969 wurde ziemlich schnell deutlich, daß Wehner sein Ressort nicht weiterführen wollte. Die Gründe dafür sind vielschichtig: Er glaubte, daß die Fraktion – wenn Helmut Schmidt Minister würde – eine starke Führung brauche, und hatte sich während seiner Ministerzeit an einen Platz in der Fraktionsspitze zurückgesehnt. In der Fortsetzung seiner eignen Politik mußte es zu Verhandlungen mit der DDR auf Regierungsebene kommen, und er wußte, daß er keinen akzeptablen Gesprächspartner für die DDR darstellt [2]. Vielleicht wünschte er sich auch ein wenig mehr Bewegungsfreiheit, wie er es am 25. 2. 1970 im Bundestag drastisch formulierte:

„Wenn Ihnen das die Regierung nicht so trocken sagt, wie ich es Ihnen sage, mag es daran liegen, daß ihre Mitglieder bessere Kavaliere sind. Sonst wäre ich auch noch in der Regierung." [3]

Obwohl eine Nominierung Frankes aufgrund seiner Stellung als Vorsitzender des gesamtdeutschen Ausschusses nahelag, waren zunächst auch noch andere Kandidaten im Gespräch [4], so z. B. Klaus-Dieter Arndt [5], Erhard Eppler und Wolfgang Mischnick (falls die FDP dieses Amt wieder übernähme).

---

[1] Die Entwicklung der Beziehungen zwischen BRD und DDR ist seit dem Amtsantritt Frankes in ein neues Studium eingetreten. Diese Tatsache und die relativ kurze Amtszeit Frankes erschweren die Darstellung der Entwicklung seit 1969 erheblich und lassen manche Teile unausgewogen erscheinen.

[2] Vgl. Süddeutsche Zeitung vom 25. 10. 1969.

[3] Sten. Berichte des BT vom 25. 2. 1970, S. 1635.

[4] Interview Franke vom 24. 6. 1970: „Im Gespräch waren mehrere, das stimmt. Aber die Entscheidung hat der Bundeskanzler getroffen. Da gibt es ja die Vereinbarung in der sozialdemokratischen Fraktion, daß der Vormann unserer Fraktion das Berufungsrecht hat. Da gibt es keine Wahl. Es gibt auch Interessenten, die sich ins Gespräch bringen; dazu gehörte ich nicht, wenn ich mich recht erinnere."

B. Die politische Stellung Egon Frankes

Man sagt, Frankes Leben sei die Partei[6]. Er gilt geradezu als „die Verkörperung des sozialdemokratischen Parteifunktionärs einer nun nicht mehr so gefeierten Tradition"[7].

Franke selbst schrieb 1968:

„Ich unterscheide mich in Nichts von Tausenden und aber Tausenden sozialdemokratischer Funktionäre meiner Generation. Für uns war das Leben als Sozialdemokraten etwas Selbstverständliches ...

Ich bekenne mich dazu, daß ein Begriff innerhalb der sozialdemokratischen Partei ausschlaggebend für mein ganzes Leben wurde. Es handelt sich um etwas Selbstverständliches, um etwas, was das Leben selbst war. Ich meine die Solidarität, das Wissen, daß man sich auf einen Freund und Genossen verlassen kann."[8]

Franke hat einen bemerkenswerten Aufstieg in der Organisation der SPD über den niedersächsischen Landesverband zum Bundesvorstand hinter sich[9]. Gesamtdeutsche Probleme gehörten im Arbeitskreis von Partei und Fraktion zu seinen Aufgaben, deshalb übernahm er auch im Dezember 1966 den Vorsitz des Gesamtdeutschen Ausschusses im Bundestag.

Franke scheut Publizität, so daß man sagt: „Sein Hauptkennzeichen: Unauffälligkeit"[10].

„Aber auch im Umgang mit seinen eignen Parteifreunden ist Franke ein Mann der behutsamen, wohlabgewogenen Formulierungen, oft sogar ein

---

[5] Frankfurter Rundschau vom 18. 11. 1969.

[6] Süddeutsche Zeitung vom 29. 10. 1969: „Die Partei war sein Leben: Er trat ihr mit 15 Jahren bei, er organisierte mit 18 ihre Veranstaltungen, er ging für sie in den Untergrund, als die Nazis kamen, verteilte unter Angstzuständen Flugblätter, er überdauerte Zuchthaus und Strafkompanie, besessen von dem Gedanken, die Partei wieder zum Leben zu erwecken. Er arbeitete unter Kurt Schumacher und Erich Ollenhauer, er fiel bei Vorstandswahlen durch, er erklomm die höchsten Parteiämter in Niedersachsen ..." Vgl. Die Zeit vom 30. 1. 1970.

[7] Die Welt vom 24. 10. 1969.

[8] Egon Franke, Aus dem Leben eines Funktionärs. Offener Brief an einen jungen Anhänger der APO, in: Die Neue Gesellschaft, Heft 6/1968, S. 473.

[9] Vgl. Ulrich Blank, Egon Franke, in: Wer uns regiert (Hg. Alois Rummel), Freudenstadt 1969, S. 132.
Seine Machtstellung in der Partei scheint allerdings zu schwanken: Auf dem Bezirksparteitag in Hannover im April 1970 verlor er den Vorsitz, den er fast 20 Jahre innegehabt hat. (Süddeutsche Zeitung vom 6. 4. 1970; Der Spiegel vom 13. 4. 1970, S. 44 f.)

[10] Die Welt vom 24. 10. 1969.

großer Schweiger mit einem untrüglichen Gefühl dafür, wann die Zeit gekommen ist, sich zu einem bestimmten Problem zu äußern."[11]

Vielleicht stieg Franke auch deshalb auf den hinteren Bänken des Bundestages zum „König der Hintermänner"[12] auf. Aus den losen Zusammenkünften der ‚Einflußlosen' im Bonner Lokal Rheinlust wurde die „Gewerkschaft der Kanalarbeiter", die zwar keineswegs fest organisiert ist, „aber für Egon Franke und ihre Mitglieder doch ein Instrument, um sachliche und personelle Entwicklungen in der Fraktion und in der Partei zu beeinflussen. Die ‚Kanalarbeiter' setzen ihren ganzen Stolz darein, an den ‚Dingen mitzudrehen'."[13]

So scheint es schwer, die Einflußmöglichkeiten der „grauen Eminenz"[14] Franke genau aufzuzeigen. Die Einschätzungen seiner Funktionen und Möglichkeiten im Kabinett gehen weit auseinander[15]. Fast einig ist man sich, daß Franke kaum die Position ausfüllen kann, die Herbert Wehner innehatte. Doch er wurde im Januar 1970 zum Verhandlungsführer für Gespräche auf Ministerebene mit Ostberlin ernannt[16].

Seine Äußerungen zur Deutschlandpolitik zeigen eine sehr nüchterne, pragmatische Einstellung, die ihn nie die unmittelbare schwierige Kleinarbeit übersehen läßt. Damit kann er sicher einen entscheidenden Beitrag zu den laufenden Verhandlungen zwischen BRD und DDR erbringen und eine wichtige Beraterrolle bei der Willensbildung des Kanzlers übernehmen[17].

---

[11] Ulrich Blank, Egon Franke, in: Wer uns regiert (Hg. Alois Rummel), Freudenstadt 1969, S. 128.
[12] Christ und Welt vom 25. 6. 1965.
[13] Die Zeit vom 30. 1. 1970.
[14] Christ und Welt vom 25. 6. 1965.
[15] Manchem fiel auf, daß sich Franke bei der Aussprache über die Regierungserklärung im Oktober 1969 nicht zu Wort meldete.
Das wurde besonders von der CDU/CSU moniert. (Tagesspiegel vom 1. 11. 1969)
Der Spiegel vom 3. 11. 1969, S. 29: „Den zuständigen sozialdemokratischen Minister für innerdeutsche Beziehungen, Egon Franke, hielten die SPD-Regisseure vom Rednerpult fern. Sie wollten den Parteifunktionär, der sein Ministeramt innerparteilicher Proporz-Arithmetik verdankt, der Opposition nicht als zusätzliche Angriffsfläche präsentieren. Vergebens brachte Franke–Staatssekretär Günter Wetzel die fertige Ministerrede laufend auf den neuesten Debattenstand. Sie wurde nie gehalten ..."
[16] Süddeutsche Zeitung vom 24. 1. 1970; Der Spiegel vom 26. 1. 1970, S. 23; Die Zeit vom 30. 1. 1970; Der Stern vom 3. 2. 1970; Der Spiegel vom 23. 2. 1970, S. 23.
[17] Besonders für die Verhandlungen von Erfurt und Kassel. Es ist fraglich, ob er – nachdem Bahr Verhandlungsleiter ist – diese Aufgabe noch im vollen Umfange hat.

C. Umbenennung und veränderte Aufgabenstellung

Franke übernahm nicht mehr ein Bundesministerium für gesamtdeutsche Fragen sondern ein Bundesministerium für innerdeutsche Beziehungen. Der neue Name [18] konkretisiert (nach Wetzel):

„zugleich die von diesem Ressort wahrgenommenen und weiterhin wahrzunehmenden Aufgaben: Der Name ist ein Programm, der das Bemühen in den Vordergrund stellt, ausbaufähige Regelungen zwischen der Bundesrepublik und der DDR zu erreichen. In der Gesamtentwicklung der deutschen Frage ist diese Schwerpunktverlagerung eine logische Konsequenz ... Das Postulat, mit den Verantwortlichen in der DDR zu Verhandlungen und zu Regelungen zu kommen, konnte nicht deutlicher zum Ausdruck gebracht werden als durch die Umbenennung eines Ressorts der Bundesregierung ... Die Umbenennung signalisiert daher keineswegs die Aufgabe eines großen geschichtlichen und politischen Ziels der Wiederherstellung der Einheit Deutschlands; aber sie signalisiert die Aufgabe der früher lang geübten Methode, dieses Ziel durch deklamatorische ‚Bekenntnisse' erreichen zu wollen, anstatt es durch praktisches Handeln anzugehen. Diese Politik ist die konsequente Fortsetzung dessen, was nach Bildung der Großen Koalition in die Deutschlandpolitik eingebracht worden ist und was durch den neuen Bundesminister für innerdeutsche Beziehungen konsequent fortgesetzt werden wird." [19]

Diese [20] und die nachfolgende Umbenennung des Bundestagsausschusses [21] führte zu scharfen Protesten der CDU/CSU, die eine Umfunktionierung des Wiedervereinigungsressorts im Rahmen einer ‚Verzichtspolitik' fürchtete [22]. Trotz der programmatischen Erklärungen bei der Umbenennung kam es zu keinen erheblichen organisatorischen Veränderungen im BMB, auch nicht

---

[18] Mende hatte schon 1965 eine Umbenennung gefordert: Welt am Sonntag vom 11. 7. 1965; Interview Mende vom 7. 7. 1969; Sten. Berichte des BT vom 26. 5. 1966, S. 2117.

[19] Wetzel im SPD-Pressedienst vom 23. 10. 1969.

[20] RIAS-Kommentar Franke vom 23. 10. 1969; Tagesspiegel vom 23. 10. 1969, 24. 10. 1969; Frankfurter Rundschau vom 20. 10. 1969, 24. 10. 1969; SPD-Pressedienst vom 4. 10. 1969.

[21] Sten. Berichte des BT, 5. 11. 1969, S. 260 ff.

[22] Tagesspiegel vom 9. 10. 1969; Frankfurter Rundschau vom 23. 10. 1969; Die Welt vom 24. 10. 1969; Die Welt am Sonntag vom 26. 10. 1969. Interview Barzel vom 27. 8. 1970: „... nun ist es ein ganz anderes Ministerium mit einer ganz anderen Bezeichnung und einer ganz anderen Tätigkeit ... Ich glaube, das Ministerium ist durch die Umbenennung ein ganzes Stück kleiner geworden, und das ist eine Umfunktionierung, und wenn die Politik so weitergeht, ist es auf dem Wege, zu einer Abteilung des Kanzleramtes zu werden."

als man dem Ministerium im März 1970 die Koordinierung aller innerdeutschen Kontakte zusprach [23].

D. Organisatorische und personelle Veränderungen

1. Ministerbüro – Planungsstab

Da Franke der gleichen Partei wie sein Vorgänger angehört, war die Notwendigkeit, einen Lenkungsapparat neu aufzubauen, nicht gegeben. Trotzdem kam es zu Unstimmigkeiten, da der Minister eigne Vertraute mit ins Ministerium brachte [24] und sich dadurch ‚Machtpositionen' verschoben. Als Weichert die Abteilung II im August 1969 übernahm, und mit Kreutzer auch die Abteilung III von einen Vertrauten des Ministers geführt wurde, hatte das Ministerbüro seine Aufgabe, das Ministerium für die Spitze lenkbar zu machen, zum großen Teil erfüllt. Deshalb war man am Ende der Amtszeit Wehners offensichtlich bereit, das Ministerbüro wieder auf ein ‚Normalmaß' zu beschränken, so daß im Vorwort des Haushaltsplans von 1970/71 das Wort Planungsstab beim Ministerbüro fehlt, was Franke allerdings nur als Tippfehler gedeutet haben möchte [25]. Man hielt weiter an der Bezeichnung Planungsstab fest [26].

2. Veränderungen in den Abteilungen I und II

Die organisatorischen Veränderungen der Abteilung I unter Franke sind nur auf personalpolitische Gründe zurückzuführen und deshalb vom Organisatorischen her auch nicht ganz einsichtig. Man wollte die personalpolitische Entscheidung von 1967 revidieren, als man Knoop von seinem Spezialgebiet – Zonenrand- und Grenzlandförderung – getrennt hatte, um Schattenberg sowohl aus der politischen Grundsatzarbeit als auch aus der Öffentlichkeitsarbeit herauszuhalten [27]. Um jedoch eine neue umgreifendere Öffentlichkeitsarbeit zu konzipieren [28], schuf man für Dr. Waldemar Ritter das Referat „Grundsatzfragen und Planung der Bildungs- und Öffentlichkeitsarbeit", was ihn faktisch zum Unterabteilungsleiter für Öffentlichkeitsarbeit machte, eine Funktion, die er als Oberregierungsrat noch nicht übernehmen konnte [29]. Dr. Knoop wurde aus der Öffentlichkeitsarbeit herausgenom-

---

[23] Vgl. S. 103.
[24] So verließ W. Lehmann aus diesen Gründen das BMB. Er ist seit Anfang 1971 wieder im Ministerium tätig.
[25] Interview Franke vom 24. 6. 1970.
[26] Planungsbeauftragter, vgl. S. 102.
[27] Vgl. S. 61. Er wurde auch als Vorstandsmitglied des VFWD abgelöst.
[28] Vielleicht auch um Dr. Ritter besoldungsmäßig entgegenzukommen.
[29] Eine solche Konstruktion ist sicherlich nicht unproblematisch und könnte

D. *Organisatorische und personelle Veränderungen* 71

men und übernahm die Unterabteilung IA, die bisher dem Abteilungsleiter unterstand und für Verwaltungsarbeit zuständig war. Da diese Unterabteilung zu klein war, um einen Unterabteilungsleiter zu rechtfertigen, und man Dr. Knoop außerdem seine alten Spezialgebiete wieder zukommen lassen wollte [30], organisierte man die Abteilung um. Aus der klaren Trennung zwischen Verwaltung und Förderungsmaßnahmen wurden jetzt die beiden Gebiete: Verwaltung, Zonenrand- und Grenzgebiete (Unterabteilung IA Leitung Dr. Knoop) und Förderungsmaßnahmen, Sicherheit (Unterabteilung IB Leitung Schattenberg) [31]. Sieht man davon ab, daß Franke Hirt als seinen persönlichen Referenten (gleichzeitig Leiter des Ministerbüros) mit in das Ministerium brachte und das Jugendreferat neubesetzte (Eichengrün – SPD), so bedeutet der Wechsel im Personalreferat und die neue Position des Parlamentarischen Staatssekretärs erhebliche Veränderungen. Da die Stellung Warnkes als Personalreferent von vornherein mehr als Übergangslösung gedacht war [32], konnte man in der neuen Koalition mit Wolf-Eckardt Jaeger einen Sozialdemokraten zum Personalreferenten machen [33]. Warnke wurde Leiter des neugeschaffenen Referats Justiz in der Abteilung II. Hier kamen sich die Notwendigkeit, ein Referat für Warnke zu finden, mit der schon lange Zeit geäußerten Bitte Staabs, sein Referat zu teilen [34], entgegen.

3. *Der parlamentarische Staatssekretär*

Die Bundesregierung unter Brandt führte die Institution der parlamentarischen Staatssekretäre für alle Ressorts – also auch für das BMB ein. In diese Position rückte der SPD-Abgeordnete Karl Herold. Bis dahin konnte der gesamtdeutsche Bereich nicht als Haupttätigkeitsgebiet Herolds angesehen werden, denn er war nicht im gesamtdeutschen Ausschuß, sondern kümmerte sich mehr um Verteidigungs- und soziale Fragen. Doch schon die Schwierigkeiten seines Wahlkreises Kulmbach brachten ihn mit einer Aufgabe des Ministeriums, der Zonenrandbetreuung, in Kontakt [35]. Mit Franke verbindet ihn die „IG Kanal" [36]. Im BMB wurde Herold beauftragt, „sich

---

zu Reibungen in der Unterabteilung führen, wenn die zum Teil älteren und im Dienstrang höheren Referenten diese Leitung nicht voll akzeptieren.
[30] Interview Franke vom 24. 6. 1970: „Aber das ist im Einvernehmen geschehen, er war selbst daran interessiert, weil ihm das mehr lag."
[31] Schattenberg ist am 28. 3. 1970 verstorben.
[32] Vgl. S. 64.
[33] Anfang 1969 übernahm auch das Berliner Personalreferat ein Sozialdemokrat. Dieses Referat kann aber mit dem Bonner Personalreferat in keiner Weise verglichen werden.
[34] Interview Kreutzer vom 7. 7. 1970.
[35] Er gehörte dem Arbeitskreis für gesamtdeutsche Fragen seiner Fraktion an.
[36] In der man Herold zum „außerordentlichen Kompanieschreiber" ernannt

der Aufgaben anzunehmen, die das Zonenrandgebiet betreffen", und ist in „diesem Bereich dem Abteilungsleiter I gegenüber weisungsberechtigt". Wie alle parlamentarischen Staatssekretäre, ist er darüber hinaus für die „Verbindung zum Bundestag und zum Bundesrat sowie dessen Ausschüssen, zu den Fraktionen und den Arbeitskreisen sowie zu den politischen Parteien" zuständig und vertritt den Minister in Bundestag und Kabinett[37]. Spannungen im bürokratischen Gefüge ließen nicht lange auf sich warten. Ein äußerliches Zeichen war der Streit um die Organisationsgraphik (Spinne genannt)[38]. In der neuesten ‚Spinne' verzichtete man darauf, irgendwelche Verbindungslinien zwischen den Abteilungen und den Staatssekretären aufzuzeigen[39]. Herold, der sich bürokratischen Schemen nicht einordnen läßt, steht mit Wetzel in einem ständigen ‚Kleinkrieg'. „Wenn da jemand in das Haus einzieht und sagt, also ich bin der Vertreter des Ministers, dann muß es doch Krach geben."[40] So erteilen Wetzel und Herold Anordnungen, die sich widersprechen, und heben sich wechselseitig ihre Anordnungen wieder auf[41].

E. Thesen zu Kapitel VI

1. Frankes Stellung in Partei und Ministerium ist kaum mit der Wehners vergleichbar.
2. Die neue Koalation gab dem Ministerium die Funktion einer Koordinierungsstelle aller innerdeutschen Kontakte, die sich insbesondere bei den Verhandlungen in Erfurt und Kassel auswirkte.
3. Franke ist nicht bestrebt, das Ministerium herauszustellen und sucht keine Publizität.

---

hatte. (Süddeutsche Zeitung vom 29. 10. 1969; Frankfurter Rundschau vom 18. 11. 1969)

[37] Anordnung des BMB vom 9. 12. 1969 (I 1 – 1040/1024).
[38] Der Spiegel vom 8. 12. 1969, S. 36.
[39] Vgl. Stellenplan im Anhang.
[40] Wetzel nach: Der Spiegel vom 8. 12. 1969, S. 36.
[41] Zur Schadenfreude der CDU- oder nicht parteigebundenen Beamten im Ministerium.

ZWEITER TEIL

DIE AUFGABEN DES MINISTERIUMS UNTER BERÜCKSICHTIGUNG DER ORGANISATORISCHEN UND PERSONELLEN VORAUSSETZUNGEN

VORBEMERKUNG

Die Kabinettsvorlage von 1949 bestimmte die grundlegende Arbeitsstellung des Ministeriums, die eigentlich bis zur Umbenennung im Oktober 1969 gültig blieb[1], ebenso wie das Vorwort zum Haushaltsplan von 1949 bis 1969 nahezu unverändert übernommen wurde[2].
Für die Anfangsjahre ist es schwer, in dem kleinen – von außen nicht durchschaubaren – Apparat deutliche Funktionsabgrenzungen festzustellen und eine Trennung für die vier Hauptaufgaben des BMG: politische Grundsatzarbeit, Öffentlichkeitsarbeit, Förderungsmaßnahmen oder gar Koordinierung zu erkennen. Trotzdem soll versucht werden, anhand dieser Aufgaben die Schwerpunkte mit ihren Veränderungen zu gewichten und unter Berücksichtigung der personellen und organisatorischen Gegebenheiten – insbesondere auch des Vorfeldes – darzustellen.

---

[1] Ein simpler Tippfehler ließ Wehner annehmen, die Aufgabenzuweisung stamme von 1959 und nicht 1949, und er sagte deshalb am 29. 10. 1969 im Bundestag: „Es gibt ja eine Aufgabendefinition – meines Wissens war es die erste formulierte – vom 30. September des Jahres 1959, immerhin am Beginn des zweiten Jahrzehnts der Periode."
Das wurde überall von der Presse übernommen, so sagte auch Franke am 5. 11. 1969 im Bundestag: „Sie kennen diese Aufgabenzuweisung aus dem Jahre 1959."
[2] Veränderung und Diskussion darüber: Sten. Berichte des BT, 4. 6. 1970, S. 3075 ff.
Vorwort des Haushaltsplans 1949:
„Aufgabe dieses Ministeriums ist die Vorbereitung aller Maßnahmen, die der Wiederherstellung der deutschen Einheit dienen. Es soll insbesondere auch den Stand und die Entwicklung der Rechts- und Verwaltungsverhältnisse in der Ostzone und in dem Gebiet jenseits der Oder-Neiße-Linie verfolgen. Auch die Erforschung der Volks- und Kulturgeschichte des deutschen Ostens soll von ihr gefördert werden. Außerdem kommt dem neuen Ministerium die Beschaffung einwandfreier Unterlagen über die Verluste am deutschen Volkskörper und Volksvermögen zu, die durch die Abtrennung der Gebiete jenseits der Oder-Neiße-Linie, durch die Vertreibung der deutschen Bevölkerung und durch die Abschnürung der deutschen Länder der Ostzone entstanden sind. Den besonderen Erfordernissen der Stadt Berlin soll durch die Errichtung einer Abteilung des Ministeriums Rechnung getragen werden..."
Vorwort des Haushaltsplans 1970:
„Der Bundesminister für innerdeutsche Beziehungen hat die Aufgabe, der Einheit der Nation zu dienen, dem Zusammenhalt unseres Volkes zu stärken, die Beziehungen im geteilten Deutschland zu fördern und die deutschlandpolitische Ver-

KAPITEL I

DAS VORFELD DES MINISTERIUMS[3]

A. Entstehen des Vorfeldes

Den „Aufgaben konnte das Ministerium angesichts seiner geringen personellen Stärke und angesichts der Tatsache, daß ihm kein Verwaltungsunterbau in den Ländern der Bundesrepublik Deutschland zur Verfügung steht, nur deshalb einigermaßen gerecht werden, weil es außerhalb des Ministeriums im Rahmen angegliederter Institutionen, aber vor allem durch die Mitarbeit zahlreicher auf privater Grundlage entstandener Einrichtungen, über tatkräftige Mitkämpfer für seine Ziele verfügen konnte." (Thedieck)[4]

So entstand ein kaum übersehbares Vorfeld, wobei für Aufgaben des Ministeriums Vereine gegründet oder bei der Gründung wesentlich beeinflußt, aber auch unabhängig entstandene Organisationen voll oder teilweise übernommen wurden. Man glaubte, daß ein solches Vorfeld im Falle einer Wiedervereinigung schneller wieder abbaubar sei, als der umfangreiche Apparat eines Ministeriums. Diese Gründungen brachten außerdem den Vorteil (oder auch Nachteil, je nach Perspektive) der Undurchschaubarkeit für Außenstehende mit sich. Initiator dieser „grauen Verwaltung"[5] war Thedieck (‚Kinder Thediecks'), auf dessen Idee der Verein zur Förderung der Wiedervereinigung Deutschlands (VFWD) zurückging[6]. Dieser Verein fungierte als Dachorganisation für eine Reihe von Hilfsorganisationen des Mi-

---

antwortung der Bundesregierung wahrzunehmen, insbesondere in Gesetzgebung und Verwaltung die Bemühungen der verschiedenen Ressorts zu koordinieren, den gesamtdeutschen Gedanken zu fördern, an Maßnahmen zur wirtschaftlichen Gesundung und kulturellen Entwicklung der Gebiete an der Demarkationslinie und in den anderen Grenzbereichen mitzuwirken ..."

[3] Terminus technicus aus: Gutachten betreffend die Übertragung von Aufgaben auf die zu errichtende Zentralstelle für innerdeutsche Angelegenheiten im Geschäftsbereich des Bundesministeriums für gesamtdeutsche Fragen vom Präsidenten des Bundesrechnungshofes als Beauftragter für die Wirtschaftlichkeit in der Verwaltung vom September 1968, im folgenden zitiert als: Gutachten des BRH über die BfgA.

[4] Franz Thedieck [3], S. 324.

[5] Vgl. Arnold Köttgen, Der Einfluß des Bundes auf die deutsche Verwaltung, JöR 1962, S. 290 ff.

[6] Interview Thedieck vom 9. 7. 1969.

nisteriums. Bei seiner Konstituierung am 18. Juni 1952[7] ging es zunächst darum, eine Rechtsform für die unter der Leitung von Dr. Probst im Rahmen eines Werkvertrages durchgeführten Flüchtlingsbefragungen zu schaffen. Ab 1953 gehörte dann zum Verein auch das Archiv Friesdorf und die Flüchtlingsberatung, 1957 kam das Büro Bonner Berichte dazu[8].

Neben diesem direkten Vorfeld, wo die völlige Abhängigkeit und Finanzierung vom BMG eindeutig war und heute auch nicht mehr bestritten wird, gruppierten und gruppieren sich eine Vielzahl von Organisationen, deren Abhängigkeitsverhältnis zum Teil nicht ganz durchschaubar war und ist[9].

Besondere Schwerpunkte der Arbeit des Vorfeldes lagen im Bereich
- der Hilfsmaßnahmen[10]
- der Öffentlichkeitsarbeit[11] und
- der Forschung[12].

B. Veränderungen im Vorfeld[13]

Wandel in den Methoden der Deutschlandpolitik und der Subventionsverteilung durch das Ministerium[14] zog auch Änderungen und ‚Bereinigungen' im Vorfeld nach sich.

1. Vorarbeiten und Auseinandersetzungen über die Fusion einiger Institutionen

Pläne, die Vereine, die dem BMG nahestanden, mit in das Ministerium aufzunehmen oder in einer Behörde zusammenzufassen, sind fast so alt wie die Vereinigungen selbst. Nachdem auch Barzel dort „ein Problem auf sich

---

[7] Vgl. graphische Darstellung der Entwicklung des VFWD im Anhang.
[8] Gründungsmitglieder: Dr. Oskar Probst, Helmuth Radmann, Heinrich Sennft von Pilsach, Dr. Roland Adolphi, Berend von Nottbeck, Sebastian Losch, Gottfried Kludas; Erster Vorstand: Dr. Probst, Kludas, Radmann.
[9] Gutachten des BRH über die BfgA, S. 1: „Das BMG hat sich für die Durchführung seiner Aufgaben, die mit klassischen Aufgaben eines Ministeriums nur zum Teil vergleichbar sind, nicht nur der Länder- und Gemeindebehörden, sondern im weitesten Sinne auch privatrechtlicher Vereine und anderer Stellen bedient. Diese privatrechtlichen Vereine und Stellen sind finanziell ganz oder überwiegend vom BMG abhängig und zum Teil vom BMG selbst geschaffen worden. So ist im Vorfeld des BMG nach und nach eine in ihren Aufgabenbereichen unklar abgegrenzte Verwaltung besonderer Art entstanden."
[10] Vgl. S. 133 ff.
[11] Vgl. S. 104 ff.
[12] Vgl. S. 92 ff.
[13] Aufgabenveränderungen sind in den entsprechenden Kapiteln behandelt. Hier handelt es sich nur um organisatorische Veränderungen.
[14] Vgl. S. 139 f.

zukommen sah"[15], nahm dieses Vorhaben unter Mende konkretere Formen an[16]. Mende beklagte es insbesondere, die Vereine nur schwer beeinflussen zu können:

„... wir (haben) versucht, auch durch personelle Veränderungen und auch durch häufige Begegnungen die Dinge in den Griff zu bekommen ... Ziel war es, alle diese Dinge zusammenzufassen unter eine neue Oberbehörde, weil sie uns entglitten, weil wir uns auch nicht um alles kümmern konnten ..."[17]

Er setzte am 1. 7. 1966 mit seiner Umorganisation im BMG auch eine neue Geschäftsordnung im VFWD durch[18], den Wehner wegen seiner bürokratischen Einstellung kritisiert hatte[19]. Nach seinem Amtsantritt führte Wehner die Fusionspläne seines Vorgängers weiter, die im März 1968 in die Öffentlichkeit drangen[20].

Der CDU-Abgeordnete Dr. Werner Marx hatte in Äußerungen, die die ‚Welt am Sonntag' wiedergab, das Signal zum Sturm gegen diese Absichten, die ja nur „parteipolitische Extravaganzen" darstellten[21], gegeben und Unterstützung bei seinem Fraktionskollegen Johannes Müller gefunden, der sicher war, daß Wehner

„mit der ihm eigenen nicht gerade rücksichtsvollen Art diese (Oberbehörde) mit den Parteifreunden durchsetzt, wie er in der Deutschlandpolitik mittels ‚Salamitaktik' operiert. Zeichen dieser Entwicklung sind langjährige Sprachgewohnheiten, die trotz bestehender Richtlinien langsam einer völlig neuen Terminologie weichen."[22]

---

[15] Interview Barzel vom 27. 8. 1970: „... Weil der gesamtdeutsche Minister dem Parlament gegenüber und dem Kanzler gegenüber eine Verantwortung hatte für Organisationen oder Organisationsformen – das war ja ganz unterschiedlich – die zum Teil privatrechtlicher Natur waren, ohne daß er sich dort in allen Fällen – nun, Einblick konnte er sich verschaffen – aber ob er genügend Möglichkeiten des Einwirkens hatte, was über das Zahlen hinausging, das war eine Frage, die mich nach kurzer Zeit im Ministerium sehr zu beschäftigen begann ..."

[16] Erklärung auf der Bundespressekonferenz vom 11. 3. 1968; Leserbrief Mendes in der FAZ vom 7. 10. 1968: „Dies zur Objektivierung und Vermeidung von Legendenbildung."

[17] Interview Mende vom 7. 7. 1969.

[18] So behauptete Mende jedenfalls am 26. 5. 1966 im Bundestag (Sten. Berichte, S. 2128); im VFWD war über eine Veränderung nichts zu erfahren.

[19] Sten. Berichte des BT, 26. 5. 1966, S. 2107.

[20] Die Welt am Sonntag vom 10. 3. 1968; Erklärung auf der Bundespressekonferenz vom 11. 3. 1968; Frankfurter Rundschau vom 11. 3. 1968; Handelsblatt vom 12. 3. 1968; FAZ vom 12. 3. 1968.

[21] Welt am Sonntag vom 10. 3. 1968; Interview Barzel vom 27. 8. 1970: „... ich muß sagen, als der Plan zunächst auf den Tisch kam, haben wir alle so gedacht wie Marx, ..."

[22] Welt am Sonntag vom 17. 3. 1968.

B. Veränderungen im Vorfeld

Wie zu erwarten, griff auch der Bayernkurier diesen „Not- und Warnruf"[23] auf, „es sollte darauf geachtet werden, daß keine einsamen Beschlüsse Herbert Wehners eine bisher bewährte Arbeit lähmen."[24]

2. Begründung durch das Ministerium

In den konkreten Plänen ging es darum,
- den Verein zur Förderung der Wiedervereinigung Deutschlands[25],
- den Untersuchungsausschuß Freiheitlicher Juristen
- und die Zentralstelle für gesamtdeutsche Hochschulfragen[26]

zu einer unselbständigen Bundesbehörde zusammenzufassen, die auch einen Teil der nicht ministeriellen Funktionen des Ministeriums übernehmen sollte.

Begründet wurde dies im Ministerium damit, daß
a) „– der öffentliche Charakter der Aufgaben unterstrichen"
b) „– die Gewinnung eines qualifizierten Nachwuchses gesichert"
c) „– die Aufsichts- und Weisungsbefugnisse des BMG gesichert"
„– eine größere politische Wirksamkeit erzielt"

---

[23] Deutsche Nachrichten vom 26. 4. 1968.
[24] Bayernkurier vom 16. 3. 1968; erneute Kritik am 13. 7. 1968; Antwort darauf im Vorwärts am 25. 7. 1968: „Tamtam vor dem Tulpenfeld". Der Bayernkurier brachte dann nach einem Wetzel-Interview einen relativ gemäßigten und sachlichen Artikel (17. 8. 1968).
[25] Vgl. S. 76 ff., vgl. graphische Darstellung im Anhang.
[26] Die Zentralstelle wurde 1964 aus dem gesamtdeutschen Referat des VDS gegründet.
„Die Zentralstelle hat ebenso wie das gesamtdeutsche Referat die Aufgabe, die Situation an den Hochschulen der Sowjetzone zu untersuchen und die Öffentlichkeit zu unterrichten. Die Zentralstelle wird auch Professoren, Dozenten und Studenten, die aus der Sowjetzone geflüchtet sind, betreuen." (Tagesspiegel vom 17. 1. 1964)
Das Amt für gesamtdeutsche Hochschulfragen war 1949 gegründet worden, um „Oststudenten die Anerkennung als politische Flüchtlinge" zu vermitteln und „ihnen somit die Fortsetzung ihres Studiums im Westen zu ermöglichen". „Das Amt versendet freiheitlichen Kommilitonen in der Sowjetzone außerdem laufend VDS-Lehrmaterial, Kleidungsstücke, Lebensmittel und jenseits des eisernen Vorhanges längst nicht mehr erhältliche Medikamente." (Hans Edgar Jahn, Vertrauen – Verantwortung – Mitarbeit, Eine Studie über public relations Arbeit in Deutschland, Oberlahnstein 1953, S. 287)
Eine Zeitlang wurde dieses Amt von Dietrich Spangenberg – jetzt Staatssekretär im Bundespräsidialamt geleitet. (vgl. Neue Zeitung vom 17. 8. 1951)
Ein Brief an den letzten Leiter und späteren Referenten in der BfgA, Quell, vom 29. 4. 1970 blieb ohne Antwort.
Die Zentralstelle wurde in der BfgA auf die Untersuchung des Bildungswesens in der DDR reduziert. (Referat Bildungswesen mit drei Mitarbeitern)

d) „– eine Straffung und Rationalisierung der Aufgabenbereiche erreicht"
„– Doppelarbeit vermieden"
„– eine Entlastung des Bundeshaushaltes herbeigeführt werden sollten[27].

zu a) Unterstreichung des öffentlichen Charakters

Bisher war es nicht in jedem Falle deutlich, daß die Aktivitäten, die diese Vereinigungen entwickelten, durch öffentliche Stellen getragen wurden. Die Vereine übernahmen eine Art ‚Pufferfunktion', Pannen wurden zunächst von ihnen abgefedert. Damit argumentierte auch Wörner (CDU), wenn er einwandt:

„Die Arbeit einer privaten Vereinigung war und ist offiziös, die einer Bundesbehörde offiziell. Seither brauchte sich die Bundesregierung nicht mit den Maßnahmen etwa des Vereins zur Förderung der Wiedervereinigung Deutschlands zu identifizieren. In Zukunft könnte sich die Bundesregierung von den Maßnahmen der Bundesanstalt nicht mehr distanzieren. Gerade im gesamtdeutschen Bereich gibt es eine Fülle von Aufgaben, die keinen offiziellen Charakter tragen sollen." [28]

Die Behörde schafft aber eindeutige Zuordnungsverhältnisse und Klarheit für Bevölkerung und Parlament [92] und Wetzel betonte:

„Durch den öffentlichen Charakter des Instituts gebe es keinen ‚Schild' mehr, hinter dem sich jemand verstecken kann, wenn er eine eigne Politik betreiben möchte, sie aber nicht auszusprechen wagt."[30]

Das Unterstreichen des öffentlichen Charakters der Aufgaben durch die Gründung der BfgA ist – wie nicht anders zu erwarten – von der DDR aufgegriffen worden. Man spricht von der „Schaffung einer neuen Koordinierungsstelle für die ideologische Diversion gegen die DDR"[31].

zu b) Die Sicherung eines qualifizierten Nachwuchses

War dies schon eine Begründung des Forschungsbeirates, sein Sekretariat

---

[27] Ausarbeitung des BMG vom 23. 10. 1968, betreff: Nachgeordnete Bundesbehörde, Zeichen I 1 – 1004, 1, S. 2.

[28] Dr. Manfred Wörner, Stellungnahme zu der beabsichtigten Errichtung einer Bundesanstalt für gesamtdeutsche Fragen, 25. 11. 1968, S. 2.

[29] Vgl. S. 76 f.

[30] Wetzel nach Frankfurter Rundschau vom 19. 11. 1969. Manchmal kann man sich des Eindrucks nicht erwehren, daß diese Problematik immer noch besteht, vgl. Vorwort.

[31] Neues Deutschland vom 25. 7. 1968; weitere Angriffe in: Neues Deutschland vom 6. 2. 1969, 28. 2. 1969, 10. 4. 1969; Antworten auf diese Angriffe z. B. Wetzel im RIAS am 13. 4. 1969, im Deutschland Archiv, April 1969, S. 450 f.

Albrecht Charisius, Julius Mader, Nicht länger geheim, Berlin 1969, S. 213: „Als Führungs- und Koordinationszentrale der zivilen psychologischen Kriegsführung beschloß die Kiesinger-Strauß-Regierung 1968 eine Art Propagandazentrum zu bilden, das die Bezeichnung ‚Bundesanstalt für gesamtdeutsche Angelegenheiten' trägt. Nach einer vom Bundeskanzleramt ausgearbeiteten Regierungsvorlage soll der Etat dieser Zentrale zunächst etwa 100 Mill. DM umfassen."

B. Veränderungen im Vorfeld

aus dem Verein zur Förderung der Wiedervereinigung Deutschlands herauszunehmen [32], weil man mit diesem Verein kaum qualifizierten Nachwuchs von den Universitäten gewinnen zu können glaubte [33], so stellte sich die gleiche Problematik in den anderen Bereichen des Vereins [34].

Einige Mitarbeiter, die das Ministerium im VFWD bei den Vorarbeiten zur BfgA einstellte, machten zur Bedingung, ihre Stellung umgehend wieder aufgeben zu können, falls das Institut nicht zustande käme.

zu c) Die Sicherung der Aufsichts- und Weisungsbefugnisse des BMG und eine größere politische Wirksamkeit

Wehner formulierte das kurz und prägnant: „Es wird nun möglich sein, Aufträge auch ausgeführt zu bekommen..." [35]

Im Ministerium hatten jeweils eine Vielzahl von Referenten die Fachaufsicht über die einzelnen Bereiche des VFWD oder der anderen in die BfgA zu integrierenden Vereine, so daß niemand eine völlige Übersicht über die Vereine hatte, schon gar nicht die offizielle Leitung des VFWD über ihren Bereich, zumal die verschiedenen Fachaufsicht führenden Referenten auch verschiedenen Abteilungen im Ministerium angehörten. Das Gutachten des Bundesrechnungshofes kam deshalb zu dem Schluß [36]:

„Der Leitung des VFWD (Vorstand und Geschäftsführung) z. B. ist es gegenwärtig nicht möglich, den Verein wirkungsvoll zu führen und die Geschäfte zu koordinieren; sie ist derzeit vielmehr nur mit gewissen Verwaltungsangelegenheiten befaßt. Auf die materielle Arbeit der Geschäftsbereiche hat sie keinen Einfluß. Dieser wird vielmehr von den einzelnen Fachreferenten des BMG ausgeübt." [37]

Eine klare und einheitliche Führung der bisher so zersplitterten Bemühungen sollte deshalb eine größere Wirksamkeit erreichen.

zu d) Durch Straffung und Rationalisierung Entlastung des Bundeshaushaltes

Der Bundesrechnungshof hatte festgestellt,

„daß an mehreren Stellen Einrichtungen wie Büchereien, Rednerdienst, Filmdienste, Zeitungsausschnittdienste, Archive und ähnliches jeweils in verschiedenem Umfang ohne Abstimmung aufgebaut waren und unterhalten wurden." [38]

---

[32] Herausnahme im Januar 1963.
[33] Interview Gradl vom 8. 8. 1970.
[34] Vgl. Archiv für gesamtdeutsche Fragen, S. 86 ff.
[35] Vorwärts vom 20. 2. 1969.
[36] Bei diesem Gutachten des BRH muß man mit in Betracht ziehen, daß er nicht ein Gutachten über die bestmögliche Organisation des Vorfeldes vorlegen sollte, sondern die Bundesbehörde als ‚Vorgabe' erhalten hatte.
[37] Gutachten des BRH über die BfgA, S. 13.
[38] Gutachten des BRH über die BfgA, S. 6.

Durch die Schaffung der BfgA wurden diese Mängel beseitigt und rund 46 Stellen eingespart [39]. Aus dem Haushaltsplan ist aber weiterhin nicht ersichtlich, welche Mittel, die jeweils vom BMB zugewiesen werden, von der BfgA bewirtschaftet werden; nur sächliche Verwaltungs- und Personalausgaben sind getrennt aufgeführt.

3. Auseinandersetzungen um die Kabinettsvorlage

Zwischen der Kabinettsvorlage vom 26. Juni 1968 und dem Kabinettsbeschluß vom Februar 1969[40] kam es zu langwierigen Verhandlungen zwischen den Koalitionspartnern. Man stellte von der CDU/CSU besonders die Befürchtung einer Propagandazentrale heraus[41] und glaubte auch schon „gewisse Indizien" für eine entsprechende Öffentlichkeitsarbeit in bestimmten Ausstellungen sehen zu können[42].

„Zu denken gab uns eine detaillierte Aufschlüsselung der SPD-Mitglieder und der CDU-Mitglieder und die Stellenbesetzung im vorgeordneten Bereich des BMG. Von 34 neu eingestellten Bediensteten 15 SPD-Mitglieder, sechs neue Stellen wurden geschaffen, alle sechs wurden mit SPD-Mitgliedern besetzt, von elf Stellenhebungen kamen sieben SPD-Mitgliedern zugute."[43]

So waren es mehr partei- und personalpolitische Konflikte, die das Entstehen der BfgA hinauszögerten[44]. Wehner schilderte die Schwierigkeiten so:

„Diese Einrichtung war faktisch nur möglich, nachdem einige Personalanforderungen der CDU bewilligt worden sind, weil sie sonst angekündigt hatte, sie werde im Haushaltungsausschuß nicht für diese Behörde stimmen ... Vorher mußte man immer hin und her verhandeln, ehe es überhaupt dazu kam. Da gab es natürlich eine Menge von Reibungen, die sich daraus ergaben, daß sich eine Reihe von CDU-Abgeordneten im sehr engen Kontakt zu Beamten und Mitarbeitern der verschiedenen Abteilungen befanden und auch der in Verbindung stehenden Organe, wie des Vereins zur Förderung der Wiedervereinigung Deutschlands und ähnlicher und so jeder Schritt eben sehr schwierig wurde. Dennoch hat man am Ende dieses Institut zustande gebracht."[45]

---

[39] Interview Rehlinger vom 9. 12. 1969; Wetzel in: Parlament vom 16. 8. 1969.
[40] SPD-Pressedienst vom 6. 2. 1969; Die Welt vom 7. 2. 1969; Rheinischer Merkur vom 21. 2. 1969.
[41] Vgl. S. 78.
[42] Interview Wörner vom 16. 6. 1970.
[43] Interview Wörner vom 16. 6. 1970.
[44] Bestätigt im Interview Barzel vom 27. 8. 1970.
[45] Interview Wehner vom 10. 12. 1969.

C. Die Bundesanstalt für Gesamtdeutsche Aufgaben – Gesamtdeutsches Institut

Am 1. 7. 1969 nahm die BfgA ihre Arbeit auf, faktisch dauerte es einige Zeit, ehe sie funktionsfähig wurde [46].

1. Aufbau und Aufgaben der BfgA [47]

Die Bundesanstalt gliedert sich in vier Abteilungen mit insgesamt 267 Mitarbeitern [48].
- Verwaltung, Förderungsmaßnahmen (77 Mitarbeiter)
  Die Leitung hat der ehemalige Hauptgeschäftsführer des VFWD, Willi Jäger (SPD).
- Archiv und Dokumentation [49] (48 Mitarbeiter)
  Die Leitung hat der Vizepräsident Prof. Dr. Dr. Newman (SPD).
- Öffentlichkeitsarbeit [50] (61 Mitarbeiter)
  unter Leitung von Fritz Schenk (SPD) [51].
- Abteilung in Berlin [52] (79 Mitarbeiter)

Nach dem Errichtungserlaß vom 25. 6. 1969 hat die BfgA folgende Aufgaben:

„1. Sammlung und wissenschaftliche Auswertung von Informationsmaterial für die politische Arbeit des Bundesministers für gesamtdeutsche Fragen [53].
2. Festlegung und Verbreitung des gesamtdeutschen Gedankens durch Informationsvermittlung [54].
3. Förderung von Hilfs- und Betreuungsmaßnahmen [55]." [56]

2. Die Stellung des Präsidenten

Im Kompromiß mit der CDU, mit der man Posten für Posten durchgesprochen hatte, einigte man sich darauf, daß der Präsident von der CDU gestellt würde. Relativ spät fiel die Entscheidung über diese Position: Präsident

---

[46] Die Meinungen darüber, ob sie heute voll funktionsfähig ist, gehen auseinander.
[47] Vgl. Anhang.
[48] Übersicht über die Personalanforderungen zum Entwurf des Bundeshaushaltsplans 1970.
[49] Vgl. S. 86 ff.
[50] Vgl. S. 104 ff.
[51] Vgl. Anmerkung 144, S. 126.
[52] Vgl. Anmerkung 35, S. 178.
[53] Vgl. S. 86.
[54] Vgl. S. 104.
[55] Vgl. S. 127 ff.
[56] GMBL 1969, S. 310.

wurde Ludwig Rehlinger [57] – im BMG seit dem 1.1.1957, zuletzt Leiter des politischen Referats in der Berliner Abteilung –, dem man eine besonders enge Verbindung zu Barzel nachsagt [58]. Es war von der CDU/CSU taktisch nicht unklug [59], sich nicht für einen mit der Materie nicht vertrauten Parteienvertreter zu entscheiden, denn die Position des Präsidenten in der Hand eines Laien in der gesamtdeutschen Maschinerie wäre allzu leicht zu unterminieren [60]. Da Rehlinger der sozialdemokratischen Führung des Hauses aus der loyalen Tätigkeit in der Berliner Abteilung bekannt war, mag ihr die Annahme dieser Kompromißlösung nicht allzu schwer gefallen sein. Sicher wirft die Situation eines der Opposition zumindest nach dem Parteibuch nahestehenden Präsidenten Probleme auf. Die Möglichkeit von Loyalitätskonflikten sieht Rehlinger jedoch nicht vor sich und wäre bereit, gegebenenfalls die Konsequenzen zu ziehen [61].

Schon der Bundesrechnungshof hatte den Präsidenten um seine Aufgabe nicht beneidet:

„Der Präsident wird die Aufgabe haben, aus den jetzt vorhandenen Organisationseinheiten eine straff geleitete, einheitliche Behörde zu entwickeln. Das wird nicht ganz leicht sein; denn in der Zentralstelle sollen mehrere Vereine und Stellen aufgehen, die gegenwärtig ihre eignen Führungsorgane haben. Deren Einfluß ist zudem begrenzt... Künftig sollte sich der Leiter der Zentralstelle um eine straffere Führung nach noch zu erarbeitenden Richtlinien des BMG bemühen. Dazu gehört, daß er sich stets den notwendigen Überblick zu verschaffen vermag." [62]

Der Präsident ist zwar nach dem Errichtungserlaß „dem Bundesminister für gesamtdeutsche Fragen für die ordnungsgemäße Erledigung der genannten Ausgaben verantwortlich" [63], die Fachaufsicht liegt aber nach wie vor bei den verschiedenen Referaten des Ministeriums. Diese Zusammenarbeit war zum Teil so eng, daß man die Mitarbeiter des VFWD in einigen Bereichen

---

[57] Süddeutsche Zeitung vom 28.8.1969; Tagesspiegel vom 26.8.1969. Rehlinger ließ sich Mitte Dezember 1971 beurlauben und wechselte zu Rainer Barzel in die Fraktionsführung der CDU/CSU. Mitte März 1972 wurde der 35jährige Jurist Detlef Kühn mit der Wahrnehmung der Geschäfte des Präsidenten beauftragt. Kühn war bis dahin persönlicher Referent von Staatssekretär Hartkopf im Innenministerium und ist Kreisvorsitzender der FDP in Bonn.
[58] Christ und Welt vom 25.7.1969.
Er hatte sich bei den Bundestagswahlen 1965 für den Wahlkampf der CDU/CSU beurlauben lassen.
[59] Ob es tatsächlich eine bewußte Entscheidung war, bleibt dahingestellt. Die Willensbildung bei solchen Entscheidungen bleibt selbst manchmal den Betroffenen unerfindlich.
[60] Vgl. unten.
[61] Interview Rehlinger vom 9.12.1969.
[62] Gutachten des BRH über die BfgA, S. 13.
[63] GMBL 1969, S. 310.

als Hilfsreferenten des Ministeriums bezeichnen könnte. Sich hier überall einzuschalten, um nicht ein ‚Kaiser ohne Reich' zu sein [64], ist nicht ganz einfach [65], auch wenn es festgelegt ist, „daß der Dienstverkehr zwischen dem Ministerium und der Bundesanstalt über den Präsidenten zu gehen hat"[66].

D. Thesen zu Kapitel I

1. Neben dem Apparat des Ministeriums entwickelte sich ein umfangreiches Vorfeld von Vereinigungen in komplizierten Abhängigkeitsverhältnissen.
2. Aufgabenveränderungen des Vorfeldes und Schwierigkeiten der Kontrolle führten zu Fusionsplänen.
3. Nach scharfen Auseinandersetzungen insbesondere im personalpolitischen Bereich zwischen SPD und CDU/CSU kam es 1969 zur Gründung der BfgA.
4. Unklar abgegrenzte Zuständigkeiten und Kompetenzstreitigkeiten, die z. T. auch parteipolitischen Charakter tragen, lassen es fraglich erscheinen, ob die Konstruktion der BfgA optimale Funktionsfähigkeit ermöglicht.

---

[64] Interview Rehlinger vom 2. 5. 1970: Die Formulierung, der Präsident sei ein Kaiser ohne Reich ist „nicht ganz unzutreffend".

[65] Auch wenn es sich der Präsident nicht nehmen läßt, sämtliche eingehende Post selbst durchzusehen.

[66] Interview Rehlinger vom 9. 12. 1969.
Der Delegationserlaß (vom 14. 7. 1969 mit Ergänzung vom 1. 8. 1969) setzt dem Präsidenten enge Grenzen in der Organisations- und Personalpolitik.

KAPITEL II

GRUNDSATZARBEIT

Vorbemerkung

1949 hatte man in der Kabinettsvorlage bestimmt:
„Der Aufbau der Arbeit des Ministeriums ist so gedacht, daß zunächst Referate geschaffen werden, die auf sämtlichen Gebieten alles vorhandene und erfaßbare Material über den Stand und die Entwicklung der Rechts- und Verwaltungsverhältnisse in der Ostzone und dem Gebiet jenseits der Oder/Neiße sammeln und ordnen."[1]

So wurde die politische Abteilung des Ministeriums konzipiert, die Wirklichkeit in der DDR ‚abzudecken' und Material zu sammeln. Zu einer politischen Grundsatzarbeit im engeren Sinne war damit nur die Vorarbeit geleistet[2]. Der nächste Schritt bestand weniger in der politischen Planung, sondern in der Vermittlung des gesammelten Wissens an die Öffentlichkeit. Das meiste dieser Arbeit wurde aus dem Ministerium heraus in das Vorfeld verlagert.

A. Beobachten – Sammeln – Ordnen

1. Archiv für gesamtdeutsche Fragen[4]
Abteilung Archiv und Dokumentation der BfgA

Zur systematischen Sammlung entstand Anfang 1951 im Pressereferat eine besondere Auswertungsstelle – geleitet von Gottfried Kludas –, die alles zugängliche Material archivierte[5]. Daraus entwickelte sich ein umfang-

---

[1] Kabinettsvorlage 1949, S. 9.
[2] So auch: Interview Germer vom 28. 1. 1970: „Das Ministerium hat alles getan, um für eine aktive Arbeit das Material zu sammeln. Aber bei diesem Sammeln, also bei dieser in meinen Augen passiven Tätigkeit ist es eigentlich immer geblieben."
[3] So bestanden die Tätigkeitsberichte des Ministeriums von 1952 bis 1965 überwiegend aus der Darstellung der Entwicklung in der DDR.
[4] Im folgenden abgekürzt: AgF.
[5] Interview Kludas vom 17. 4. 1970: „Als ich 1950 nach Bonn kam, war die einzige DDR-Quelle eine Zeitschrift für Verwaltungsfragen aus Ostberlin ... Daß es auch andere Fachzeitschriften gibt, die die Referate lesen müßten, darauf ist gar keiner gekommen ..."

A. Beobachten – Sammeln – Ordnen 87

reiches Archiv, das zunächst Archiv Friesdorf [6], ab 1957 Gesamtdeutsches Archiv hieß [7]. Obwohl die im Archiv geleistete Arbeit, alles Material aus der DDR zu sammeln – darunter insbesondere die Provinzzeitungen – äußerst verdienstvoll ist [8], gelang es aber darüber hinaus nicht, die analytische Arbeit von der reinen Archivarbeit zu trennen, zumal sich die Bearbeiter als Hilfsreferenten der entsprechenden Referate im Ministerium fühlten [9]. Eine besondere Problematik entstand durch die Personalpolitik, da man bestrebt war, so viele Flüchtlinge wie möglich für die Aufgaben zu gewinnen oder sich aus sozialen Aspekten verpflichtet fühlte, für sie Arbeitsplätze zu finden. Sie waren aber aufgrund ihrer politischen Einstellung nicht immer in der Lage, die Auswertung vorurteilslos und objektiv durchzuführen [10]. Qualifizierte wissenschaftliche Kräfte fühlten sich vom Archiv auch durch die privatrechtliche Stellung [11] nur selten angezogen [12]. Bei der Überführung des VFWD in das Gesamtdeutsche Institut wurde das AgF erheblich umstrukturiert. Die Abteilung, die den Namen Archiv und Dokumentation führt, steht unter der Leitung des Vizepräsidenten Prof. Dr. Newmann [13] und hat neben dem Arbeitsbereich des früheren AgF auch die ‚Dokumente zur Deutschlandpolitik' übernommen [14].

Der ehemalige Leiter des AgF, Dr. Leimbach, ist seit der Gründung der BfgA nur noch für das Referat II/4 (Bibliothek und Materialien) verantwortlich und damit in seinen Kompetenzen weitgehend eingeschränkt worden. Ihm kommt nunmehr die unmittelbare Archivarbeit zu, während die Fachreferate der Abteilung – auf dieser Arbeit aufbauend – weit mehr für Analysen zuständig sind.

Der BfgA war im Errichtungserlaß „die Sammlung und wissenschaftliche Auswertung von Informationsmaterial für die politische Arbeit des Bundes-

---

[6] Tätigkeitsbericht [2] 1954, S. 315.
[7] Tätigkeitsbericht [2] 1957 (Sonderdruck BMG), S. 17; Franz Thedieck, Zum Studium der deutschen Frage, Bulletin 2. 9. 1959, S. 1605 f.
[8] Wenn man dabei die Problematik außer acht läßt, an wievielen Stellen unkoordiniert gesammelt wurde.
[9] Interview Kludas vom 17. 4. 1970.
[10] Die gleiche Problematik kam auch bei der Personalpolitik des Ministeriums zum Tragen, vgl. S. 17.
[11] Die Betonung der privatrechtlichen Stellung ging sogar soweit, daß man dem Verfasser in einem Brief vom 8. 8. 1968 (Zeichen I 2 – 890/68) mitteilte: „Selbstverständlich wird das Archivmaterial vom BMG auch für seine Arbeit benutzt, jedoch besteht keine strukturmäßige Bindung, Weisungsbefugnis oder gar Personalunion." Eine Behauptung, die in Bezug auf die Weisungsbefugnis falsch ist.
[12] Vgl. S. 81.
[13] Autor des Buches: Wer treibt die Bundesrepublik wohin? Köln 1968.
[14] Vgl. graphische Darstellung im Anhang.

ministers für gesamtdeutsche Fragen" delegiert worden [15], also die Sammlung und Aufbereitung „zu Analysen als Entscheidungshilfen für die Leitung des Ministeriums" [16].

Hier genau zwischen der BfgA und der Grundsatzabteilung im BMB abzugrenzen, fällt schwer [17]. Für die Treffen von Brandt und Stoph in Erfurt und Kassel hat die BfgA auf Anforderung des Ministeriums Material zusammengestellt und auch von sich aus auf Probleme aufmerksam gemacht. Auch bei anderen Verhandlungen – wie z. B. zwischen den Vertretern der Verkehrsministerien – wurden Informationen von der BfgA ‚abgerufen' [18], wobei Gutachten und Analysen für andere Ministerien über das BMB zu gehen haben [19].

2. Flüchtlingsbefragungen

In den Anfangsjahren waren die Befragungen in den Flüchtlingslagern eine wichtige Informationsquelle des BMG [20]. Ziel war es, die „lückenhafte Kenntnis der Zustände und Entwicklungen in der SBZ durch Fachinformationen aus dem Lebensbereich der Flüchtlinge mosaikartig zu ergänzen" [21]. Die Befrager [22] (etwa 20) unterstanden der ‚Dienststelle Probst', die die eigentliche ‚Kernzelle' des VFWD bildete und 1953 in das Archiv Friesdorf überging. „Da entstanden viele, viele Zentner von Aufzeichnungen über alle Lebensbereiche der DDR." [23] Die Unmenge des Materials (es wurden etwa 10% der Flüchtlinge befragt [24]), brachte Schwierigkeiten mit sich:

„Insgesamt war diese Arbeit wenig ergiebig, weil man dazu nun eigentlich wieder Leute gebraucht hätte, die die ganze Zone in ihren Lebensbereichen überblickten und ein Gefühl dafür hatten, welche Personen, die zur Aussage bereit waren, wirklich wichtig sind." [25]

---

[15] GMBL 1969, S. 310.
[16] Interview Rehlinger vom 9. 12. 1969.
[17] Vgl. S. 83.
[18] Berliner Morgenpost vom 17. 9. 1969.
[19] Interview Rehlinger vom 2. 5. 1970.
[20] Haushaltsplan 1951, Titel 31: Errichtung und Erhaltung besonderer Überwachungsstellen in Flüchtlingslagern sowie Förderung der Hilfsarbeit von Flüchtlingsorganisationen DM 500 000.
Seit 1959: Titel 2701 601: Förderung der Hilfsarbeit von Flüchtlingsorganisationen DM 436 000.
[21] Brief Koepp vom 15. 6. 1970 an den Verfasser.
[22] Darunter befand sich 1950 auch der DDR-Spion Felfe: Der Spiegel vom 22. 7. 1963, S. 23.
[23] Interview von Zahn vom 25. 6. 1969.
[24] Interview von Zahn vom 25. 6. 1969.
[25] Interview von Zahn vom 25. 6. 1969.

Diese Befragungen verloren in dem Maße ihre Bedeutung, wie die DDR von sich aus Zahlen und Daten veröffentlichte (Statistische Jahrbücher etc.), und wurden nach dem 13. August 1961 sukzessive eingestellt.

3. Meinungsbefragungen

1956 leitete das BMG über INFRATEST eine Vielzahl von Befragungen über die „Bewußtseinslage der Bevölkerung in der DDR" ein [26]. Äußerer Anlaß war eine Anfrage Klaus von Bismarcks an das Ministerium über die Einstellung der Arbeiter in den VEB. INFRATEST versuchte daraufhin, mit Methoden der empirischen Sozialforschung durch Befragungen in den Flüchtlingslagern zu Ergebnissen zu gelangen. Im Ministerium stand man diesem Vorhaben des Pressereferats sehr skeptisch gegenüber [27], weil man meinte, „das wissen wir doch ehe, was da los ist" [28], oder dagegen argumentierte: „Es könnte ja sein, daß hier Ergebnisse herauskommen, die uns zwingen, unsere Politik zu ändern." [29] Man versuchte sogar, das Projekt mit der Behauptung abzuwürgen, Graf Blücher – einer der Soziologen bei INFRATEST – gehöre einer soziologischen Gesellschaft an, die von Kommunisten unterwandert sei [30]. Trotz dieser Widerstände war Staatssekretär Thedieck bereit, „obwohl er selber von der Sache nicht sehr viel hielt" [31], dem Pressereferat die finanziellen Mittel zur Verfügung zu stellen.

So entstanden zwischen 1956 und 1961 unter anderem Studien zu folgenden Themen:
– Die Arbeiterschaft in der volkseigenen Industrie der SBZ
– Jugendliche Flüchtlinge aus der SBZ
– Der Angestellte in der SBZ
– Analyse der sowjetzonalen Presse [32].

Inwiefern sich diese Untersuchungen auf die Arbeit des BMG ausgewirkt haben, ist schwer feststellbar. Die Referenten, die ohnehin gegen diese Arbeit eingestellt waren, werden kaum bereit gewesen sein, aufgrund der Ergebnisse ihre Meinungen zu revidieren.

---

[26] Interview Kludas vom 17. 4. 1970.
[27] Interview Kludas vom 17. 4. 1970: „Ansonsten sind die ganzen Geschichten von INFRATEST vom Haus selbst mit absoluten Mißtrauen verfolgt worden."
[28] Interview von Hammerstein vom 4. 2. 1970.
[29] Aussage eines höheren Beamten des BMG (nach Interview Kludas vom 17. 4. 1970).
[30] Interview Kludas vom 17. 4. 1970.
[31] Interview von Hammerstein vom 4. 2. 1970.
[32] Tätigkeitsberichte [2] (Sonderdruck BMG) 1957, S. 13 f., 1958, S. 16.

4. Büro für politische Studien

1957 entstand im Rahmen des Büros Bonner Berichte eine Arbeitsgruppe mit zeitweise sieben hauptamtlichen Mitarbeitern, zunächst Gruppe Siefert, dann Arbeitsgruppe Auswertung genannt. 1962 wurde es ein selbständiger Arbeitsbereich im VFWD, Büro für politische Studien, unter der Leitung von Herbert Scheffler. Scheffler, der sich schon 1951 „als anerkannter Spezialist für östliche Jugendprobleme" um Aktionen gegen die Weltjugendfestspiele in Ostberlin bemüht hatte [33], leitete später das ‚Haus der Zukunft' in Berlin [34]. Das Büro für politische Studien – ebenfalls eine Idee von Dr. von Dellingshausen – [35], hatte die Aufgabe, die politische Infiltration der kommunistischen Seite zu studieren und Material darüber zu sammeln. So wurden bei Weltjugendfestspielen Diskutantengruppen gebildet und auch eine umfangreiche Kartei angelegt. Das Büro wurde im Oktober 1966 aufgelöst [36], die Kartei wurde, nachdem sie vorübergehend beim VFF untergebracht worden war, im Ministerium vernichtet.

5. Untersuchungsausschuß Freiheitlicher Juristen

a) Entwicklung. Bei einer Vielzahl von Institutionen, die vom Ministerium bezuschußt wurden, ist eine klare Aufgabeneinordnung nach Grundsatz- und Öffentlichkeitsarbeit ähnlich der Anlage des BMG in der Anfangszeit nicht möglich. Würde man heute dem Untersuchungsausschuß Freiheitlicher Juristen mehr eine Grundsatzarbeit im Rechtsbereich zuerkennen, so hatte er in den fünfziger Jahren auch Aufgaben der Betreuung und der Öffentlichkeitsarbeit, wenn man von anderen Aktivitäten absieht, die man unter nachrichtendienstlicher Tätigkeit einordnen könnte.

Der UFJ wurde im November 1949 von aus der DDR geflüchteten Juristen gegründet [37] und „beschäftigte sich mit Fragen der Rechtsentwicklung und Rechtsanwendung in der ‚DDR'" [38]. Bewußt in der Struktur ähnlich

---

[33] Der Spiegel vom 15. 8. 1951.
[34] Hans Edgar Jahn, Vertrauen – Verantwortung – Mitarbeit, Oberlahnstein 1953, S. 276 ff.
[35] Vgl. ppp vom 31. 10. 1966.
[36] ppp vom 31. 10. 1966.
[37] Untersuchungsausschuß Freiheitlicher Juristen, Zielsetzung und Arbeitsweise (Hg. UFJ), Berlin 1961, S. 3; Walter Krumholz, Berlin-ABC, Berlin 1968, S. 677.
[38] Brief W. Rosenthals vom 14. 8. 1968 an den Verfasser. Untersuchungsausschuß Freiheitlicher Juristen, Zielsetzung und Arbeitsweise, Berlin 1961, S. 4: „Für den Untersuchungsausschuß ergab sich aus dieser Unwandelbarkeit des kommunistischen Unrechtssystems die Notwendigkeit, seine Arbeit fortzusetzen, die sich grob-schematisch in folgende vier Aufgabenbereiche aufgliedern läßt
1. Rechtshilfe für die mitteldeutsche Bevölkerung, um deren Freiheitsraum zu erweitern

dem Ministerium für Justiz in Ostberlin in Hauptabteilungen gegliedert, fand der UFJ eine Vielzahl von Wegen und Methoden, um gegen das „Unrecht als System" [39] zu arbeiten [40]. Die finanziellen Quellen sind nur sehr schwer rekonstruierbar. Der Spiegel behauptete im April 1952:

„Finanziert werden Friedenaus Leute aus Zuschüssen verschiedener Stellen, so vom Ministerium Jakob Kaiser, vom Berliner Senat und der ‚Gesellschaft für ein vereinigtes Deutschland in einem vereinigten Europa', einer finanzkräftigen Gruppe hauptsächlich bierbrauender deutschstämmiger Amerikaner um Milwaukee (Michigan) herum. Die Bierbrauer stiften das meiste Geld." [41]

In offene Schwierigkeiten kam der UFJ 1958 durch die Affäre um den Leiter Friedenau [42], als die Praktiken des UFJ nicht nur von der Ostpresse [43] (von dorther wurde er immer angefeindet) [44], sondern auch von westlichen Presseorganen scharf angegriffen wurden. Das hatte einen Wechsel an der Spitze des UFJ zufolge, und „der seriöse Rosenthal" [45], der bis dahin Stellvertreter Friedenaus war, übernahm die Leitung.

b) Zusammenarbeit zwischen BMG und UFJ. Zwischen BMG und UFJ bestand seit 1950 eine Zusammenarbeit [46], die auch in der gemeinsamen Herausgabe von Publikationen deutlich wurde [47]. Spätestens 1954 beim fünfjährigen Bestehen war auch für die Öffentlichkeit die Zusammenarbeit erkennbar, als

„aus dem offiziellen Munde des Staatssekretärs Franz Thedieck vom Ministerium für Gesamtdeutsche Fragen ... die anwesenden Journalisten, Rundfunkreporter und Pressevertreter (erfuhren), daß der Untersuchungsausschuß aus der Perspektive dieses Ministeriums eine honorige und anerkennenswerte Organisation sei." [48]

---

2. Rechtserziehung, um in der Sowjetzone das Gefühl für allgemeingültige Rechtsprinzipien wachzuhalten
3. Aufklärung der freien Welt über das sowjetzonale Unrechtssystem
4. Gutachtertätigkeit für Dienststellen der Bundesrepublik und West-Berlins."

[39] Titel einer in vielen Auflagen in Zusammenarbeit mit dem BMG herausgegebenen Broschüre.
[40] Vgl. Der Spiegel vom 22. 6. 1950, S. 12 f.; vom 16. 4. 1952, S. 7 f.
[41] Der Spiegel vom 16. 4. 1952, S. 8.   [42] Der Spiegel vom 16. 7. 1958.
[43] Ein Angriff für viele: Berliner Zeitung vom 25. 7. 1952.
[44] Vom Staatssicherheitsdienst wurden zwei Mitarbeiter des UFJ nach Ostberlin verschleppt: Im Juli 1952 Dr. Walter Linse, 1958 Dr. Erwin Neumann.
[45] Interview Thedieck vom 9. 7. 1969.
[46] Brief W. Rosenthals vom 28. 7. 1970 an den Verfasser.
[47] Im März 1952 verfügte das Ministerium auch eine Aufgabenabgrenzung zwischen dem UFJ und dem Königsteiner Kreis. (Niederschrift der Sitzung des Verfassungsausschusses des KK vom 27./28. 3. 1952, S. 8)
[48] Haro Lippe-Gaus in der FAZ vom 19. 7. 1958; W. Rosenthal hat in einem Leserbrief an die FAZ vom 1. 8. 1958 große Teile dieses Artikels dementiert.

Die Einflußmöglichkeiten des BMG auf die Aktivitäten des UFJ waren jedoch durch die amerikanischen Geldgeber eingeschränkt, die den UFJ auch zu geheimdienstlichen Tätigkeiten benutzten [49]. Erst als Rosenthal Leiter wurde und das BMG dann 1960 [50] die volle Verantwortung über den UFJ übernahm, wurden diese Aktionen eingestellt [51]. Weiterhin aber galt der UFJ als völlig unabhängig [52]. Seit der Übernahme des gesamten Etats durch das BMG 1960 verringerte sich die Mitarbeiterzahl von etwa 60 auf etwa 30.

„Im wesentlichen waren technisch-organisatorische Bereiche betroffen, aber auch einige Fachgebiete, z. B. Wirtschaft, Landwirtschaft, Verkehrswesen, kamen mit Ausnahme der reinen Rechtsvorschriften in diesen Gebieten in Wegfall." [53]

26 Mitarbeiter wurden mit der Schaffung der BfgA in die Berliner Abteilung, deren Leiter W. Rosenthal wurde, übernommen [54]. Schwerpunkt der Bearbeitung sah der BRH im Studium der politischen, rechtlichen und verwaltungsmäßigen Entwicklung im anderen Teil Deutschlands [55].

B. Analysieren – Forschen – Planen

1. Königsteiner Kreis
Gesamtdeutsche Wahlen

Auf eine Anregung McCloys vom Februar 1950 [56] gab die Bundesregierung am 22. 3. 1950 eine Erklärung über die Durchführung gesamtdeutscher

---

[49] Vgl. Leserbrief im Spiegel vom 21. 4. 1969, S. 18.
[50] Brief W. Rosenthals vom 28. 7. 1970 an den Verfasser.
[51] Interview Thedieck vom 9. 7. 1969: „Friedenaus Verdienst ist es, daß er den UFJ gegründet hat. Doch er war eben kein sehr seriöser Mann. Das Ministerium war an der Gründung nicht beteiligt, es hat aber später, als es bestimmte Aktivitäten der Amerikaner übernommen hat, auch diese übernommen."
[52] Untersuchungsausschuß Freiheitlicher Juristen, Zielsetzung und Arbeitsweise, Berlin 1961.
Interview Thedieck vom 9. 7. 1969: „In früheren Jahren hätten wir jederzeit feierlichst erklärt, der UFJ ist eine absolut unabhängige Einrichtung. Das war früher unsere Tendenz."
[53] Brief W. Rosenthals vom 28. 7. 1970 an den Verfasser.
[54] Brief W. Rosenthals vom 28. 7. 1970 an den Verfasser.
[55] Gutachten des BRH über die BfgA, S. 27.
[56] Bemühungen der Bundesrepublik um Wiederherstellung der Einheit Deutschlands durch gesamtdeutsche Wahlen, Teil I, 1958, S. 9 ff.
Interview von Zahn vom 25. 6. 1969; Interview von Hammerstein vom 4. 2. 1970: „Wobei die eigentliche Initiative, so ungern man das hört, von Herrn Pieck und Herrn Ulbricht ausging, denn die hatten ja erklärt, am 15. Oktober machen wir Volkskammerwahlen. Da hat sich als erster zweifellos McCloy ge-

B. Analysieren – Forschen – Planen

Wahlen ab [57]. Der Problemkreis der gesamtdeutschen Wahlen bildete damit den Mittelpunkt politischer Grundsatzarbeit des Ministeriums für etwa die ersten vier Jahre des Bestehens [58]. Inwiefern die Planung dafür allerdings direkt im Ministerium vollzogen wurde, ist schwer feststellbar, zumal es darüber nicht unerhebliche Auseinandersetzungen innerhalb der Regierung gab [59]. Im Tätigkeitsbericht von 1950 ist die Erklärung vom 22. 3. 1950 nur in einem Nebensatz als Grundsatz für die Öffentlichkeitsarbeit erwähnt [60]. Im Tätigkeitsbericht von 1951 bezeichnet man sich an „diesen Bemühungen" (also insbesondere den 14 Grundsätzen einer Wahlordnung für gesamtdeutsche Wahlen vom 27. 9. 1951) [61] als „maßgeblich beteiligt" [62]. Maßgeblich war jedoch an diesen Grundsätzen einer Wahlordnung der Königsteiner Kreis beteiligt [63]. Der Königsteiner Kreis hatte sich im Dezember 1949 als „Vereinigung der aus der sowjetischen Besatzungszone geflüchteten Juristen und Verwaltungsbeamten" konstituiert [64]. In Absprachen zwischen CDU, SPD und FDP einigte man sich auf einen Parteiproporz in diesem Verein [65], der überwiegend vom BMG bezahlt wird [66]. Vorarbeiten für gesamtdeutsche Wahlen sind im Verfassungsausschuß des Königsteiner Kreises

---

äußert, ob die Geschichte vorher mit einem Bundesminister abgesprochen war, oder ob der nachgezogen ist, das ist schwer feststellbar."
[57] Siegler [26], Band I, S. 33.
H. Wehner im Bundestag am 5. 4. 1951 (Sten. Berichte, S. 4976): „An der Spitze einer Aufzählung seiner Aufgaben führt das Ministerium für gesamtdeutsche Fragen die Vorbereitung aller Maßnahmen auf, die der Wiederherstellung der deutschen Einheit dienen. Aber nachdem die Bundesregierung in der bekannten Erklärung vom 21. Oktober 1949 zur Bildung der Sowjetzonenregierung Stellung genommen hatte, vergingen fünf Monate, bis der Bundeskanzler in einer Presseverlautbarung den Vorschlag für allgemeine, freie Wahlen in allen Besatzungszonen öffentlich machte. Leider geschah das nur in der wenig verbindlichen Form einer Presseverlautbarung und leider erst nach einem vorausgegangenen Schritt des amerikanischen Hochkommissars McCloy."
[58] Tätigkeitsbericht [2] 1953, S. 289; vgl. Kosthorst [8], S. 210 ff.
[59] Vgl. Der Spiegel vom 3. 10. 1951, S. 5 ff.; vom 7. 11. 1951, S. 5 f.; 2. 1. 1952, S. 5; vom 23. 1. 1952, S. 5 f.
[60] Tätigkeitsbericht [2] 1960, S. 113.
[61] Siegler [26], Band I, S. 38 f.
[62] Tätigkeitsbericht [2] 1951, S. 218.
[63] FAZ vom 1. 8. 1951; Der Spiegel vom 3. 10. 1951; Der Verfassungsausschuß des Königsteiner Kreises 1951 bis 1959 (Hg. Königsteiner Kreis), S. 12 ff.
[64] Frankfurter Neue Presse vom 19. 12. 1949.
[65] Interview Thedieck vom 9. 7. 1969; Interview Wehner vom 10. 12. 1969.
[66] Abgesehen von den Mitgliedsbeiträgen.
Satzung des Königsteiner Kreises: „§ 12: Bei Auflösung der Vereinigung fällt etwa verbleibendes Vermögen der Bundesrepublik Deutschland, vertreten durch das Bundesministerium für gesamtdeutsche Fragen, oder ihrem Rechtsnachfolger zu."

94   *II. Grundsatzarbeit*

– zum Teil in Auseinandersetzungen mit dem BMG – [67] geleistet worden [68]. Trotzdem wurden diese Aktivitäten in den Tätigkeitsberichten vom BMG nicht erwähnt. 1952 heißt es lapidar: „Die Zusammenarbeit mit dem ‚Königsteiner Kreis' wurde ebenfalls fortgeführt." [69]
Der Königsteiner Kreis wagte sich an eine Vielzahl von problematischen Themen heran, so z. B.:
– März 1952: Das Potsdamer Abkommen
– September 1954: Souveränitätserklärung der DDR, Entwurf eines Gesetzes über die vorläufige gesamtdeutsche Staatsgewalt
– Mai 1956: Anspruch der DDR auf Anerkennung [70]
– Juni 1958: Die Problematik der Konföderation im Rahmen der Wiedervereinigung [71]
Die nicht öffentlich geführten Diskussionen wurden offen geführt, und es gab dabei durchaus auch Diskussionsbeiträge, die z. B. 1956 die Anerkennung der DDR forderten. Es spricht für das BMG, daß es eine solche Diskussion zuließ, man behielt aber durch die finanzielle Abhängigkeit des Königsteiner Kreises eine gewisse Steuerung [72]. Die Bedeutung des Königsteiner Kreises ist immer weiter zurückgegangen, zumal man sich nicht zu neuen politischen Initiativen durchringen konnte, die etwa Wehner von ihm erwartet hatte. Dazu ist man sich aber im Königsteiner Kreis selbst über den einzuschlagenden Weg zu uneinig, und einige seiner Mitglieder scheinen noch in den Vorstellungen der fünfziger Jahre zu leben [73].

2. Forschungsbeirat

„Neben diesen Arbeiten, die der Vorbereitung freier Wahlen in ganz Deutschland galten, wurde die Planung für alle Maßnahmen, die nach einer Wiedervereinigung Westdeutschlands mit der sowjetischen Besatzungszone getroffen werden müssen, fortgeführt. Diese Planung fußt auf Überlegungen darüber, wie die beiden Teile Deutschlands nach jahrelanger Trennung und Sowjetisierung der sowjetischen Besatzungszone auf politischem,

---

[67] Der Verfassungsausschuß des Königssteiner Kreises 1951 bis 1959 (Hg. Königssteiner Kreis), S. 22.
[68] Der Verfassungsausschuß des Königssteiner Kreises 1951 bis 1959 (Hg. Königsteiner Kreis), S. 12 ff.
[69] Tätigkeitsbericht [2] 1952, S. 215.
[70] Tätigkeitsbericht [2] 1956 (Sonderdruck BMG), S. 3 f.
[71] Tätigkeitsbericht [2] 1958 (Sonderdruck BMG), S. 11.
[72] Als Beispiel am Rande dafür eine Feststellung von ORR Münchheimer auf der Tagung vom 9./10. 3. 1962, Niederschrift, S. 17: „Es sei zu berücksichtigen, daß für die Veröffentlichung dieser Thesen eine Unbedenklichkeitserklärung der beteiligten Bundesministerien erforderlich sei."
[73] Vgl. Entschließung des Königsteiner Kreises beim 20jährigen Bestehen, Süddeutsche Zeitung vom 22. 11. 1969.

wirtschaftlichem, kulturellem und sozialem Gebiet in einer sinnvollen und gerechten Weise wieder zusammengefügt werden können. Mit dieser Aufgabe beschäftigen sich unter maßgeblicher Förderung und Teilnahme des Ministeriums Arbeitskreise von Wissenschaftlern und Fachleuten in der Bundesrepublik und in Berlin." (Tätigkeitsbericht 1951) [74].

Mittelpunkt bildete also Planung für die Zeit *nach* der Wiedervereinigung [75].

Durch Erlaß des BMG entstand aus den vorhandenen Arbeitskreisen im März 1952 der Forschungsbeirat für die Fragen der Wiedervereinigung [76], in den auch der Wirtschaftsausschuß des Königsteiner Kreises aufging. Als Aufgabe wurde dem FB gestellt (bei Begrenzung auf das Gebiet BRD und DDR und Beschränkung auf wirtschaftliche Fragen):

„1. Eine Klärung der Lage in den einzelnen Wirtschaftszweigen, ihrer Entwicklung, ihrer Kapazitäten sowie ihrer gegenwärtigen Organisation und der für sie geltenden Prinzipien der Wirtschaftsordnung.

2. Die Erstellung eines Sofortprogramms, d. h. die Vorbereitung aller derjenigen Maßnahmen, die im Falle einer Wiedervereinigung alsbald, also etwa innerhalb des ersten Jahres, notwendig sein würde." [77]

„Leitbild ist eine betont soziale Markt- und Wettbewerbswirtschaft." [78]

Der Forschungsbeirat wurde also konstituiert, um „praktische Vorarbeiten wirtschaftspolitischen Charakters für den ‚X-Tag' zu leisten" [79], da man zumindest im BMG der Meinung Kaisers war: „Es liegt durchaus im Bereich der Möglichkeit, daß dieser Tag X schneller kommt, als die Skeptiker zu hoffen wagen." [80]

Der FB, der mit den betroffenen Ministerien und interministeriellen Ausschüssen Verbindung hält [81], besteht neben dem Forscherkreis von zehn Wissenschaftlern [82] aus dem Plenum, in dem 17 Interessenverbände, CDU/CSU, SPD, FDP, Bundesbank, Kreditanstalt für Wiederaufbau und das Statistische Bundesamt vertreten sind [83]. Präsident ist seit 1958 der CDU-Ab-

---

[74] S. 218.

[75] Name des entsprechenden Referats 1957: Vorbereitung von besonderen Maßnahmen für die Zeit nach der Wiedervereinigung.

[76] Erster Tätigkeitsbericht des FB [21] (1952/53), S. 7. Der Spiegel vom 9. 7. 1952, S. 9 f.

[77] Erster Tätigkeitsbericht des FB [21], S. 10.

[78] Vierter Tätigkeitsbericht des FB [21], (1961/65), S. 17.

[79] Oberregierungsrat Dr. Kunisch auf der Tagung des Verfassungsausschusses des Königsteiner Kreises vom 27./28. 3. 1952, Niederschrift, S. 9.

[80] Der Tag vom 25. 3. 1952.

[81] Erster Tätigkeitsbericht des FB [21], S. 9.

[82] Fünfter Tätigkeitsbericht des FB, S. 510: Die Professoren Georg Blohm, Werner Bosch, Edmund Frohne, Bruno Gleitze, Paul Hensel, Rudolf Meimberg, Klemens Pleyer, Karl C. Thalheim, Erich Welter.

[83] Vierter Tätigkeitsbericht des FB [21], S. 376 f.

geordnete J. B. Gradl. Es konnte nicht ausbleiben, daß eine Institution, die konzipiert war, ein Programm für eine kurzfristig eintretende Wiedervereinigung auszuarbeiten, in eine gewisse Problematik gerät, wenn sie nach den gleichen Grundsätzen weiterarbeitet, selbst wenn man eingesehen hat, daß die Wiedervereinigung kein ‚Kurzstreckenziel' ist. „Vom Osten attakkiert und vom Westen ignoniert" [84] produziert der Forschungsbeirat weiterhin, in einen Elfenbeinturm verbannt [85], eine immense Flut von Details, mit denen kaum jemand etwas anzufangen weiß [86]. Zwar sah man auch schon 1957, daß man sich – um nicht an der Wirklichkeit vorbeizugehen – auch mit soziologischen Problemen beschäftigen sollte [87], jedoch bis heute wurde die Beschränkung auf Wirtschaftsfragen nur in wenigen Einzelfragen aufgegeben. Erst im fünften Tätigkeitsbericht verzichtete man auf „konkrete Empfehlungen für die Praxis einer Wiedervereinigung" [88] und stellte fest, daß sich die Arbeit des Forschungsbeirates mit der Zeit gewandelt habe. „Eine gewisse Zäsur ist unverkennbar." [89]. Gewisse Ansätze zu einem Systemvergleich sind im Kapitel Landwirtschaft vorhanden, die aber nicht bestimmend für den ganzen Tätigkeitsbereich sind.

Der Forschungsbeirat wurde stets von der DDR scharf attackiert; auch der fünfte Tätigkeitsbericht wurde als unmittelbare Fortsetzung und Verschärfung der bisherigen konterrevolutionären Pläne bezeichnet [90]. Stoph stellte auch in Kassel die Forderung, den Forschungsbeirat aufzulösen. Neben diesen Angriffen aus der DDR ist auch in der Bundesrepublik eine Diskussion im Gange, welche Form man für eine adäquate deutschlandpolitische Forschung finden sollte [91]. Zu einer von Wehner eingeleiteten

---

[84] Fritz Schenk in: Die Welt vom 10. 9. 1966.
[85] Interview Gradl vom 8. 8. 1970: Wie man zur Wiedervereinigung kommt, ist Sache der Politiker, aber wenn das Wunder geschieht, müssen wir doch darauf vorbereitet sein.
[86] Nawrocki in Christ und Welt vom 25. 7. 1969. Bemerkenswert ist, daß man in den Materialien zum Bericht zur Lage der Nation 1971 (Drucksache IV/1690) eigentlich gar nicht auf die Tätigkeitsberichte des FB zurückgegriffen hat.
[87] Lemmer nach: Die Welt vom 17. 12. 1957.
[88] Fünfter Tätigkeitsbericht des FB [21], S. 16.
[89] Fünfter Tätigkeitsbericht des FB [21], S. 20.
[90] Z. B. Neues Deutschland vom 27. 7. 1964; 6. 1. 1968; 19. 7. 1969; 9. 4. 1970; 20. 4. 1970.
[91] Es fragt sich, ob nicht die Materialien zum Bericht zur Lage der Nation 1971 die Aufgabe der Berichte des Forschungsbeirates übernommen haben und den Erfordernissen der jetzigen Deutschlandpolitik adäquater sind. SFB-Fernsehreihe Kontraste: Forschung für die Wiedervereinigung, 14. 5. 1970. J. Nawrocki, Etikett von gestern, Christ und Welt vom 25. 7. 1969; Berhard von Rosenbladt, DDR-Forschung und Deutschlandpolitik, in: Deutschland Archiv 2/1970, S. 148 ff.; Ernst Richert in: Die Zeit vom 28. 4. 1967.

B. Analysieren – Forschen – Planen

Veränderung des Forschungsbeirates kam es aus Zeitgründen nicht [92], „sonst wäre auch da noch etwas recht Erneuerungsbedürftiges tatsächlich erneuert worden"[93].

Die Zuständigkeiten für den Forschungsbeirat im Ministerium sind häufig verändert worden. Das Sekretariat des FB gehörte vom April 1953 bis Januar 1963 zum VFWD. Seit 1966 ist ein Berliner Referat für den Forschungsbeirat zuständig, das seit 1968 über die Wirtschaftsbelange hinaus deutschlandpolitische Forschung [94] bearbeitet und damit auch den größeren Rahmen andeutet, in den man den FB einzuordnen gedenkt.

3. Forschung

Das Schwergewicht der Förderung durch das BMG lag lange Zeit fast ausschließlich im Bereich der Ostforschung, die durch Mittel des BMG erst wieder aufgebaut wurde [95]. Man schuf und unterstützte dazu eine Vielzahl von Institutionen wie das Herder Institut Marburg [96], Ostakademie Lüneburg, Collegium Carolinum [97], Göttinger Arbeitskreise [98].[99] Die Forschungs-

---

[92] Interview Wehner vom 10. 12. 1969: „Nicht gelungen ist das mit der Umwandlung des Forschungsbeirates und des Forscherkreises in ein neues Projekt, obwohl es, was die Formulierung und die Kabinettsvorlage betraf, auch die Zustimmung des Präsidenten des Forschungsbeirates hatte bis in die Details und auch der Mitglieder des Forscherkreises bis in die Details, das aber dann im Bundeskanzleramt liegengeblieben ist, und nicht mehr verabschiedet werden konnte ..."

[93] Interview Wehner vom 10. 12. 1969.

[94] Vorübergehend hieß das Referat: DDR-Forschung.

[95] Interview von Zahn vom 25. 6. 1969.
Tätigkeitsbericht [2] 1950, S. 114: „Das Ministerium hat seit seinem Bestehen unverzüglich Vorarbeiten eingeleitet, die die Fragen in Hinblick auf die Wiedervereinigung berühren. Es gelang, die Nord- und Ostdeutsche Forschungsgemeinschaft wiederzubeleben und in dem Forschungsrat sowie dem Johann-Gottfried-Herder-Institut einen Sammelpunkt für die historischen und volkskundlichen Untersuchungen zu schaffen." Etwas unverständlich oder sehr idealisiert erscheint dem Verfasser die Begründung für die Förderung der Ostforschung bei Kosthorst [8], S. 92: „Um punktuelle Deskriptionen zu vermeiden und zu langfristigen Konstellationsanalysen zu gelangen, aber auch zum Zwecke der Erhaltung und Vertiefung des historischen Bewußtseins selbst, ..."

[96] Vgl. Anmerkung 104 unten.
Vgl. Bundesforschungsbericht III, Drucksache V/4335, S. 90.

[97] Interview von Zahn vom 25. 6. 1969.

[98] Tätigkeitsbericht [2] 1955 (Sonderdruck BMG), S. 11; über die Fragwürdigkeit der Forschungsleistung der Göttinger Arbeitskreise, vgl. Der Spiegel vom 17. 12. 1958, S. 35 f.

[99] Weitere Institutionen erwähnt: Tätigkeitsberichte (Sonderdruck BMG) 1956, S. 11; 1957, S. 13, 18; 1958, S. 20; 1959, S. 13; 1960, S. 53.

unterstützung durch das Kulturreferat war nicht klar von der landmannschaftlichen Betreuung getrennt und ging ineinander über [100]. 1968 wurden diese Aktivitäten zum letztenmal ausführlich im Tätigkeitsbericht erwähnt [101], schon zuvor waren Einschränkungen und Verlagerungen erkennbar:

„Es gibt Einrichtungen, die heute etwa noch die Hälfte von dem bekommen, was sie vor dem Amtsantritt von Krautwig hatten und es gibt auch einige, die ganz weggefallen sind." [102]

Seit 1967 beschränkte man sich in den Tätigkeitsberichten auf den nicht sehr vielsagenden Satz:

„Das Bundesministerium unterstützt solche wissenschaftlichen Forschungseinrichtungen, die durch objektive Darstellung geschichtlicher, rechtlicher und wirtschaftlicher Vorgänge im geteilten Deutschland einen wertvollen Beitrag zur Friedenspolitik der Bundesregierung leisten." [103]

Welche Institutionen damit gemeint sind, wird nicht deutlich. Weiterhin wird das Herder-Institut subventioniert [104], andere Empfänger sind aus dem Titel 685 01: „Zuschüsse an Forschungsinstitute für kultur- und volkspolitische Zwecke und ähnliche Einrichtungen sowie für allgemeine kulturelle Zwecke" (für 1970 DM 38 430 000) nicht erkennbar.

Nach den Berichten des Bundesministeriums für wissenschaftliche Forschung wurden von 1962 bis 1968 immer etwa nur 10 % dieses Titels für Forschung verwandt [105]. Seit 1968 existiert im Ministerium ein koordinierendes Referat für deutschlandpolitische Forschung unter der Leitung von Diplom-Volkswirt Peter Dietrich. In diesem Referat der Berliner Abteilung

---

[100] Tätigkeitsbericht [2] 1954, S. 322. „Um Volkstumsarbeit und ostdeutsche Landesforschung bemühen sich mehrere wissenschaftliche und kulturelle Einrichtungen, die in enger Verbindung zum Bundesministerium für gesamtdeutsche Fragen stehen oder von ihm gefördert werden."

[101] Tätigkeitsbericht [2] 1966, S. 266.

[102] Interview von Zahn vom 25. 6. 1969.

[103] Tätigkeitsbericht [2] 1969, S. 570.

Einen scharfen Angriff gegen die Haltung der Bundesregierung gegenüber der DDR-Forschung: Ernst Richert: „Wissen was ‚drüben' ist. Solange der kalte Krieg dauerte, wurde der SED-Staat gründlich analysiert – heute fehlt das Geld dafür." Die Zeit vom 28. 4. 1967.

[104] Haushaltsplan BMB 1970, Titel 2702 71201: Errichtung eines Neubaus der Bibliothek des Johann-Gottfried-Herder-Instituts DM 1 100 000.
Vgl. Drucksache VI/1320, zu Überlegungen das Herder-Institut in die BfgA einzugliedern.

[105] Bundesforschungsbericht I (Drucksache IV/2963): 1962 – DM 4 780 000; 1963 – DM 5 100 000; Bundesforschungsbericht II (Drucksache V/2054): 1964 – DM 5 000 000; 1965 – DM 5 700 000; 1966 – DM 5 800 000;
Bundesforschungsbericht III (Drucksache V/4335): 1967 – DM 5 600 000; 1968 – DM 5 000 000; 1969 – DM 5 900 000 (Soll).

ist damit die Forschung konzentriert, die bis dahin von jedem Referat in seinem Bereich wahrgenommen wurde. Es hat die Aufgabe, Kontakt zu Institutionen und Wissenschaftlern zu halten und eine Übersicht zu bekommen, was in der Bundesrepublik an relevanter Forschung bearbeitet wird, um gegebenenfalls Lücken aufzuzeigen und durch Eigeninitiative zu schließen[106]. Im gesamten Forschungsbereich erfolgte nach Aussage Frankes eine Umstrukturierung im ‚Geheimfonds' des BMB:
„Da werden z. B. mehr als früher gewisse Forschungsaufträge finanziert. Oder wir sind also in diesem Rahmen jetzt damit befaßt, die wissenschaftlichen Grundlagen für den nächsten Bericht zur Lage der Nation darzustellen. Da geht es uns darum, so sachlich und wissenschaftlich objektiv wie es nur geht, Daten vergleichender Art zu beschaffen. Also wie es hier ist, wie es drüben ist, welchen Rang das bei der unterschiedlichen Gesellschaftsordnung einnimmt und ähnliches. Da verlagert sich natürlich manches von jenen Dingen, die bisher finanziert wurden."[107]

Es ergibt sich eine eindeutige Verlagerung von der ‚Ostforschung' zur ‚DDR-Forschung'.

C. Politische Grundsatzarbeit im Ministerium

1. Politische Grundsatzarbeit im BMG bis 1963

Von einer politischen Grundsatzarbeit im Ministerium, die über das Sammeln von Material hinausgeht, konnte man in der Anfangszeit kaum sprechen; dazu war das Ministerium auch nicht konzipiert[108]. Zwar war das BMG stark in die Bemühungen für gesamtdeutsche Wahlen eingeschaltet[109] und auch bei internationalen Konferenzen vertreten[110], es wurde aber von den anderen Ministerien mehr zum „Zulieferer degradiert"[111]. Die politische Abteilung reagierte, war aber kaum in der Lage, Situationen vorauszusehen und Maßnahmen vorzubereiten, auch wenn Thedieck schrieb:
„Die Ausarbeitung von Vorschlägen, die der Wiedervereinigung dienen, und das Studium von Vorschlägen, die außerhalb des Ministeriums erarbei-

---

[106] Vgl. S. 179.
[107] Interview Franke vom 25. 6. 1970.
[108] Vgl. S. 86.
In Frage stellen würde der Verfasser die Formulierung Kosthorsts[8], S. 107: „... Jakob Kaiser als der Minister für gesamtdeutsche Fagen mit diesem seinem Planungsstab und der von ihm aufgebauten bürokratisch-technischen Apparatur – in den Ausmaßen weitaus bescheidener als das Entscheidungszentrum Adenauers, in der politischen Qualität seiner Mitarbeiter diesem aber kaum nachstehend."
[109] Vgl. S. 92 ff.
[110] Vgl. S. 143.
[111] Interview Mende vom 11. 12. 1969.

tet werden, sind ein wichtiges Teilgebiet der Aufgaben des Ministeriums."[112]

Ein eigentliches politisches Gundsatzreferat existierte nicht, die Funktionen übernahm das Referat I 1: „Aktivierung des Gesamtdeutschen Gedankens" (bis 1966)[113]. Mit diesem Namen war neben der Materialsammlung deutlich das Schwergewicht auf die ideologische Auseinandersetzung insbesondere in der Öffentlichkeitsarbeit gelegt, wo man Grundsatzarbeit als Subventionieren von gesamtdeutschen Aktivitäten begriff[114]. Verständlich wird diese Situation insbesondere durch die Persönlichkeit des langjährigen Referatsleiters Dr. von Dellingshausen, der mit einer ungeheuren Dynamik stets auf allen Gebieten der ideologischen Auseinandersetzung aktiv zu werden versuchte. Nicht selten unterliefen ihm dabei im Eifer taktische Ungeschicklichkeiten, die das Ministerium in Schwierigkeiten brachte[115].

Barzel sah gewisse Mängel in dieser Konstruktion der politischen Abteilung und hatte vor, „die politischen Dinge etwas zu zentralisieren und zu straffen und möglicherweise auszubauen"[116] und sie von der Verwaltungsarbeit „im Sinne von Geldausgaben und von Abzeichnen von Rechnungen und ähnlichen Geschichten zu entlasten"[117].

[112] Franz Thedieck [3], S. 326. Interview Thedieck vom 9. 7. 1969: „... es hat alle möglichen Planungen gegeben, für alle möglichen Situationen, aber es war so, daß aus den Plänen keine Wirklichkeit wurde, weil es an diesem und jenem scheiterte, so z. B. an Einspruch der Besatzungsmächte."

[113] Interview von Zahn vom 25. 6. 1969: „Herr von Dellingshausen ..., der lange Zeit das politische Referat verwaltet hat und mit Organisationen zu tun hatte, wie dem Unteilbaren Deutschland, Vereinigung Freiheitlicher Juristen und der Kampfgruppe gegen Unmenschlichkeit, und ich weiß nicht, wen er noch alles zu betreuen hatte."

[114] Vollständige Bezeichnung im Stellenplan von 1957: „Pflege des gesamtdeutschen Gedankens insbesondere in Verbindung mit Vereinigungen und politischen Veranstaltungen."
Interview Barzel vom 27. 8. 1970: „Aber ich erinnere mich an viele Gespräche mit Herrn von Dellingshausen über politische Fragen, die anstanden, und über die Art und Weise, wie man sie in die vielfältigen Organisationen, über denen er stand, hereinbringen konnte. Das waren grundsätzliche Gespräche."

[115] Z. B. beim VFF, vgl. S. 118.

[116] Interview Barzel vom 27. 8. 1970.

[117] Interview Barzel vom 27. 8. 1970; trotzdem ist er der Meinung: „Wenn man eine Information brauchte, eine Ausarbeitung brauchte, eine Dokumentation, das funktionierte alles hervorragend, d. h. das Ministerium ergab für die politische Führung des Ministeriums das, was es brauchte, zuverlässig und in angemessenen Fristen. Das kann man wirklich sagen."

C. Politische Grundsatzarbeit im BMG/BMB

2. Politische Grundsatzarbeiten im BMG von 1964 bis 1966

Unter Mende wurde dann 1966 eine klarere Gliederung vorgenommen, die zu einer Grundsatzabteilung führte [118]. Zwar hat Mende auch immer wieder versucht, einen Planungsstab einzurichten, mußte aber aus Koalitionsgründen scheitern. Schließlich interpretierte er die Organisation der Grundsatzabteilung als Planungsstab. Bei dieser Umstrukturierung im Juli 1966 wurden die Zuständigkeiten in der politischen Abteilung erheblich verändert. An die Stelle des Subventions- und Agitationsreferats von Dellingshausen [119] entstanden durch Teilung des Referats I/2 ein Grundsatzreferat „Allgemeine Politik" (II 2) und das Referat „Völkerrecht, Staatsrecht". Das alte Referat I 2, das nach Meinung Thediecks in der Ostabteilung für Planung zuständig war [120], hatte während der Amtszeit Mendes ständig neue Referatsleiter. 1964 führte Baumgärtel die Geschäfte für kurze Zeit. Nach der kommissarischen Leitung durch Dr. Schierbaum übernahm Schattenberg [121] das Referat, der es aber wieder abgab, als er Unterabteilungsleiter wurde. Erst nach der Teilung des Referats im Juli 1966 übernahm Dr. Schierbaum das Referat Allgemeine Politik, und für Völker- und Staatsrecht konnte man kurz vor Amtsantritt Wehners mit Dr. Mahnke einen Fachmann gewinnen.

Dieser dauernde Wechsel hat sich neben der mangelnden Durchsetzungsmöglichkeit des Ministers offensichtlich negativ auf die Einwirkungsmöglichkeiten des BMG bei politischen Grundsatzentscheidungen der Bundesregierung ausgewirkt, und es verwundert nicht, daß die Unterschriftsformel für das Passierscheinabkommen vom Auswärtigen Amt verfertigt wurde [122].

---

[118] Vgl. S. 52.   [119] Vgl. S. 53.

Interview Mende vom 11. 12. 1969: „Von Dellingshausen war natürlich noch ein engagierter – wenn Sie so wollen – kalter Krieger, in der Zeit, da wir versuchten, den kalten Krieg abzubauen."

[120] Bis 1960 unter der Leitung von Dr. Kunisch, bis 1964 von Dr. Münchheimer.

Interview Thedieck vom 1. 12. 1969: „Geplant wurde natürlich in den verschiedensten Bereichen. Aber soweit in der Ostabteilung zu planen war, war das der Bereich von Kunisch und Münchheimer und da ist alles Mögliche geplant worden. Da sind große Denkschriften und Schriftsätze erarbeitet worden, zur Vorbereitung der verschiedenen Konferenzen."

[121] Man hatte Schattenberg eigentlich mit der Begründung eingestellt, man brauche jemanden für Berlin.

[122] Auch wenn Mende sagt, es war „eine Gemeinschaftsleistung. Aber die Vorarbeiten sind im Gesamtdeutschen Ministerium gemacht worden. Ich schließe nicht aus, daß das Auswärtige Amt auch Entwürfe gemacht hat. Entschieden wurde es dann im Staatssekretärsausschuß und letzten Endes im Kabinett." (Interview Mende vom 11. 12. 1969)

II. Grundsatzarbeit

In die Öffentlichkeit drang im Februar 1966 eine Arbeit des politischen Referats des Ministeriums. Eine Analyse [123] der Denkschrift der EKD von Jan Hoesch [124] – von der Zeitschrift ‚Echo der Zeit' in Teilen abgedruckt und zum „Verzichtspapier" erklärt [125] – wurde Gegenstand öffentlicher Auseinandersetzungen [126]. Mende verteidigte diese Ausarbeitung im Bundestag und erklärte „es für eine Pflicht eines Ministers für gesamtdeutsche Fragen, alle Entwicklungen zur Deutschlandpolitik zu registrieren, kritisch zu analysieren". [127]

3. Politische Grundsatzarbeit im BMG / BMB seit 1967

Mit dem Amtsantritt Wehners wurde die ‚Planungsabteilung' (Unterabteilung IIA) weiter konkretisiert und Schattenberg in der Leitung durch von Zahn abgelöst. Daneben wurde das Ministerbüro als Planungsstab geschaffen, der aber mehr ‚Alibifunktion' hatte [128]. Politische Grundsatzarbeit wurde nach der Übernahme der politischen Abteilung durch Kreutzer 1967 auch oft von Kreutzer, Weichert und Haack in ‚team-work' geleistet, wobei sich Wehner ohnehin nicht viel um Kompetenzabgrenzungen im Ministerium kümmerte.

Seit Oktober 1969 muß sich der ‚Planungsstab' (nach Wehner) unter „der neuen Bundeskanzlerführung auch in einen Rahmen hineinpassen ..., der sich jetzt dort auch durch eine Gesamtplanung ergibt, die man vorher nicht gehabt hat." [129]

Der Leiter des Planungsstabes hat auch die Funktion eines Planungsbeauftragten in der Verbindung mit dem Bundeskanzleramt [130], und so nennt Franke seinen Planungsstab nur noch „eine koordinierende Stelle, um das in Teilbereichen entscheidungsreif Herangewachsene dann auch entsprechend zu einem guten Ende zu bringen." [131]

Es gelang dem Ministerium und insbesondere der Grundsatzabteilung, die nach Kreutzers Weggang nach Berlin Weichert übernommen hatte, sich weitgehend in die Arbeit der anderen Ministerien in gesamtdeutschen Fragen einzuschalten. Schon bei der Erstellung des Berichts zur Lage der Nation 1970 und insbesondere bei der Vorbereitung der Treffen von Erfurt

---

[123] Aktenzeichen I 2 – 4901, vom 17. 12. 1965.
[124] Hoesch ist jetzt Leiter des politischen Referats in der Berliner Abteilung.
[125] Echo der Zeit vom 20. 2. 1966.
[126] Welt vom 24. 2. 1966; 3. 3. 1966; Bayernkurier vom 26. 2. 1966; Theo Sommer: Denken an Deutschland, Hamburg 1966, S. 18 ff.
[127] Sten. Berichte des BT, 2. 3. 1966, S. 1045.
[128] Vgl. S. 59.
[129] Interview Wehner vom 10. 12. 1969.
[130] Die Zeit vom 20. 2. 1970; Der Spiegel vom 2. 2. 1970, S. 23.
[131] Interview Franke vom 24. 6. 1970.

und Kassel wurde die Grundsatzabteilung zum Mittelpunkt gesamtdeutscher Grundsatzarbeit der Bundesregierung [132]; eine Tatsache, die durch den Kabinettsbeschluß vom März 1970, der das BMB mit der Koordinierung aller gesamtdeutscher Kontakte beauftragte, untermauert wurde, aber weiterhin Kompetenzkonflikte mit dem BKA (insb. Bahr) nicht ausschließt.

D. Thesen zu Kapitel II

1. Grundsatzarbeit im weitesten Sinne wurde im großen Umfang aus dem Ministerium in das Vorfeld verlagert. Schwerpunkt der Grundsatzarbeit lag im Beobachten, Sammeln und Ordnen.
2. Die entsprechenden Referate im BMG sahen ihre Aufgabe mehr in der finanziellen Förderung von gesamtdeutschen Aktivitäten als im Analysieren und Planen.
3. Erst 1966 kam es zur organisatorischen Trennung zwischen Förderungsarbeit und Grundsatzarbeit. Unter Wehner wurde ein Planungsstab eingerichtet.
4. Unter Franke wurde das Ministerium Koordinierungsstelle für die samtdeutsche Grundsatzarbeit der Bundesregierung.
   Im Bereich der Forschung vollzog sich ein Wandel von der Ostforschung zur DDR-Forschung.

---

[132] Vgl. S. 70.

KAPITEL III

ÖFFENTLICHKEITSARBEIT

Vorbemerkung

Nach der Kabinettsvorlage von 1949 war es eine der Hauptaufgaben „das ausgewertete Material ... sowohl durch ein Presse- und Informationsbüro wie auch auf andere geeignete Weise im Gebiet der Bundesrepublik der Öffentlichkeit zugänglich" [1] zu machen [2]. Folgt man den Vorstellungen des Ministeriums von 1970, so könnte man drei Formen der Öffentlichkeitsarbeit unterscheiden [3]:

1. Politische Informationsarbeit
Sie schließt staatliche als auch Förderung privater Initiativen ein (z. B. Publikationen, Forschungsaufträge) [4]
2. Politische Öffentlichkeitsarbeit
Sie umfaßt durch Informationsmaterial, Ausstellungen, Tagungen usw. die Selbstdarstellung der Regierungspolitik.
3. Politische Bildungsarbeit
Hauptbestandteil ist die Förderung von Veranstaltungen freier Organisationen z. B. Seminare, Informationsfahrten) [5]
Diese Einteilung ist nicht unproblematisch und weist zahlreiche Überschneidungen auf. Was von der Opposition als Selbstdarstellung der Regierungspolitik interpretiert wird, mag der Regierung als wertfreie Faktendarstellung erscheinen. Trotzdem soll versucht werden, mit diesem Ansatz

[1] Kabinettsvorlage vom 30. 9. 1949, S. 3.
[2] Der Tag vom 24. 7. 1949: „Als wichtigste Aufgabe dieses neuen Ministeriums nannte Kaiser: Schluß mit der Ahnungslosigkeit über östliche Vorgänge ..."
[3] Vgl. C. H. Gosselck, Politische Schwerpunkte der innerdeutschen Informationsarbeit, in: Kurzbericht über eine Informationstagung am 24./25. 10. 1970 in Hamburg, S. 1 ff.
[4] C. H. Gosselck, Politische Schwerpunkte der innerdeutschen Informationsarbeit, in: Kurzbericht über eine Informationstagung am 24./25. 10. 1970 in Hamburg, S. 1.
[5] C. H. Gosselck, Politische Schwerpunkte der innerdeutschen Informationsarbeit, in: Kurzbericht über eine Informationstagung am 24. / 25. 10. 1970 in Hamburg, S. 1: „Durchgeführt von freien Organisationen – staatliche Förderung, finanzielle Unterstützung von Seminaren; dabei wird kein unmittelbarer Einfluß auf die Gestaltung des von privat durchgeführten Programmen vorgenommen; einzige Voraussetzung: Verfassungskonformität der Veranstaltung."

A. Politische Informationsarbeit 105

zu arbeiten, da er auch die Veränderungen der Öffentlichkeitsarbeit des BMG/BMB und des Vorfeldes deutlich machen kann.

A. Politische Informationsarbeit [6]

1. Publikationstätigkeit

Vorbemerkung

„Die Publikationstätigkeit gehört ... zu den zentralen Aufgaben des Bundesministeriums für gesamtdeutsche Fragen. Ihr Schwerpunkt liegt auf den informatorischen Veröffentlichungen, auch wenn andere Publikationen den Auflagen nach im Vordergrund zu stehen scheinen." (BMG 1953) [7]

Es stand nie in Frage, daß sich das Ministerium mit der Herausgabe von Publikationen beschäftigen sollte. Eine entsprechende Verfügung erging am 14. 10. 1950 [8].

a) Beantwortung der kommunistischen Infiltrationspraktiken mit Propagandamaterial. Das BMG sah zunächst in der Reaktion auf kommunistische Infiltration und Propaganda einen Schwerpunkt der Arbeit: „Abschirmung gegen die östliche Infiltration ... Immunisierung gegen den Kommunismus überhaupt." [9] Unter dem Zeichen „F" = Freiheit startete man in Zusammenarbeit mit den Jugendverbänden eine Plakat-Kampagne [10]. 1951 erschienen Klebezettel mit der Aufschrift: „Iwan kehr um, Deine Taube macht bumm", „Von Moskau bezahlt"; 1952 Plakate „Bürgerkriegskadetten" mit einer Auflage von jeweils mehr als 100 000 Stück und eine weitere Anzahl von Flugblättern und -schriften. In diesem Zusammenhang glaubte sich das BMG gezwungen, zur Abwehr einer Brief- und Propagandainvasion „spezielle Abwehrplakate drucken zu lassen (jede Serie kostete ca. 30 000 DM), ferner mehrere Abwehrbroschüren" [11].

---

[6] Vgl. oben.
[7] Ausarbeitung des Ministeriums über „die publizistischen Aufgaben des Bundesministeriums für gesamtdeutsche Fragen" vom 14. 10. 1953, S. 3.
[8] Brief von F. Koepp vom 15. 6. 1970 an den Verfasser.
[9] Kosthorst [8], S. 91.
Tätigkeitsbericht [2] 1950, S. 112: „Die Bemühungen der SED mit allen Mitteln die Sowjetisierung des gesamten Lebens in der Ostzone gegen den Widerstand der Bevölkerung durchzusetzen und darüber hinaus, durch konspirative Tätigkeit im Gebiete der Bundesrepublik Unruhen zu stiften, werden aufmerksam verfolgt. Das Ministerium griff, wo immer es möglich war, in diesen Kampf ein."
[10] Der Spiegel vom 3. 10. 1951, S. 10; vgl. Hans Edgar Jahn, Vertrauen – Verantwortung – Mitarbeit, Oberlahnstein, 1953, S. 275.
[11] Der Spiegel vom 3. 10. 1951, S. 10; vgl. Kosthorst [8], S. 196, 199.

Ein Beispiel für diese Broschüren:
„Augen auf – Kommunismus durch die Hintertür".
„Sie haben in diesem Büchlein nur von einigen Wenigen gelesen, mit denen Sie es jetzt zu tun haben. Es sind viel mehr, und sie sind hartnäckig und erfinderisch wie Insekten. Sie wollen in das gemachte Bett des Westens – und wenn sie an die Decke klettern müssen, um sich hineinfallen zu lassen!
Knipsen Sie das Licht an. Sie können sie nur zertreten, wenn Sie sie sehen ...
Ihre Taktik, den Gegner zu isolieren, können wir uns zu eigen machen. Isolieren wir sie, indem wir alle etwas zusammenrücken – Arbeiter und Arbeitgeber, Partei und Partei, Wähler und Gewählte, Staatsbürger und Regierung –, auch wenn wir nicht immer alle einer Meinung sind ... Was Ihnen auch heute gegen den Strich geht, was Ihnen morgen untragbar erscheint, was Sie übermorgen glauben nicht mehr dulden zu können – der Bolschewismus ist immer das größere Übel, sein Anschlag ist die größere Gefahr. Wer nicht dagegen kämpft, wer den Dingen ihren Lauf läßt, der leistet ihm schon einen ersten Dienst ..."[12]

Aus der Perspektive von 1971 erscheint das als ‚kalter Krieg in Hochkultur'. Auch Thedieck sagt heute dazu: „Diese Sprache gefällt mir gar nicht."[13] Bemerkenswert erscheint es aber, daß sogar der SPIEGEL 1951 diese Veröffentlichung eine „auf den ersten Anschein gelungene interessante Broschüre" nannte und nur mangelnde Sachkenntnis in Detailfragen rügte.[14]

b) Entstehung des Büros Bonner Berichte. Aus diesen Aktionen entstand 1951 das Büro Bonner Berichte – als Auslagerung der Publikationsarbeit aus dem Ministerium[15]. Es war zunächst „ein Stab freier Mitarbeiter des Hilfsreferenten Koepp ... Der Apparat wurde in dieser Form geschaffen, weil seine Aufgaben verwaltungsfremd waren und damals als zeitlich be-

---

[12] BMG (Hg.): Augen auf – Kommunismus durch die Hintertür (etwa 1950/51), S. 53.
[13] Interview Thedieck vom 1. 12. 1969: „... die Zeiten waren hart, es wurde damals sehr stark infiltriert, und daß man sich dagegen zur Wehr setzte, war wohl nötig. Diese Sprache gefällt mir gar nicht. Aber ich will nicht bestreiten, daß alle möglichen Publikationen Ihnen mißfallen, weil Sie meinen, das ist kalter Krieg. Kalter Krieg geht natürlich immer etwas auf Gegenseitigkeit. Im Vergleich zur anderen Seite kann ich nur sagen, daß wir uns immer äußerste Zurückhaltung auferlegt haben. Aber ob die Zurückhaltung soweit gereicht hat, daß Sie nicht etwas vom kalten Krieg darin finden, das kann ich nicht garantieren."
[14] Der Spiegel vom 3. 10. 1951, S. 10.
[15] Den Namen Büro Bonner Berichte erhielt es am 1. 8. 1951 (Brief von F. Koepp vom 15. 6. 1970 an den Verfasser).

grenzt angesehen wurden."[16] Koepp, der bis 1949 Pressereferent von Steltzer – dem Ministerpräsidenten von Schleswig-Holstein – war und ausschied, als ein Sozialdemokrat Ministerpräsident wurde, kam über die CDU-Vorschlagsliste ins Ministerium[17]. Er wurde zunächst Hilfsreferent im Pressereferat und leitete die Publikationsarbeit. Mit dieser Arbeit wurde ein eigenes Referat beauftragt, das die Fachaufsicht über das Büro Bonner Berichte führte, das von Koepp in Personalunion geleitet wurde[18] und ihm einen großen Entscheidungsspielraum gewährte[19].

c) Bandbreite der Veröffentlichungen. Neben dem eindeutigen Propagandamaterial der Aktion „F" entstanden eine Vielzahl von Veröffentlichungen, die vom Pamphlet bis zur wissenschaftlichen Darstellung reichten[20].

Verschiedene Reihen entstanden, so z. B.
– die Bonner Berichte (von 1951–1967)[21]
– die Bonner Fachberichte (von 1953–1957)[22]
– Ausschnitte[23]

---

[16] Brief von F. Koepp vom 15. 6. 1970 an den Verfasser.
Dieser „Stab" – zuständig für Publikationen – hatte sich bis 1968 auf 51 Mitarbeiter ausgeweitet. (Gutachten des BRH über die BfgA, S. 5)
[17] Interview Thedieck vom 9. 7. 1969. Thedieck und Koepp kannten sich schon aus der Volkstumsarbeit in der Weimarer Republik.
[18] Interview von Hammerstein vom 4. 2. 1970: „... da war Herr Koepp ein glänzender Mann, er beaufsichtigte sich selbst, denn er war Referent Z 4 und gleichzeitig der Chef des Büros Bonner Berichte."
[19] Brief von F. Koepp vom 15. 6. 1970 an den Verfasser: „Das Referat hatte, da es damals der Zentralabteilung angehörte und dem Staatssekretär direkt unterstand, große Selbständigkeit in seinen Entscheidungen. Bei allen problematischen Titeln wurden aber Gutachten der Fachreferate (manchmal auch außenstehender Fachleute) eingeholt, Objekte besonderer Bedeutung oder größeren Aufwand auch dem Staatssekretär vorgetragen."
[20] Wobei die Klassifizierung heute anders aussehe als beim Erscheinen. Viele Schriften, die damals als sachlich und objektiv bezeichnet wurden, würden dieses Prädikat heute nicht mehr erhalten.
[21] Z. B.: W. Rosenthal, R. Lange, A. Blomeyer, Die Justiz in der Sowjetzone.
R. Meimberg, F. Rupp, Die öffentlichen Finanzen in der sowjetischen Zone und im Sowjetsektor von Berlin.
G. Abeken, Geld- und Bankwesen in der sowjetischen Besatzungszone seit der Währungsreform.
L. von Bulluseck, Die Lage der bildenden Kunst in der sowjetischen Besatzungszone.
[22] Z. B. Der Arztberuf in der Sowjetzone.
Das Schulwesen in der Sowjetzone.
Die sowjetzonale Spielfilmproduktion 1946–56.
[23] Z. B. Die sowjetzonale Militärideologie und der „Militarismus".
Die Hochschulpolitik der SED.
Zur Situation der Studenten in der Sowjetzone.

– Materialien zur Wirtschaftslage in der SBZ (1951–1959)[24]
Daneben wurden Bücher fremder Verlage aufgekauft und damit ihr Erscheinen zum Teil erst ermöglicht. In den Anfangsjahren des Ministeriums war der Verlag Kiepenheuer und Witsch eine Art „Hausverlag"[25], und vor der Gründung des BMG erwog man sogar eine Beteiligung der SPD an der Publikationsarbeit, die Kurt Schumacher allerdings ablehnte[26].

Das Ministerium war mit unterschiedlicher Intensität immer bemüht, dokumentarisch tätig zu sein. So wurde eine Vielzahl von Auflagen über die Bemühungen um gesamtdeutsche Wahlen herausgegeben; Broschüren, die auf Initiative der SPD entstanden[27]. Eine Sonderstellung nimmt die Herausgabe der Reihe ‚Dokumentation zur deutschen Frage'[28] ein (die Redaktion gehörte bis 1963 zum AgF und war seit 1967 selbständiger Arbeitsbereich im VFWD)[29], die man mit ihrer umfangreichen dokumentarischen Tätigkeit eigentlich zur Grundsatzarbeit zählen sollte.

d) Unterrichtung der Bevölkerung der DDR. Schon in der Kabinettsvorlage war 1949 davon die Rede, auch die Bevölkerung in der DDR objektiv zu informieren. Diese Auffassung betonte Thedieck erneut 1961:
„Die Unterrichtung der Bevölkerung der Zone über die Entwicklung in der Bundesrepublik und die Information der Bevölkerung der Bundesrepublik über die Entwicklung in der Zone und in den Ostgebieten stehen im Mittelpunkt der Arbeit des Ministeriums."[30]

Um dieser Aufgabe gerecht zu werden, gelangte auch Material in die DDR:
„Die Maßnahmen der Bundesregierung und des Bundestages wurden durch das Ministerium der Bevölkerung in der Bundesrepublik und in der sowjetischen Besatzungszone in Plakaten, Druckschriften und Flugblättern in einer Gesamtauflage von 3,6 Millionen zur Kenntnis gebracht."[31]

So wurden Flugschriften „Was nicht im Neuen Deutschland stand" 1950/51 an ausgewählte Adressen in der DDR verschickt. Auch u. a. die Flugblätter „Wir wollen wählen" (1951) und „Der deutsche Bundestag fordert eine Amnestie" (1952) wurden speziell für die DDR gedruckt.

---

[24] Z. B.
Die eisenschaffende Industrie in der sowjetischen Zone.
Der Fahrzeugbau in der sowjetischen Besatzungszone Deutschlands.
[25] Brief Thediecks vom 16. 4. 1970 an den Verfasser. Berend von Nottbeck gehörte zu den Gründungsmitgliedern des VFWD.
[26] Interview Wehner vom 10. 12. 1969.
[27] Vgl. Drucksache des BT I/2596.
[28] Dokumente zur Deutschlandpolitik, Reihe III, Band 1–4 (1955–1958), die Reihe wird fortgesetzt.
[29] Nach dem Gutachten des BRH über die BfgA (S. 5) 1968 15 Mitarbeiter.
[30] **Franz** Thedieck [3], S. 328.   [31] Tätigkeitsbericht [2] 1951, S. 218.

e) Probleme eines Verteilers. Der Aufbau eines Verteilers [32] auch in der Bundesrepublik bereitete einige Schwierigkeiten. Mitte der fünfziger Jahre wurde er nach bisher relativ wahlloser Versendung qualifizierter, und man entschloß sich – nicht zuletzt aus finanziellen Gründen – nicht mehr alles ohne weiteres abzugeben, sondern zumindest bei aufwendigen Veröffentlichungen zuerst Anforderungskarten zu versenden [33]. Dann erschienen die Bücher auch im Deutschen Bundesverlag – mehr aus Prestigegründen –, damit man nachweisen konnte, daß die Bücher ebenfalls über den Buchhandel zu beziehen waren [34]. Man versuchte mit der „Ich-Reihe"[35], die in der Art von ‚Schmökern' aufgezogen war, breitere Gesellschaftsschichten für die deutschen Probleme zu interessieren, um damit z. B. die im Zug nach Hause fahrenden Arbeiter anzusprechen (die Hefte wurden in der Eisenbahn ausgelegt).

Die jetzigen Verteiler sind jedoch ganz speziell geplant – zumindest ist das die Absicht. Es werden keine umfassenden Publikationsverzeichnisse mehr herausgegeben, sondern es liegt dem BMB daran, präzise, qualifizierte Anfragen mit dem entsprechenden Material zu beantworten [36].

f) Tendenzveränderungen in der Publikationstätigkeit. Eine vorausschauende Planung der Schwerpunkte der Publikationstätigkeit gab es offensichtlich nicht, sondern man ließ sich vielmehr vom „nachweislichen Bedarf"[37] leiten. Herrschten in der ersten Zeit noch Flugschriften und Flugblätter vor, so sprach das Ministerium 1956 von einem grundlegenden Wandel der Voraussetzungen, weil das Interesse an Ost-West-Problemen merklich ge-

---

[32] Aus der „F"-Aktion der Jugendverbände wurde ein Verteiler „Jugend" übernommen.

[33] Tätigkeitsbericht [2] 1958 (Sonderdruck BMG), S. 16.

[34] Die tatsächlichen Einnahmen über den Bundesverlag sind minimal.

[35] Beispiele: „Ich war drüben, Kollegen" (1956); ‚ich fuhr auf der ROS 127" (1961); „ich war bei der ‚Reichsbahn'" (1961); „ich floh in Casablanca" (1962).

[36] Die Schwierigkeit des ‚Erreichens' sind nach wie vor Probleme der Öffentlichkeitsarbeit des Ministeriums und die bisherigen Methoden werden bisweilen auch von Beamten des BMB kritisch betrachtet:
„Eine erste Aufgabe müßte es sein, die westdeutsche Bevölkerung mit anderer Qualität und Quantität als bisher an den Fragen unseres Landes zu interessieren. Gemeint ist die gesamte westdeutsche Bevölkerung, und nicht nur einzelne ausgewählte soziale Schichten oder Multiplikatoren ausgewählter Kreise. Dazu gehört, daß sowohl die verantwortlichen Stellen, die von Berufs wegen mit der Wissensvermittlung zu tun haben, eine andere Informationspolitik betreiben, als auch der Appell jedes einzelnen an diese Organe, um bessere Aufklärung besorgt zu sein ..."
Bernd Weber, Berlin – Treffpunkt und Brücke zur DDR, in: Außenpolitik, Dezember 1968, S. 724. Dr. Weber ist jetzt Leiter des Referats ‚Gesamtdeutsche Bildungsaufgaben in Berlin'.

[37] Tätigkeitsbericht [2] 1958 (Sonderdruck BMG), S. 14.

stiegen war [38], und man sich seriöserer Mittel bedienen konnte. 1959 erkannte man sogar eine Ernüchterung in der deutschen Frage [39] als erneuten Wandel in der Publikationstätigkeit [40]: Die Flugblätter verschwanden fast völlig aus dem Publikationsprogramm, trotzdem herrschte weiterhin ein Schwarz-Weiß-Bild vor. Barzel hatte dann die Absicht, die Öffentlichkeitsarbeit des BMG auf eine sachlichere Basis zu stellen [41]. Doch ein Wandel vollzog sich nur sehr langsam. Als Beispiel für die Auffassungen der fünfziger Jahre kann das Heft „Der >schwarze Fuchs< auf dem Vollmerhof" dienen, das aus einer Reihe stammt [42], mit der man die Situation in Deutschland 10- bis 14jährigen Schülern deutlich machen wollte. Hier wird die ‚heile Welt' eines Bauernhofes in der Bundesrepublik der Zwangskollektivierung in der DDR gegenübergestellt.

Symptomatisch für die Sicht der Bundesrepublik scheinen auch die elf Auflagen des Lexikons SBZ von A bis Z zu sein [43], die eine Veränderung in der Perspektive deutlich machen. In den ersten Auflagen [44] legte man allen Vorgängen in der DDR die herrschenden Wertmaßstäbe der BRD an, ohne dem Leser die Bewertung zu überlassen, wobei in der zweiten und dritten Auflage Schwarzmalerei mehr erkennbar ist als in der ersten. Entfielen im Laufe der Auflagen ein Teil unmotivierter Wertungen, so kam es erst in der elften Auflage – der ersten unter Wehner – zu einem erkennbaren Wandel, indem man bemüht war, die Beweisführung weit mehr mit DDR-Quellen zu belegen und eine sachliche und objektivere Darstellung anstrebte [45].

---

[38] Tätigkeitsbericht [2] 1956 (Sonderdruck BMG), S. 12.

[39] Tätigkeitsbericht [2] 1959 (Sonderdruck BMG), S. 10.

[40] Tätigkeitsbericht [2] 1959 (Sonderdruck BMG), S. 11.

[41] Interview Barzel vom 27. 8. 1970: „... ich fing an, doch mit einiger Kritik so ein paar unserer Verlautbarungen, Publikationen und Filme mir anzusehen. Wie gesagt, in diesem Jahr der Prüfung, und ich habe schon mal hier gesagt, das geht wohl nicht mehr oder da, das geht wohl nicht mehr."

[42] In dieser Reihe erschienen außerdem: „Schwarzer Fuchs auf großer Fahrt", „Was Fips den Füchsen schrieb", „Die Füchse erobern Berlin", „Die Füchse an der Zonengrenze", u. a.

[43] Die 11. Auflage heißt: A bis Z, ein Taschen- und Nachschlagebuch über den anderen Teil Deutschlands. Die Redaktion hat seit 1959 Günther Fischbach.

[44] Erste Auflage: Redaktionsschluß Oktober 1952; 2. Auflage: Redaktionsschluß Dezember 1953; 3. Auflage: Redaktionsschluß Oktober 1956.

[45] Die Vorbereitung dieser 11. Auflage dauerte immerhin fast drei Jahre, obwohl bei Amtsantritt Wehners bereits ein fertiges Manuskript vorlag, gegen das er allerdings sein Votum einlegte und eine Neubearbeitung verlangte. Schon die Namensänderung rief Kritik hervor. (Bayernkurier vom 13. 7. 1968, Deutsche Nachrichten vom 26. 4. 1968)

A. Politische Informationsarbeit   111

In der Reihe ‚Ausschnitte' wurden DDR-Quellen zugänglich gemacht, jedoch mit entsprechenden Überschriften und Kommentaren versehen [46].

Seit dem Erscheinen der ‚Aktuellen Materialien' 1963 wurden auch DDR-Quellen ohne Kommentar herausgegeben [47].

g) *Wandel in der Publikationstätigkeit seit dem Amtsantritt Wehners.*
Seit dem Amtsantritt Wehners, mit dem entscheidende Veränderungen in der Publikationstätigkeit verbunden waren, stellten die ‚Aktuellen Materialien' den Hauptteil der für eine breitere Öffentlichkeit bestimmten Schriften dar [48].

Auch wenn Franke erklärte, daß man von keinem Stop der Publikationen seit Dezember 1966 sprechen kann [49], wurde die Herausgabe aller Reihen eingestellt und die Hauptpublikationstätigkeit in den Ankauf von Verlagsbüchern verlagert [50]. Sicher ist dieses Verfahren teurer, bietet aber dem Ministerium größere Elastizität und Unabhängigkeit. Die Öffentlichkeit bleibt weitgehend in Unkenntnis darüber, bei welchen Büchern das Ministerium durch Ankauf das Erscheinen erst ermöglicht hat [51]. Man vermeidet es damit auch, sich in die Tradition der vom Ministerium herausgegebenen Schriften einreihen zu lassen.

Seit der Pensionierung Koepps 1966 besteht keine Personalunion mehr zwischen dem Leiter des Büros Bonner Berichte und dem Publikationsreferat im BMG. Sebastian Losch [52] wurde Leiter des BBB, und Roland Bude [53] folgte auf den Platz Koepps im BMG. Damit wurde auch die Selbständigkeit der Publikationstätigkeit eingeschränkt.

---

[46] Vgl. Beispiele Anmerkung 23, S. 107.
[47] Was schon zu der paradoxen Situation geführt hat, daß man in der Bundeswehr die Ausgabe mit einer unkommentierten Ulbricht-Rede für einen Trick kommunistischer Infiltration hielt.
[48] Daneben besonders Textausgaben: „Texte zur Deutschlandpolitik", Band I bis VI (13. 12. 1966 bis 26. 1. 1971). Gefördert wird das Deutschland Archiv. (vgl. SPD-Pressedienst vom 4. 11. 1969; aber: Deutschland Archiv 8/69, S. 834).
[49] Interview Franke vom 24. 6. 1970: „Von einem ‚Stopp der Publikationen' würde ich nicht sprechen, die Lage des qualifizierten Angebotes auf dem Büchermarkt hat sich geändert und darauf stellt sich die Öffentlichkeitsarbeit des Ministeriums und des genannten Instituts ein."
[50] Im Tätigkeitsbericht [2]' von 1966 (dem ersten, der unter Wehner herauskam) wurden der Publikationstätigkeit genau zwölf Zeilen gewidmet (S. 267 f.); 1965 waren es noch 200 Zeilen. Seit 1966 werden auch keine Angaben mehr über die angekauften Bücher gemacht.
[51] Einige Auseinandersetzungen gab es um die Subventionierung des Buches ‚DDR heute' von Hanns Werner Schwarze. Vgl. Berliner Morgenpost vom 11. 9. 1970.
[52] Bis 1966 Leiter der Herstellung im BBB; Gründungsmitglied des VFWD.
[53] Aus der Tatsache, daß Bude Mitglied der CSU ist, wird verständlich, daß

2. Rednerdienst

Im Rahmen des VFWD entstand Anfang der fünfziger Jahre ein Rednerdienst, der auf Weisung des Ministeriums Referenten an Behörden (Bundeswehr, Polizei, Grenzschutz etc.), Institutionen der Erwachsenenbildung, Parteien, Verbände, Hochschulen und Schulen vermittelte [54]. Bei den Referenten handelte es sich meist um freie Mitarbeiter. Ähnliche Funktionen hat auch der Volksbund für Frieden und Freiheit (jetzt: Arbeitsgemeinschaft Staat und Gesellschaft). Lange bestanden dabei keine klaren Abgrenzungen; jetzt übernimmt die ASG in koordinierenden Absprachen „den weiten Bereich der eigentlich unpolitischen Organisationen". [55] Man war bestrebt, bei den rund 190 ständigen und 580 gelegentlichen freien Mitarbeitern des Rednerdienstes eine gewisse Ausgeglichenheit in deren Parteizugehörigkeit zu halten [56], auch wenn die Leitung des Rednerdienstes durch so parteipolitisch Engagierte wie Siegfried Dübel und insbesondere Egon Klepsch [57] nicht ganz ohne Einfluß blieb.

3. Filmstelle

Ebenfalls seit Mitte der fünfziger Jahre existiert eine Filmstelle [58], ab 1957 ein eigener Arbeitsbereich im BBB, ab 1962 mit dem umfassenderen Titel ‚Film-, Bild- und Tonbandstelle'. Aufgabe dieses Geschäftsbereichs ist es, mit dem Mittel der akustischen und optischen Massenmedien die Öffentlichkeitsarbeit zu unterstützen. Dazu beschaffte und verlieh die Stelle Filme und Tonbänder im In- und Ausland, unterhielt ein Filmarchiv, beobachtete das Fernsehen und den Rundfunk der DDR und wertete die erfaßten Beobachtungen aus [59]. Ähnlich wie beim Büro Bonner Berichte unter der Lei-

---

sich der Minister die Entscheidungen in Publikationsangelegenheiten selbst vorbehalten hat.

[54] Vgl. z. B. Tätigkeitsberichte [2] (Sonderdruck BMG) 1955, S. 13; 1957, S. 10.

[55] Interview mit dem geschäftsführenden Vorsitzenden des VFF ‚Hämmerle vom 21. 11. 1969.

[56] So auch im Besucherdienst Berlin mit rund 100 Mitarbeitern, vgl. Siegfried H. Franke, Öffentlichkeitsarbeit bedarf der Loyalität, Telegraf vom 21. 6. 1970.

[57] Von 1955 bis 1959.

[58] Vgl. Tätigkeitsbericht [2] 1952, S. 214; Der Spiegel vom 13. 8. 1952, S. 30.

[59] Tätigkeitsbericht [2] 1969, S. 572: „Das Bundesministerium für innerdeutsche Beziehungen verfügt über eine Vielzahl zum Einsatz in der Öffentlichkeitsarbeit bestimmter Filme aus der Bundesrepublik und aus der DDR mit insgesamt 17 350 Verleihkopien in verschiedenen Sprachfassungen, 2300 Kopien von Bild-Ton-Schauen und Diareihen und über 8500 Tonbandkopien." Die Film-, Bild- und Tonbandstelle verfügte 1968 einschließlich Berlin über 26 Mitarbeiter. (Gutachten des BRH über die BfgA, S. 5)

A. *Politische Informationsarbeit*

tung von Koepp [60] ist der eigentliche ‚Kopf' der Filmstelle der zuständige Referent im Ministerium, Günter Zaluskowski. Über sein Referat geht die sachliche und finanzielle Förderung einer Vielzahl von Filmen, die im Fernsehen [61] oder im normalen Kinoprogramm gezeigt werden [62]. Der Filmaußendienst, d. h. die hauptamtlichen Mitarbeiter, die die Filmveranstaltungen leiten, kommentieren und gegebenenfalls Fragen beantworten [63], untersteht seit 1962 dem Rednerdienst.

4. Ausstellungstätigkeit

1952 entwickelten sich erste Ansätze einer Ausstellungstätigkeit [64]. Im Laufe der Zeit wurde eine Vielzahl von Wanderausstellungen in verschiedenen Städten der Bundesrepublik gezeigt und auch leihweise Institutionen überlassen.
Zum Beispiel wurden 1969/70 folgende Ausstellungen gezeigt [65]:
– Politik für Deutschland
– NVA – die Streitkräfte im anderen Teil Deutschlands
– Die Wartburg in der deutschen Geschichte
– Das Werden der BRD 1945–1949
– Berlin – geteilte alte Reichshauptstadt.
Ob solche Ausstellungen tatsächlich so interessant ausgestaltet werden können, daß sie eine echte Breitenwirkung erzielen, bleibt offen.

5. Deutschlandhaus

Ein ständiges Domizil zur Eröffnung in Bonn erhielten die Ausstellungen im Juli 1959 durch die Einrichtung des Hauses ‚Einheit in Freiheit' mit

---

[60] Koepp hatte dabei jedoch den Vorteil, Leiter des BBB und Referent im BMG in Personalunion zu sein.
[61] Inwiefern die Darstellung des Spiegels (vom 13. 8. 1969, S. 125) den Tatsachen entspricht, das BMG hätte dem SFB für seine Fernsehserie Familie Bergmann DM 150 000 zur Verfügung gestellt, kann angezweifelt werden.
[62] Auf die Preise, die man mit solchen Filmen errang, ist man sichtlich stolz; vgl. Tätigkeitsbericht [2] 1969, S. 573; Kölner Stadtanzeiger vom 21. 8. 1963.
[63] Kölner Stadtanzeiger vom 21. 8. 1963: „‚Wir schneiden an diesen Streifen grundsätzlich überhaupt nicht', versichert Zaluskowski, ‚Studenten und Schüler, aber auch andere Zuschauer würden uns die Hölle heiß machen. Sie wollen die Originale sehen. Uns genügt der Nachweis, daß sie über einen Kommentator verfügen, der mit den Verhältnissen drüben vertraut ist.'"
[64] Im September 1952 wurde auf dem Bonner Bahnhof die Wanderausstellung „Ein Blick hinter den eisernen Vorhang" eröffnet. Tätigkeitsbericht [2] 1952, S. 214.
[65] Vgl. auch Tätigkeitsberichte [2].

Bibliothek, Vorführ- und Lesesaal[66]. Anfang 1968 wurde das Haus umbenannt und umorganisiert[67]. Der neue Name ‚Deutschlandhaus'[68] sollte nach Wetzel der Aufgabe gerecht werden „und ist angemessener als ein gutgemeinter Titel, der in einer Zeit gewählt wurde, in der man glaubte, politische Forderungen könnten den Namen für eine solche Einrichtung abgeben."[69]

Auch wenn Wetzel krampfhaft bemüht war, zu betonen, daß die „Aufgaben- und Themenstellung des Hauses ... sich nicht geändert" hat und dazu auch den Staatssekretär Thedieck zitierte[70], war die Tendenzveränderung vom „Agitationszentrum"[71] zum aktuellen Informationszentrum[72] erkennbar[73]. Allzu deutlich brachte das jedoch – mit einer Vielzahl von persönlichen Wertungen – der Leiter Armin Hindrichs zum Ausdruck[74], so daß sich das BMG gezwungen sah, ihn auf eine andere Position zurückzuziehen, und Dr. Volkmar Kellermann – wie Hindrichs SPD-Mitglied – die Leitung des Deutschlandhauses übernahm[75].

---

[66] Parlament vom 22. 7. 1969; Tätigkeitsbericht [2] (Sonderdruck BMG) 1959, S. 13.

[67] Tätigkeitsbericht [2] (Sonderdruck BMG) 1968, S. 15.

[68] Der Bayernkurier vermutet, daß der Name Haus Einheit in Freiheit „jetzt offensichtlich als anstößig empfunden wird". (Bayernkurier vom 13. 7. 1968)

[69] Wetzel in der Fragestunde des Bundestages am 23. 4. 1969 (Sten. Berichte S. 12 507). Dem Verfasser hatte im August 1968 ein Mitarbeiter des Deutschlandhauses die Umbenennung damit erklärt, daß man so oft mit der Straße ‚Berliner Freiheit' verwechselt worden sei.

[70] Sten. Berichte des BT vom 23. 4. 1969, S. 12 507.

[71] Telegraf vom 22. 8. 1968.

[72] Sten. Berichte des BT vom 28. 3. 1968, S. 8523.

[73] Schon belustigend wirkt in diesem Zusammenhang ein Artikel im Bayernkurier vom 14. 9. 1968: „... in den großen Schaufenstern am Eingang befinden sich Schautafeln, die jeweils das Bild sowie einen Ausspruch dieses Politikers zeigen. In dieser Politiker-Galerie sind präsentiert: Bundeskanzler Kiesinger, Bundesaußenminister Brandt, der gesamtdeutsche Minister Wehner sowie die Fraktionsvorsitzenden im Bundestag Barzel, Schmidt-Hamburg und Wolfgang Mischnick. Während die SPD durch drei Repräsentanten vorgestellt wird, erscheinen für die CDU nur zwei Persönlichkeiten, eine für die FDP, während man die CSU völlig unter den Tisch bügelt. Kein Wunder, der Leiter dieses ‚Deutschland-Hauses' ist ein Genosse namens Dr. Kellermann. Waren unsere Vermutungen so unberechtigt, als wir warnend auf diese Entwicklung hinwiesen, die offensichtlich schneller eingetreten ist, als man zunächst glauben wollte?"

[74] Bonner Rundschau vom 1. 3. 1968; sten. Berichte des BT vom 28. 3. 1968, S. 8523.

[75] Bonner Rundschau vom 7. 5. 1968.

A. Politische Informationsarbeit

6. Informationsarbeit durch andere Institutionen

Vorbemerkung

„Die Strategie der Öffentlichkeitsarbeit bedurfte zu ihrer Realisierung neben der konventionellen Methode der Einwirkung auf die Presse, neben eigener Publikationstätigkeit vor allem mittels Informationsbroschüren, Flugschriften und Plakatwerbung neuartiger Wege des Transfers, da das Ministerium für gesamtdeutsche Fragen im Gegensatz zu den klassischen Ministerien über keinen regionalen und lokalen Verwaltungsunterbau verfügte. Es mußte sozusagen freischwebend operieren und seine operative Planung ‚drahtlos' auf die verschiedenartigsten Einrichtungen mit multiplikatorischem Effekt umzusetzen versuchen. Solche waren als private Vereinigungen mit gesamtdeutschen Interessen entweder schon vorhanden und wurden nun vom Ministerium gefördert, auch finanziell, und damit an die Zügel genommen oder auch auf Anregung des Ministeriums neu geschaffen und mehr oder weniger locker damit verbunden. Auf diese Weise entstand im Laufe der Zeit ein Netzwerk von Medien, welches dem Ministerium die Aufgabe zu erfüllen half, die es sich in der Kabinettsvorlage selbst gestellt hatte ..."[76]

Man muß dabei zwischen Institutionen unterscheiden, die in Bereichen der Öffentlichkeitsarbeit mit dem BMG zusammenarbeiten und Zuschüsse für Tagungen und andere Veranstaltungen erhalten und Institutionen, die nahezu völlig vom BMG abhängig sind bzw. waren. An zwei Beispielen soll die Problematik der abhängigen Organisationen gezeigt werden, die in den fünfziger Jahren eine ziemliche Bedeutung hatten, in der Zwischenzeit allerdings auf ein Mindestmaß reduziert wurden (VFF) oder nicht mehr vom BMG abhängig sind (IWE).

a) IWE. Im Januar 1951 entstand unter der Leitung von Dr. Bohlmann das Informationsbüro West, „eine Nachrichtenzentrale für Publizistik".[77] Bohlmann wollte damit eine Gegenagentur zu ADN schaffen, für den er vorher gearbeitet hatte. In den Zeitungsmeldungen über die Gründung ist von einer Mitwirkung zahlreicher Organisationen wie KgU, UFJ, Vereinigung der Opfer des Stalinismus u. a. die Rede[78]. Doch die Behauptung, daß es zu einer tatsächlichen Mitarbeit dieser Organisationen nicht kam, ist auf Grund der ausgeprägten Individualität der leitenden Persönlichkeiten wie Friedenau alias Erdmann, Tillich und Bohlmann nicht unwahrscheinlich.

Wann das BMG IWE voll übernommen hat, konnte nicht festgestellt werden, z. T. hat sich IWE durch seinen festen Abonnentenkreis auch

---

[76] Kosthorst [8], S. 91.
[77] Der Tagesspiegel vom 12. 1. 1951.
[78] Neue Zeitung vom 9. 1. 1951; Kurier vom 9. 1. 1951; Tagesspiegel vom 12. 1. 1951.

selbst finanziert. Der damalige Pressereferent des Ministeriums, von Hammerstein, sah die Aufgabe von IWE so:
„Das Ministerium, wenn es Informationen herausgab, mußte sehr darauf achten, daß alle Informationen hundertprozentig korrekt waren. Bei der Schwierigkeit, Informationen zu beurteilen, zu verifizieren, konnten da Pannen passieren und es ist ungut, wenn sich eine oberste Bundesbehörde da die Finger verbrennt. Es ist leichter, wenn sich da ein Pressebüro die Finger verbrennt, was man notfalls auch disavouieren kann. Das ist auch ab und zu passiert ... Aber es lag im beiderseitigen Interesse, daß die Abhängigkeit dieses Büros de facto und de jure bestand. Ich habe als Pressereferent nie eine Vorzensur ausgeübt, sondern ich habe mir den Dienst, der da herausgegeben wurde, angesehen und habe dann meine Meinung dazu gesagt. Allenfalls fragten sie mal, wenn sie irgendeine Information hatten: Was haltet Ihr davon, sollen wir das herausgeben oder nicht herausgeben?
Es ist keine Frage, die bekamen eine Finanzhilfe von uns."[79]

IWE bildete ein ständiges Angriffsziel für die DDR[80], was noch besonders herausgestellt wurde, als im Juli 1960 ein führender Mitarbeiter von IWE nach Ostberlin ging[81]. Aber auch in der Bundesrepublik waren bei Falschmeldungen immer wieder Forderungen nach Auflösung von IWE zu hören[82], doch der Nachfolger von Hammersteins, Dr. Plück, meinte:

„Natürlich gab es auch eklatante Falschmeldungen. Aber ich kann dazu nur sagen, aus der Kenntnis der damaligen Situation bei der Schwierigkeit, Meldungen zu beschaffen und bei der Gegenwirkung der anderen Seite, Falschmeldungen in diesen Apparat hineinzulancieren, daß IWE gut gearbeitet hat, sehr gut sogar."[83]

Mit dem Tode von Bohlmann im August 1964[84] verlor IWE seinen ‚Kopf'. In der Leitung von IWE kam es zu Auseinandersetzungen, und auch das Ministerium wußte nichts Rechtes mit IWE anzufangen. Man plante eine Verlegung von Berlin nach Bonn[85], der sich die Leitung von IWE widersetzte[86]. Das Ministerium trennte sich dann 1966 von IWE, indem man es an Prochazka verkaufte[87] und das Archiv in den VFWD und später in die BfgA übernahm[88].

---

[79] Interview von Hammerstein vom 4. 2. 1970.
[80] Neues Deutschland vom 2. 3. 1968; BZ am Abend vom 1. 2. 1960.
[81] Neues Deutschland vom 7. 7. 1960; BZ am Abend vom 7. 7. 1960.
[82] Z. B. ppp vom 11. 9. 1961.
[83] Interview Dr. Plück vom 3. 12. 1969.
[84] FAZ vom 3. 8. 1964.
[85] Tagesspiegel vom 21. 10. 1965.
[86] Generalanzeiger vom 21. 10. 1965.
[87] Fragen dazu, von Mattick für eine Fragestunde im Bundestag gestellt, wurden zurückgezogen. (V/212, Fragen V/7–9 vom 26. 1. 1966).

A. Politische Informationsarbeit   117

Die jetzigen Beziehungen zwischen IWE und BMB sind „korrekt, nützlich, aber nicht sehr intensiv"; man kauft einige Dienste ab, „wie man eben einen Schreibtisch kauft".[89]

b) *Volksbund für Frieden und Freiheit.* Im Januar 1950 wurde in Hamburg der Volksbund für Frieden und Freiheit (VFF) als „die zentrale antikommunistische Organisation in der Bundesrepublik gegründet[90].

Zu den Gründungsmitgliedern gehörten Eberhard Taubert, Jürgen Hahn-Butry, Dr. Arthur Ruppert und Fritz Cramer[91]. Obwohl Thedieck erklärte, daß das BMG keine Initiative bei der Gründung entwickelt hätte[92], gab es seit dem Entstehen eine enge Zusammenarbeit[93]. Bereits seit 1951 erfolgte zunächst sporadisch die Finanzierung von Einzelaktionen durch das BMG, das den Etat bald darauf ganz übernahm[94]. Im Mai 1952 erhielt der VFF die Gemeinnützigkeit zugesprochen[95]. Der VFF gab sich in der „Ära Taubert", der „wie ich zugeben muß – eigentlicher Motor dieses Verbands" war[96], als militantes Propagandainstrument.

In der ersten Satzung hieß es u. a.:

„Bekämpfung der ‚Salon-Bolschewisten', der ‚Rückversicherer' und der Mitläufer, die als bürgerliche Politiker, Intellektuelle u. ä. im Dienste der kommunistischen Infiltration tätig sind ..."[97]

Taubert „heuerte" z. B. auch Studenten an, die dann als „kochende Volksseele" gegen eine Abordnung der Volkskammer in Bonn demonstrierten[98].

Neben dem Versuch, auch in den Betrieben Einfluß zu gewinnen („be-

---

[88] Gutachten des BRH über die BfgA, S. 2.

[89] Interview Kreutzer vom 7. 7. 1970.

[90] Hans Edgar Jahn, Vertrauen – Verantwortung – Mitarbeit, Oberlahnstein 1953, S. 273.

[91] Interview mit dem geschäftsführenden Vorsitzenden des VFF, H. Hämmerle vom 21. 11. 1969; Der Spiegel vom 18. 10. 1950, S. 15.

[92] Interview Thedieck vom 9. 7. 1969.

[93] Der Spiegel vom 3. 10. 1951, S. 8 ff.

[94] Interview Hämmerle vom 21. 11. 1969: Etat von 1951 bis 1956 jährlich etwa DM 700 000; 1957 bis 1967 jährlich etwa DM 1,1 Mill.; seit 1968 etwa 1 Mill.

[95] Hans Edgar Jahn, Vertrauen – Verantwortung – Mitarbeit, Oberlahnstein 1953, S. 274; Interview Hämmerle vom 21. 11. 1969.

[96] Interview Hämmerle vom 21. 11. 1969.

[97] Hans Edgar Jahn, Vertrauen – Verantwortung – Mitarbeit, Oberlahnstein 1953, S. 274.

[98] Otto John, Zweimal kam ich heim, Düsseldorf, Wien 1969, S. 234; bestätigt im Brief Hämmerle vom 13. 2. 1970 an den Verfasser; Der Spiegel vom 24. 9. 1952, S. 6 f.

dient sich antikommunistischer Gruppen in den Betrieben")[99], legte man zunächst ein Schwergewicht auf die Bekämpfung des Osthandels[100].

Im August 1955 kam es zur ‚Affäre Taubert', als der Herausgeber der Allgemeinen Wochenzeitung der Juden in Deutschland, Marx, das Ministerium auf die nationalsozialistische Vergangenheit Tauberts aufmerksam machte und von Freiherr von Dellingshausen[101] u. a. im Telefongespräch erfuhr: „Es gibt bei den Bundesministerien viel größere Nazis, die ich Ihnen nennen könnte. Taubert hat Erfahrungen und wir können ihn – wie gesagt – nicht entbehren!"[102]

Taubert mußte dann auf Druck der öffentlichen Meinung den Volksbund verlassen (nicht ohne jedoch noch eine Abfindung erhalten zu haben)[103].

Damit trat auch in der Arbeit des VFF ein langsamer Wandel ein, und ab 1960 lag ein Schwerpunkt auch in der Auseinandersetzung mit dem Rechtsradikalismus[104].

---

[99] Hans Edgar Jahn, Vertrauen – Verantwortung – Mitarbeit, Oberlahnstein 1953, S. 274.
Flugblatt (etwa 1955):
„... 600 000 Agenten?
W i r fürchten sie nicht. Im Wahlkampf haben wir sie schon geschlagen. Wir schlagen sie auch im Betrieb. Und Du hilfst uns dabei. Denn wir sind die stärkeren. Wir schlagen sie noch einmal, mit Deiner Hilfe schlagen wir sie noch einmal. Für Dich schlagen wir sie, für uns alle. Was hast Du zu tun, was willst Du tun? Wirf ihn raus, den KP-Mann, wo Du kannst:
aus dem Betriebsrat zuerst!
aus der Werksgemeinschaft danach!
aus Deinem Leben, aus der Kameradschaft!
soll er in den Osten gehen, wenn er will!
Dort gehört er hin, niemals aber hier in Deinen Betrieb!
kein Stück Brot von ihm!
kein Wort mehr mit ihm, dem Mörder oder Genossen von Mördern.
wir sind stärker! Wir – Du und
Der antikommunistische Volksbund für Frieden und Freiheit".
[100] Interview Hämmerle vom 21. 11. 1969.
[101] Vgl. S. 100.
Von Dellingshausen war bis 1966 fachaufsichtführender Referent, dann Dr. Schierbaum, seit 1967 das Referat politische Bildung (Gosselck), wobei vorübergehend eine ‚Mitbetreuung' bei Baumgärtel lag, der mit dem VFF mehr ‚anzufangen' wußte.
[102] Der Spiegel vom 17. 8. 1955, S. 12 f.; FAZ vom 27. 8. 1955; vgl. Bulletin vom 26. 8. 1955, S. 1335 f.
[103] Der Spiegel vom 28. 12. 1955, S. 42.
Man spricht von DM 10 000.
[104] Interview Hämmerle vom 21. 11. 1969.
Bemerkenswert ist, daß als die Deutschen Nachrichten vom 26. 4. 1968 den ‚Not- und Warnruf' des Bayernkuriers vom 16. 3. 1968 gegen die Gründung der

B. Politische Öffentlichkeitsarbeit

Der VFF gliederte sich in eine Bundesleitung, in hauptamtliche Landesbeauftragte und ehrenamtliche Orts- und Kreisbeauftragte (1969: 28 hauptamtliche Mitarbeiter) [105]. Die Hauptaufgaben liegen jetzt in der Durchführung von Seminaren, Vortragsveranstaltungen und Studienreisen an die Zonengrenze.

„Wir übernehmen auch – nicht streng getrennt, aber in koordinierenden Absprachen mündlich festgelegt – den weiten Bereich der eigentlich unpolitischen Organisationen. Wir haben in den Ländern Kontakte zu den gesamtdeutschen Referaten, wie auch immer sie sich dort nennen. In Bayern übernehmen wir seit 1966 ganz offiziell ausgewiesen im Gesetzblatt die Koordinierung der Studienfahrten an die DL."[106]

Anfang 1970 entschloß man sich, nachdem ähnliche Überlegungen schon 1955 angestellt wurden [107], den Namen zu ändern, um damit auch nominell aus der „Ära Taubert" herauszukommen. Aus dieser Zeit nannte DER SPIEGEL den VFF noch 1968 einen „neodemokratischen Aufguß der Antikomintern aus der Goebbels-Zeit"[108]. Der Verein führt jetzt den Namen Arbeitsgemeinschaft Staat und Gesellschaft und zählt nach der Satzung zu seinen Aufgaben:

„Information über Faktoren und Funktionszusammenhänge politischer und gesellschaftlicher Prozesse zu geben, die politische Urteilsfähigkeit auszubilden, um dadurch die Mitarbeit des einzelnen in Staat und Gesellschaft zu fördern und zu stärken und ihn zu befähigen, die geistige und politische Auseinandersetzung mit radikalen und totalitären Gruppen zu führen. Die ARBEITSGEMEINSCHAFT GESELLSCHAFT UND STAAT e. V. hält diese Auseinandersetzung für eine wesentliche Voraussetzung und Ergänzung jedweder Friedenspolitik."[109]

B. Politische Öffentlichkeitsarbeit

1. Ziel der Öffentlichkeitsarbeit

Bis Mitte der sechziger Jahre war es nicht das Ziel, die Politik der Bundesregierung darzustellen, sondern man wollte die Informationslücken über

---

BfgA übernahmen, sie das Bedauern des Bayernkuriers, daß der VFF weniger Geld bekommen solle, nicht mit abdruckten.

[105] Bis 1960 hatte man auch einen Beauftragten in Berlin. Als er wegen Unstimmigkeiten mit der Bundesleitung abgesetzt wurde, verfügte das BMG, daß diese Position nicht mehr besetzt wird „aufgrund des – ich würde sagen – besonderen Status". (Interview Hämmerle vom 21. 11. 1969)
[106] Interview Hämmerle vom 21. 11. 1969 (DL = Demarkationslinie).
[107] Der Spiegel vom 28. 12. 1955, S. 42.
[108] Der Spiegel vom 14. 10. 1968, S. 41.
[109] Satzung der ASG vom 28. 2. 1970, Teil 1 des § 2.

die DDR ausfüllen. So ist z. B. keine Rede Kaisers oder Lemmers vom Büro Bonner Berichte veröffentlicht worden [110].

Mit der Herausgabe der Aktuellen Materialien 1963 ging man auch dazu über, die Stellungnahme der Bundesregierung in die Öffentlichkeitsarbeit mit einzubeziehen [111]. Doch erst unter Herbert Wehner sah das BMG auch seine Aufgabe in der Verdeutlichung und Selbstdarstellung der Regierungspolitik, eine Tatsache, die man offen in den Tätigkeitsberichten und Richtlinien propagierte. Es wurden Sammlungen von Ministerreden und Broschüren zur Erklärung der Regierungspolitik herausgegeben [112].

In dieser „Erläuterung der Deutschlandpolitik der Bundesregierung"[113] sieht man heute eine Hauptaufgabe des BMB, die auch in den Richtlinien für Bildungstagungen zum Ausdruck kommt:

„Im Bemühen, Verständnis für die gesamtdeutsche Politik der Bundesregierung zu wecken und den Willen zur Wiederherstellung der Einheit Deutschlands in den von ihr angesprochenen Bevölkerungsschichten wachzuhalten, ..."[114]

Zwar war die Öffentlichkeitsarbeit des BMG bis zur Amtsübernahme Wehners auch ein Spiegelbild der Regierungspolitik, ohne jedoch eine genaue Trennung zwischen der Faktendarstellung und der politischen Auffassung zu ziehen oder sich dessen überhaupt bewußt zu sein.

2. Direkte Öffentlichkeitsarbeit durch das BMG/BMB

Der erste Pressereferent des Ministeriums entwickelte keine Ambitionen, eine direkte Öffentlichkeitsarbeit durch das Ministerium herauszustellen und sah seine Aufgabe mehr in Gesprächen mit Journalisten und der Vermittlung von Gesprächen [115]. So wurde z. B. erst mit dem Amtsantritt Adams 1969 ein Pressedienst des Ministeriums herausgegeben [116]. Bis dahin hatte man sich auf gelegentliche Mitteilungen beschränkt. Neben den

---

[110] Wenn man von Sonderausgaben des Bulletins absieht.

[111] Aktuelle Materialien zur Deutschland-Frage. Nr. 1: Rainer Barzel: Realismus in der Deutschen Frage. Auszug aus einem Vortrag, gehalten am 23. 3. 1963.

[112] Vgl. Tätigkeitsbericht [2] 1968 (Sonderdruck BMG), S. 16. Titel der Broschüre: Angeboten: Eine neue Deutschlandpolitik.

[113] Formulierung in dem Prospekt über die BfgA („Die Deutsche Frage ist seit Jahren unser großes Thema").

[114] Richtlinien für die Gestaltung und Durchführung von Bildungsveranstaltungen der Arbeitsgruppe Bildungstagungen des Büros Bonner Berichte II vom 7. 1. 1968.

[115] Interview Dr. Plück vom 3. 12. 1969: „Ich habe ja das Handwerk bei Hammerstein gelernt, und Hammerstein hatte eine Devise: Nicht rausgehen, sondern die Leute kommen lassen; nicht mit aller Gewalt etwas verkaufen wollen, immer seriös sein."

[116] ‚Deutschland-Nachrichten'; vgl. Tätigkeitsbericht [2] 1969, S. 572.

C. Politische Bildungsarbeit

unzähligen öffentlichen Reden von Minister[117] („Mit dem gesprochenen Wort wollte er [Kaiser] die nationale Asche wieder zum Glühen bringen.")[118] und Staatssekretär bildeten die RIAS-Kommentare das Informationsinstrument mit der größten Breitenwirkung[119]. Thedieck, der allein 236 Kommentare gesprochen hat[120], sah seine Hauptfunktion darin:

„Wir wollten Kommentare bringen, die den Menschen drüben einerseits zeigen, was hier bei uns in den sie bewegenden Fragen gedacht wird, und andererseits, daß wir auch über ihre Verhältnisse Bescheid wissen. Gleichzeitig wollten wir umgekehrt durch unsere Kommentare den Menschen hier in der Bundesrepublik möglichst viel über die Verhältnisse in Mitteldeutschland vermitteln... Wir haben registriert, wie die andere Seite reagierte und wenn ein Kommentar einen besonders harten Aufschrei auf

---

[117] Kosthorst [8], S. 148 f.: Kaiser „nützte jede Gelegenheit, um zur nationalen Frage zu sprechen, zu mahnen, wachzuhalten und aufzurütteln. Die vielen Bände mit seinen Reden in seinem Nachlaß zeugen davon, wie unermüdlich er durchs Land zog, eine gesamtdeutsche Unruhe, unabweisbar auch da, wo er nicht willkommen war, und ungeachtet des Spottwortes ‚der gesamtdeutsche Jakob', das ihm hier und da nachklang."

[118] Kosthorst [8], S. 190.

[119] Verbindung mit den Rundfunksendern vgl. Kosthorst [8], S. 196.

[120] Als Beispiele dafür die Themen der Thedieck-Kommentare 1956:

4. 2.: Stellungnahme zu den Urteilen gegen Max Held, Werner Rudert usw. und zu der Terrorjustiz der SBZ-„Abwerbung"
3. 3.: Stellungnahme zur TASS-Erklärung – keine Verhandlungen mit Pankow – Übereinstimmung darin zwischen Regierung und Opposition
24. 3.: 3. Parteikonferenz der SED – Ulbrichts Abkehr vom Stalinkult
7. 4.: 3. Parteikonferenz der SED. Trotz Reden über „breitere Entfaltung der Demokratie" keine Aufgabe der SED-Diktatur gegen die Bevölkerung
14. 4.: Gegenüberstellung was in der Sowjetzone und in der Bundesrepublik für die Jugend getan wird
21. 7.: Schlußerklärung über die Verhandlungen zwischen den Regierungen der SU und der SBZ. Ankündigung einer „großzügigen Wirtschaftshilfe" für die Zone
4. 8.: Frage, ob Wiedervereinigung in der außenpolitischen Entwicklung an Bedeutung verloren hat. Gegenüberstellung der Auffassungen über die Lösung der Wiedervereinigungsfrage
11. 8.: Wirtschaftshilfe der SU für die SBZ – angebliche Verbesserung der Versorgung der Bevölkerung
18. 8.: Stellungnahme zum Verbot der KPD in der Bundesrepublik
25. 8.: Aufnahme sogenannter Wehrpflichtverweigerer in der „DDR" aus wirtschaftlichen Gründen, um dem durch den Flüchtlingsstrom entstandenen Arbeitskräftemangel abzuhelfen
22. 9.: Grenzzwischenfälle an der Zonengrenze
17. 11.: Rückreisebeihilfen und Taschengeld für die Besucher aus der SBZ
22. 12.: Versorgung der Bevölkerung der SBZ zu Weihnachten.

der anderen Seite hervorrief, war das ja immerhin ein Beweis dafür, daß er wirkungsvoll war."[121]

Auch Barzel schätzte die Bedeutung dieser Kommentare hoch ein: „Ich habe damals viel Wert darauf gelegt, jede zweite Woche selbst den Kommentar über RIAS zu sprechen, und das hat einen gewissen Erfolg gehabt, weil in diesen Kommentaren nicht schwarz-weiß gezeichnet wurde, sondern was – wenn ich so sagen darf – Kommunismus immanente Kritik bedeutete, das heißt, ich habe immer auch Positionen bezogen... die nicht nur die Wirklichkeit in der DDR etwa kritisierten vom Standpunkt der freien Welt aus, sondern auch ein paar Ansätze geliefert hat für die Kritik der Zustände aus der Sicht eines kritischen Marxisten."[122]

Mende, der bei seinem Amtsantritt im bisherigen RIAS-Kommentar ein Instrument des kalten Krieges sah, wollte die Kommentare einem breiten Kreis zugänglich machen und überließ die Gestaltung der Sendung von Zeit zu Zeit auch anderen Organisationen[123]. Nachdem diese Form des Kommentars 1967 eingeschlafen war, entstand die Sendereihe ‚Zur Information', die zunächst wieder allen Gruppen zugänglich gemacht wurde, bis Wetzel dieses Instrument ‚entdeckte' und zu einem ‚Kommentar Wetzel' machte. Unter Franke wurde der alte ‚Kommentarproporz' wieder eingeführt, und der Kommentar wird nur noch selten vom Ministerium wahrgenommen.

C. Politische Bildungsarbeit [124]

1. Bildungstagungen

Von der Arbeitsgruppe Bildungstagungen im BBB wurde der Versuch gemacht, intensivere Bildungsarbeit zu betreiben, um insbesondere in mehrtägigen Veranstaltungen Multiplikatoren zu erreichen[125]. Das Ministerium beschrieb diese Aktivitäten für 1968 so:

---

[121] Interview Thedieck vom 1. 12. 1969.
[122] Interview Barzel vom 27. 8. 1970.
[123] Interview Mende vom 11. 12. 1969: „Ich habe gesagt, erstens werde ich die Sendung selber wahrnehmen, aber damit es nicht umgekehrt eintritt, jetzt wird es eine Sendung Mende, biete ich gleichzeitig allen drei Vertretern im gesamtdeutschen Ausschuß ... auch diese Sendung an, auch dem Deutschen Gewerkschaftsbund, dem Bundesverband der deutschen Industrie, wenn jeweils Themata anhängig waren, über die man nach Mitteldeutschland sprechen sollte." Vermutungen, daß es sich hierbei um eine Koalitionsabmachung handelte, liegen nahe, wurden aber von den Beteiligten nicht bestätigt.
[124] Vgl. S. 104.
[125] Tätigkeitsbericht [2] 1968, S. 494: „Das Ministerium unterstützt Seminare, Tagungen und Veranstaltungen mit gesamtdeutscher Thematik der verschieden-

D. Organisation der Öffentlichkeitsarbeit

„Auf Initiative des Ministeriums wurden daneben auch Bildungstagungen veranstaltet, an denen fast 900 Personen – vorwiegend Führungskräfte der Wirtschaft und Pädagogen – teilnahmen. Mit diesen Veranstaltungen werden eigne Initiativen der Teilnehmer angestrebt, um neue Gruppen zu einer selbständigen Bildungsarbeit mit gesamtdeutscher Thematik zu ermuntern. Es besteht eine enge Zusammenarbeit mit den Gewerkschaften, den Arbeitgeberverbänden, den Landeszentralen für politische Bildung und den verschiedenen Kultusministerien."[126]

2. Informationsfahrten

Das Ministerium unterstützt eine Vielzahl von Informationsfahrten nach Berlin[127] und an die Demarkationslinie[128].

1970 waren dafür DM 6,5 Mio mit der Begründung vorgesehen:
„Die Reisen sind geeignet, den Teilnehmern die besonderen Probleme des geteilten Deutschlands nahezubringen und den Gedanken an die Wiedervereinigung wachzuhalten. Die Berlin-Reisen sollen darüber hinaus dazu beitragen, die Verbindungen zwischen den Bewohnern Berlins und des übrigen Bundesgebietes aufrechtzuerhalten und zu verstärken."[129]

3. Zusammenarbeit mit den Schulen

Man betrachtet die politische Bildung im gesamtdeutschen Bereich in den Schulen als ein Hauptanliegen des Ministeriums[130].

In Verhandlungen mit den Kultusministerien der Länder gelang es Anfang 1970, eine bessere Basis für die Zusammenarbeit mit den Schulbehörden herzustellen[131]. Die BfgA hat ein eigenes Referat ‚Gesamtdeutscher Unterricht' in der Berliner Abteilung eingerichtet[132], das die Aufgabe hat,

---

sten Organisationen, Verbänden und Bildungsstätten, um eine bessere Information über die Situation im geteilten Deutschland anzubieten und eine breitere Diskussion über die deutschen Fragen zu ermöglichen."

[126] Tätigkeitsbericht [2] 1968, S. 495.
[127] Vgl. S. 177.   [128] Vgl. S. 132.
Kritik an diesen Bereisungen in: „Grenzansichten" von Hajo Budda und Christian Geissler (Drittes Fernsehprogramm -SFB- vom 6. 12. 1970).
Teile der „Richtlinien zur Förderung von Reisen an die Demarkationslinie" sind abgedruckt in: Bundesministerium für innerdeutsche Beziehungen (Hg.): Der Bund hilft. Förderung des Zonenrandgebietes, Bonn Oktober 1970.
[129] Titel 685 07.
[130] Tätigkeitsbericht [2] 1969, S. 573: „Zusätzlich wurden Entwicklungsarbeiten in Angriff genommen, die bereits 1970 zu einer qualifizierten Informations- und Öffentlichkeitsarbeit in den allgemeinbildenden Schulen führen sollen."
[131] Franke im Bundestag am 4. 6. 1970, Sten. Berichte, S. 3091. Interview Ritter vom 15. 7. 1970.
[132] Fachaufsicht führt aber ein Referat des BMB in Bonn und nicht in Berlin.

„Informationen über den anderen Teil Deutschlands an Schulen und anderen Bildungseinrichtungen zu vermitteln. Dazu gehört die Herstellung von Unterrichtshilfen und anderen spezifischen Informationsmitteln, sowie die Durchführung von Seminaren"[133].

D. Organisation der Öffentlichkeitsarbeit in BMG/BMB und BfgA

1. Im BMG/BMB

Bei der Gründung des Ministeriums wurde die Öffentlichkeitsarbeit auf der Sammlungstätigkeit aufbauend verstanden, und man wandte sich sehr gegen die Versuche des Lenz-Projektes, die Öffentlichkeitsarbeit aus dem BMG herauszunehmen[134].

„Umfang und Methode dieser publizistischen Arbeit sind daher von der Erfassung der Informationen und ihrer Auswertung durch die Fachreferate des Ministeriums nicht zu trennen, können vielmehr nur in enger und ständiger Zusammenarbeit wirkungsvoll bestimmt werden."[135]

So waren die gleichen Referate für Auswertung und Öffentlichkeitsarbeit zuständig. Erst 1962 kam es zu einer ersten organisatorischen Trennung durch die Bildung einer Unterabteilung für Öffentlichkeitsarbeit. Diese Trennung war aber noch nicht Ausdruck einer Tendenz zur Spezialisierung, sondern durch das Eigengewicht der in der Öffentlichkeitsarbeit wirkenden Medien bestimmt, nach deren Bedeutung die Referate aufgeteilt wurden. Weiterhin waren auch Referate in den anderen Abteilungen im Rahmen ihrer Arbeitsbereiche mit Öffentlichkeitsarbeit befaßt. Mit einem umfassenden Begriff der Öffentlichkeitsarbeit verband man erst die 1967 entstandene Unterabteilung II B, deren Referate nicht mehr nur nach den Medien aufgeteilt waren, sondern die Öffentlichkeitsarbeit auch in besonderen Gruppen und Aufgaben spezialisierte und seit 1970 durch das Referat Dr. Ritters: „Grundsatzfragen und Planung der Bildungs- und Öffentlichkeitsarbeit" bemüht ist, eine grundsätzliche Planung der Öffentlichkeitsarbeit durchzuführen[136]. In dieser Abteilung war dann auch kein Platz mehr für die aktuelle Arbeit des Pressereferats.

Seit 1967 werden also Öffentlichkeitsarbeit und Grundsatzfragen in einer Abteilung bearbeitet, institutionalisierte Zusammenkünfte existieren allerdings nicht, in Ad-Hoc-Gruppen werden entstehende Probleme gemeinsam behandelt[137].

---

133 Brief Rehlingers vom 28. 1. 1970 an den Verfasser.
134 Vgl. S. 32.
135 Ausarbeitung des Ministeriums über „Die publizistischen Aufgaben des Bundesministeriums für gesamtdeutsche Fragen" vom 14. 10. 1953.
136 Man sollte sich aber vom Namen dieses Referats nicht irreführen lassen, vgl. S. 70.   137 Auskunft des BMB Juni 1970.

D. Organisation der Öffentlichkeitsarbeit

Welche finanziellen Mittel das BMG / BMB für Öffentlichkeitsarbeit verwendet, ist nicht zugänglich. Seit 1964 gibt es zwar einen besonderen Titel für Publikationen[138], doch über die weitere Verwendung des Etats für Öffentlichkeitsarbeit gibt der Haushaltsplan keinen Aufschluß. Für die Untersuchung zur Umstrukturierung der Öffentlichkeitsarbeit der Bundesregierung hat das BMG aber folgende Angaben über seine Öffentlichkeitsarbeit gemacht:

Im Haushaltsansatz von 1969 wurden (neben dem Publikationstitel mit DM 3 200 000) DM 5 400 000 (ca. 12%) des ‚Geheimfonds', DM 250 000 (ca. 6,5%) des Bundesjugendplans Berlin und DM 4 650 000 (ca. 90%) der Zuschüsse von Reisen nach Berlin (West) und an die Demarkationslinie für Öffentlichkeitsarbeit aufgewandt[139].

2. In der BfgA

Bei der Gründung der BfgA wurde ein Teil der Öffentlichkeitsarbeit durch das Vorfeld neu organisiert und die Aktivitäten des VFWD[140] übernommen. In den Absichtserklärungen über die BfgA wurde immer wieder die Notwendigkeit für eine objektivere Informationstätigkeit betont.

„Aufgabe des Gesamtdeutschen Instituts ist es daher, die Bevölkerung der Bundesrepublik objektiv und möglichst umfassend über die gesamtdeutsche Situation, alle wichtigen Entwicklungen und Vorgänge in der DDR, die politischen Tendenzen in der SED-Führung und die Deutschlandpolitik in der Bundesrepublik zu unterrichten. Nur eine solche sachliche Information kann im Gegensatz zu propagandistischer und agitatorischer Polemik ein Auseinanderleben unseres Volkes verhindern helfen. Im Gesamtdeutschen Institut wird es daher keine Schwarz-Weiß-Malerei geben, keine einseitige Auswahl des Materials oder tendenziöse Färbung."[141]

Ähnlich äußerte sich auch Präsident Rehlinger, der „zurückhaltend formuliert, er wolle die geleistete Arbeit mit neuen Akzenten fortsetzen"[142]. Herbert Wehner sah in der BfgA hauptsächlich ein Instrument, mit dem „das, was wir als Schwerpunkt der Information erkannt haben, praktisch auch umgesetzt werden kann, in die praktische Arbeit"[143].

Nach der bisherigen Arbeit wird allerdings nicht sehr deutlich, ob man sich über die Schwerpunkte klar geworden ist[144], und Franke sagte:

---

[138] Titel 608 DM 2,5 Millionen.
[139] Drucksache des Haushaltsausschusses V/1351.
[140] Büro Bonner Berichte, Film-, Bild-, Tonbandstelle, Rednerdienst, vgl. graphische Darstellung im Anhang.
[141] Wetzel im Parlament vom 16. 8. 1969.
[142] Berliner Morgenpost vom 17. 9. 1969.
[143] Wehner in der Deutschen Welle am 22. 5. 1969, Deutschland Nachrichten 5/69.

„Methodisch ist noch nicht ganz ausgeformt, in welcher Weise das Institut wirken wird. Es soll ja keine Stätte sein, in der zu allen möglichen Themen literarische Abhandlungen angefertigt werden, sondern es sollen ganz bestimmte Sachbereiche, die sich aus der ganzen Entwicklung ergeben, dort bearbeitet werden. Es gibt also kein Programm, etwa eine Serie von bestimmten Titeln in der Öffentlichkeit zu verbreiten, sondern aus den aktuellen Geschehen ergeben sich Fragen, die behandelt werden müssen [145]. Es werden also Sachthemen aufgegriffen werden, an denen die Öffentlichkeit ein aktuelles Interesse hat, bei denen es um sachliche Informationen für alle diejenigen geht, die sich mit der Thematik befassen..."[146]

E. Thesen zu Kapitel III

1. Das Ministerium sah in der Öffentlichkeitsarbeit, insbesondere durch Subventionierung und Lenkung entsprechender Organisationen, den eigentlichen Schwerpunkt seiner Arbeit.
2. Bis Mitte der fünfziger Jahre glaubte man, auf Infiltrationspraktiken der DDR mit einseitigem Propagandamaterial antworten zu müssen. Zur gleichen Zeit erschienen Fachberichte zu speziellen Fragen in der DDR.
3. Mitte der sechziger Jahre objektivierte sich die Öffentlichkeitsarbeit des BMG und führte unter Wehner zu einem deutlichen Wandel.
4. Man erkannte neben der Aufgabe, den Informationslag über die DDR auszugleichen (wobei man jeweils nur zu Veröffentlichungen anregen, aber nicht ausführendes Organ sein möchte), die Notwendigkeit, die Deutschlandpolitik der Bundesregierung der Öffentlichkeit darzustellen.

---

[144] Einige sagen, man leide an einer ‚kalten-Kriegs-Psychose', in der man Angst hat, – in eigentlicher Verkennung der ‚neuen Ostpolitik' –, etwas über die Verhältnisse in der DDR zu veröffentlichen, weil man das vielleicht als kalten Krieg interpretieren könnte.
Vielleicht ist dies auch einer der Gründe, weshalb Fritz Schenk im August 1971 die BfgA wieder verließ.
[145] Bisher wurde von der BfgA nur eine Broschüre herausgegeben: Zur Rechtsentwicklung und Rechtssituation in der DDR am Beginn der 70er Jahre, Februar 1970. Der Informationsdienst Gesamtdeutsche Fragen wird von der BfgA vorbereitet, aber vom Ministerium herausgegeben.
[146] Interview Franke vom 24. 6. 1970.
Kritik an der Öffentlichkeitsarbeit wird insbesondere von rechten Zeitungen geübt: so von der Deutschen Nationalzeitung (vom 9. 1. 1970) und vom Rheinischen Merkur (vom 12. 6. 1970: „Verstopfte Quellen – neue Einschränkungen bei den Ostinformationen").
Aber auch zum Beispiel der Leiter der Berliner Abteilung des BMB, Kreutzer, stellte fest, daß sich die Öffentlichkeitsarbeit der BfgA so gut wie überhaupt nicht bemerkbar macht. (Interview Kreutzer vom 7. 7. 1969)

KAPITEL IV

FÖRDERUNGS- UND BETREUUNGS-MASSNAHMEN

Vorbemerkung

Sprach man in der Kabinettsvorlage 1949 zunächst nur von der Betreuung politischer Flüchtlinge[1], so kamen kurz nach Errichtung des BMG auf dem Gebiet der Betreuung eine Vielzahl von Aufgaben hinzu. Dieser Arbeitsbereich wurde zu einem der umfassendsten, der jedoch aber am wenigsten Publizität erlangte (was für die Arbeit eher nützlich als schädlich war)[2].

A. Entstehung und Kontrolle des ‚Geheimfonds'

Die für die Betreuungs- und Subventionstätigkeiten notwendigen Mittel sind zum Teil so im Haushaltsplan vermerkt, daß kaum detaillierte Rückschlüssse auf die tatsächliche Vergabe gezogen werden können.

Dieser ‚ominöse Geheimfonds'[3] des Ministeriums ging auf Wünsche aus kirchlichen Kreisen zurück, die unmittelbar Adenauer vorgetragen worden waren[4]. So wandte man in der Anfangszeit erhebliche Mittel auf, um die notleidenden Kirchen in Berlin[5] – wenn nicht auch in der DDR – zu fördern.

Im Gegensatz zu allen anderen ‚Reptilienfonds' der Regierung gab es für den Titel 300 von der ersten Haushaltsberatung an eine parlamentarische Kontrolle. Es entsprach den Vorstellungen Kaisers, auch die Opposition über die finanzielle Vergabe zu unterrichten. Deshalb konstituierte sich 1949 ein Fünfer-Ausschuß, dem zwei SPD-, ein FDP- und zwei Abgeordnete der CDU/CSU-Fraktion angehörten[6]. Für die Opposition bringt eine solche Information eine gewisse Problematik mit sich, da sie in der

---

[1] Kabinettsvorlage vom 30. 9. 1949, S. 3.

[2] Deshalb ist es besonders schwer, auf diesem Gebiet konkrete Angaben zu machen. Wehner im Ersten Deutschen Fernsehen am 23. 5. 1969: „Das ist eine Unmenge Arbeit, die kaum Schlagzeilen macht. Sobald sie Schlagzeilen macht, ist sie in der Sache schon wieder gefährdet."

[3] Name des Titels, vgl. S. 98.   [4] Interview von Zahn vom 25. 6. 1969.

[5] Interview von Zahn vom 25. 6. 1969.

[6] Interview Thedieck vom 9. 7. 1969.

Interview Wehner vom 10. 12. 1969:

„Das war jahrelang vorwiegend von der SPD-Seite ernst genommen, während die CDU/CSU sich wenig interessiert hat für diese Arbeit. Das hat sich erst in

Minderheit ohnehin keine wirksame Kontrolle ausüben und durch die Geheimhaltungspflicht auch nicht den Weg in die Öffentlichkeit wählen kann, aber dennoch eine gewisse Mitverantwortung übernimmt[7]. 1954 versuchte die SPD, diesen Fünfer-Ausschuß zu institutionalisieren. Es gelang ihr auch, einen entsprechenden Vermerk in der zweiten Beratung des Haushaltsplans durchzusetzen[8], der aber auf Antrag der CDU/CSU-Fraktion wieder gestrichen wurde[9].

Wenn man von der KPD absieht[10], ist im Bundestag nicht der Versuch gemacht worden, über die Vergabe dieser Gelder zu diskutieren[11]. Nur

---

viel späteren Jahren geändert. Die personelle Besetzung der CDU/CSU ließ hinsichtlich der Kontinuität viel zu wünschen übrig, während die SPD und auch die FDP da ziemlich konstant und kontinuierlich ihre Leute interessiert hat mitarbeiten lassen."

Seit Oktober 1969 handelt es sich um einen Achter-Ausschuß, um den Proporz zu wahren, denn traditionsgemäß gehört dem Ausschuß der Vorsitzende des gesamtdeutschen Ausschusses und der Berichterstatter der Etats des BMG an. Seit Oktober 1969 gehören aber beide der CDU an; um auch der CSU einen Sitz zukommen zu lassen, wurde der Ausschuß auf acht Mitglieder erweitert.

[7] Interview Thedieck vom 9. 7. 1969: „Die Fragen der Subventionierung, die im Fünfer-Ausschuß behandelt wurden, wurden fast immer in vollständiger Harmonie und voller Zustimmung erledigt."

Interview Wehner vom 10. 12. 1969: „Aber wahr ist, daß die Opposition zwar informiert wurde, aber ich möchte sagen, nur begrenzte Möglichkeiten hatte, ihre Ansichten zur Geltung zu bringen, weil sie die Regierung nicht zwingen konnte, ihre Absichten fundamental zu ändern. Sie konnte Einsprüche erheben, oder konnte Ratschlag geben, hat auch mitunter Wirkung erzielt, aber eben in dem Maße, in dem die Regierung bereit war, solchen Anregungen oder Einsprüchen nachzugehen oder nachzugeben. Sie haben recht, wenn Sie sagen, daß die Opposition diese Ausgaben nicht öffentlich kritisieren konnte, das konnte sie nicht, aufgrund der besonderen Behandlung der Titel, die wir ja nicht zu bestimmen hatten ... ob diese Kontrolle im letzten Sinne wirksam ist, das kann man in Frage stellen, aber sie war jedenfalls die unter den damaligen Verhältnissen mögliche und hat sich viele Jahre hindurch gegenüber entsprechenden Titeln in anderen Einzelplänen dadurch ausgezeichnet, daß sie immerhin eine, wenn auch begrenzte, Einsichtnahme, Kontrolle und Einwirkungsmöglichkeit gegeben hat ..."

[8] Sten. Berichte des BT vom 9. 4. 1954, S. 1018 f.

[9] Sten. Berichte des BT vom 6. 5. 1954, S. 1251.

Wehner meinte dazu: „... ich kann mir gut vorstellen, daß mit Blick darauf, die CDU es nicht weiter gehen lassen wollte, als daß es eine Art Gewohnheitsrecht gäbe, das sie zu gegebener Zeit sogar wieder einschränken könnte, sie eben eine schriftliche Fixierung nicht haben wollte." (Interview Wehner vom 10. 12. 1969)

[10] Z. B. Sten. Berichte des BT vom 24. 3. 1950, S. 1844 f.

[11] Ansätze dazu vielleicht in der Etatdebatte 1970, Sten. Berichte des BT vom 4. 6. 1970, S. 3075 f.

1954 [12] und 1964 [13] wurden Unstimmigkeiten im Fünfer-Ausschuß angedeutet. Der ‚Geheimfonds' ist im Laufe der Zeit immer mehr aufgeschlüsselt worden.
Franke stellte 1970 dazu fest:
„... im Laufe der Jahre sind die Positionen transparenter gemacht worden, als es zuvor der Fall war. Das ist ein ständiger Prozeß. Es bleibt aber dabei, daß gewisse Beträge zwar der parlamentarischen Kontrolle dieses Achter-Ausschusses unterliegen, aber nicht der breiten Öffentlichkeit im Detail zugänglich sind, weil eben durch die Notwendigkeiten, die sich hier in diesem Hause als Aufgabe stellen, doch Mißdeutungen unterliegen können und daraus dann möglicherweise Komplikationen entstehen können, denen man sich nicht unnötigerweise aussetzen sollte." [14]
Haushaltsdebatten werden normalerweise von der Opposition zum Anlaß genommen, die Politik der Regierung zu kritisieren. So bildet der Etat des Bundeskanzleramtes und des Verteidigungsministeriums stets Ausgangspunkt für Grundsatzdebatten. Doch bei der Beratung des Haushaltes des BMG ist es fast nie zu ernsthaften Diskussionen über die Deutschlandpolitik gekommen [15], meist ging der Etat ohne jegliche Aussprache über die Bühne [16].
Dafür können zwei Gründe ausschlaggebend sein:
– die geringe tatsächliche Einflußnahme des BMG auf die Deutschlandpolitik (die Debatten fanden beim Etat des Kanzleramtes oder des Auswärtigen Amtes statt),
– das Bestreben aller Parteien, das BMG dem offenen Parteienstreit zu entziehen [17].

B. Beratung und Rechtsschutz [18]

Das Ministerium wurde in weiten Bereichen der Beratung und des Rechtsschutzes meist indirekt tätig [19].

---

[12] Sten. Berichte des BT vom 19. 4. 1954, S. 1018; dazu Der Spiegel Nr. 19/1954, S. 6 f.
[13] Sten. Berichte des BT vom 16. 4. 1964, S. 5896.
[14] Interview Franke vom 24. 6. 1970.
[15] Ausnahmen im gewissen Umfange 1966 (Sten. Berichte des BT vom 26. 5. 1966, S. 2104 ff.)
[16] Bundestagspräsident Gerstenmeier bei der Haushaltsberatung vom 5. 6. 1959 (S. 3885): „... an der Klagemauer ist nichts los."
[17] Kabinettsvorlage 1949, S. 5: „Es soll Aufgabe des Ministeriums sein, diesen Willen zum geistigen Allgemeingut unseres Volkes zu machen und ihn ebenso wie die Grundfragen der Außenpolitik dem Parteienstreit zu entziehen."
[18] Beratung von Behörden, vgl. S. 161.
[19] Tätigkeitsbericht 1966, S. 267: „Seit Jahren bemüht sich die Bundesregierung, das Schicksal der politischen Häftlinge zu erleichtern. Sie hat Anstrengun-

Mit den Auswertungs- und Vorprüfstellen in den Flüchtlingslagern wurden auch Beratungsstellen eingerichtet, die die Aufgaben hatten, die Flüchtlinge in den mit der Notaufnahme und der Eingliederung verbundenen rechtlichen, sozialen und wirtschaftlichen Fragen zu beraten. In Einzelgesprächen und Vortragsveranstaltungen wurde versucht, sie mit den politischen und gesellschaftlichen Problemen der BRD vertraut zu machen. In diesem Bereich waren neben dem Ministerium auch die politischen Parteien und andere Verbände tätig. Der UFJ übernahm einen Teil der juristischen Beratung und war gutachtlich in die Aufnahmeverfahren eingeschaltet.

Es ist Behörden nicht erlaubt, Rechtsberatung zu erteilen, da dies in die Kompetenzen der Rechtsanwälte eingreift und besondere Probleme der Haftbarkeit aufwirft. Deshalb hat das Ministerium einen Vertrag mit einer Gruppe freitätiger Rechtsanwälte abgeschlossen – zunächst Rechtsanwalt Behling, dann Rechtsanwalt Musiolik –, die für eine Pauschale Rechtsberatung für das BMG/BMB leisten[20]. Die Rechtsstelle Musiolik[21] diente zunächst besonders dazu, Nachforschungen bei Verhaftungen in der DDR anzustellen und den entsprechenden Rechtsschutz zu vermitteln. Später kam auch die Beratung in privatrechtlichen Fällen hinzu[22], die durch die Kompliziertheit des DDR-Rechts besondere Fachkenntnisse erfordert. Diese Form der Rechtsbeihilfe wird auch von den DDR-Behörden akzeptiert[23].

C. Materielle Hilfeleistungen

Die materielle Unterstützung der Bevölkerung in der DDR, die zumeist unkonventionelle Wege nahm, war von erheblicher Bedeutung[24].

---

gen der verschiedenen Stellen unterstützt, die schließlich auch zur Entlassung vieler seit langen Jahren in den Strafanstalten einsitzender Häftlinge geführt haben."

Vgl. zum gleichen Thema: Tätigkeitsbericht 1968, S. 486; 1966, S. 267.

Rolf Schroers, Unter dem Gesichtspunkt Barzel, in: Ullrich Sonnemann (Hg.): Wie frei sind unsere Politiker? München 1968, S. 101 ff.

Telegraf vom 9. 10. 1964; Berliner Morgenpost vom 14. 10. 1964; Der Spiegel vom 14. 10. 1964, S. 31, vom 31. 1. 1966, S. 12.

[20] Interview Thedieck vom 1. 12. 1969.

[21] Nach dem Gutachten des BRH über die BfgA sollte sogar ein Mitarbeiter der Rechtsstelle Musiolik in die BfgA übernommen werden. (S. 31)

[22] Etwa ab 1958.

[23] Eine Übernahme durch den UFJ, der auch Rechtsauskünfte erteilte, hätte keinen Widerhall der DDR-Seite gefunden, da der UFJ durch seine Aktionen in der Öffentlichkeitsarbeit zu sehr im Scheinwerferlicht stand, und von der DDR aufgrund von nachrichtendienstlicher Tätigkeit in den fünfziger Jahren als suspekt angesehen wird.

[24] Wenn auch nicht im Haushaltsplan in diesem Sinne ausgewiesen, vgl. S. 127.

C. Materielle Hilfeleistungen

Im Tätigkeitsbericht von 1951 hatte man noch offen geschrieben:
„Die besondere Sorge des Bundesministeriums für gesamtdeutsche Fragen galt im abgelaufenen Jahr der Bevölkerung in der sowjetischen Besatzungszone. Zahlreiche Aktionen dienten der besseren Versorgung der Bevölkerung der Zone mit Lebensmitteln, Medikamenten und Büchern."[25]

Man sah sich dabei im Zwiespalt, einerseits der Bevölkerung helfen, andererseits das Regime nicht unterstützen zu wollen. Neben ganz offiziellen Angeboten (bei denen man eine propagandistische Absicht nur schwer leugnen kann[26], und die dadurch für die DDR unannehmbar wurden, da sie ein Eingeständnis des eigenen Unvermögens dargestellt hätten[27]), fand das BMG auch inoffizielle Wege.

Zum „Verein zur Förderung der Wiedervereinigung Deutschlands" gehörte seit 1958 das Büro für gesamtdeutsche Hilfe, das sowohl für die Werbung für Hilfsmaßnahmen[28] zuständig war und über das sicher auch Mittel vergeben wurden.

Es unterstand dem Referat I/7 im Ministerium (Stand 1968) – Hilfs- und Betreuungsmaßnahmen – unter der Leitung von Dr. Liebrich, der seit Gründung des BMG für diese Aufgaben verantwortlich ist. Bis 1966 gab es daneben noch ein Referat für „Besondere Hilfeleistungen". Auch in der Berliner Abteilung existiert ein entsprechender Aufgabenbereich, der von der DDR wegen angeblicher Spionage angegriffen wurde[29].

Das Büro für gesamtdeutsche Hilfe ist – wie ein Teil der entsprechenden Referate des BMG – in die BfgA übergegangen[30]. Man arbeitet auch mit karitativen Verbänden zusammen, die aber immer Wert darauf legen, diese Zusammenarbeit nicht herauszustellen, um ihre Arbeit nicht unnötig zu belasten[31]. Man steht mit Parteien, Gewerkschaften und anderen Organisationen bei dieser Arbeit in Verbindung. Hier liegt auch einer der Gründe dafür, daß die Förderungsarbeit der BfgA nicht besonders betont wird; ab-

---

Ab 1962 existiert ein Titel: Förderung besonderer Hilfsmaßnahmen gesamtdeutschen Charakters mit ca. DM 40 000 000.

[25] Tätigkeitsbericht [2] 1951, S. 218.
[26] Meist gingen solchen Aktionen inoffizielle Angebote voraus, deren Ablehnung man dann propagandistisch auswertete.
[27] Vgl. Der Spiegel vom 10. 8. 1960, S. 16 f.; vom 12. 7. 1961, S. 23 f.
[28] In Form von Ausstellungen, Plakaten, Merkblättern etc.
[29] Neues Deutschland vom 26. 1. 1968.
[30] Vgl. graphische Darstellung im Anhang.
[31] Dieses Argument wurde auch häufig gegen die Gründung der BfgA vorgebracht.
Manfred Wörner, Stellungnahme zu der beabsichtigten Errichtung einer „Bundesanstalt für gesamtdeutsche Fragen", November 1968, S. 1: „Besonders die Öffentlichkeitsarbeit und die Durchführung von Hilfs- und Betreuungsmaßnahmen lassen sich wesentlich unauffälliger, wirksamer und elastischer durch eine privatrechtlich organisierte Institution durchführen als durch eine staatliche Behörde."

gesehen von der Mühe, die es offensichtlich macht, die Förderungsarbeit in die Organisation der BfgA einzuordnen [32]. Dazu kam die Problematik der Lokalisierung Berlin und Bonn:
„Die Erfahrungen im Hause haben gezeigt, daß beispielsweise die Bearbeitung der Maßnahmen der materiellen Hilfeleistungen – aufgeteilt nach Zuwendungsempfängern mit Sitz in Berlin oder im übrigen Bundesgebiet – zu unerträglichen Schwierigkeiten führt (Gefahr der Doppelarbeit und Doppelbewilligungen)" [33].
Geplant war eine Übertragung folgender Förderungsmaßnahmen in die BfgA:
„Förderung von kulturellen Maßnahmen (Kulturaustausch, Gastspielreisen von Theatern, Orchestern, Chören usw.),
– Förderung materieller Hilfeleistungen,
– Förderung von gesamtdeutschen Begegnungen,
– Förderung von Studienfahrten und Informationsreisen nach Berlin und an die Demarkationslinie." [34]
„Auf Anregung des BMG entstand 1951 der Bauernverband Berlin e. V. als „Auskunfts- und Beratungsstelle für Bauern aus der Sowjetzone" [35]. Er wird vom Ministerium finanziert und hat viele Kontakte zur DDR, um zu informieren und materielle Hilfe zu leisten [36].

D. Förderung von Begegnungen und Informationsreisen [37]

Ähnlich wie bei den materiellen Hilfeleistungen für die Bevölkerung der DDR sah sich das BMG bei der Förderung von Begegnungen in einem Zwiespalt:
„Angesichts unserer gesamtdeutschen politischen Zielsetzung wollen und können wir Kontakte, soweit sie nicht eklatant staatsfeindlichen Zwecken dienen, nicht verbieten oder verhindern. Allerdings muß deutlich ausgesprochen werden, daß es dabei mit dem guten Willen unserer Seite nicht allein getan ist. Zahlreiche Beispiele gerade der jüngsten Vergangenheit zeigen, daß das Argument, um der Menschen hinter dem Eisernen Vorhang

---

[32] In jedem neuen Organisationsvorschlag fand sie sich an anderer Stelle wieder.
[33] Material des BMG über die BfgA vom 23. 10. 1968, S. 7.
[34] Material des BMG über die BfgA vom 23. 10. 1968, S. 9.
[35] Tätigkeitsbericht [2] 1954, S. 321.
Die Initiative kam von Wehner und Friedheim.
[36] Entgegen den Vorstellungen des BRH (Gutachten S. 31) hat die BfgA keine Mitarbeiter des Bauernverbandes übernommen, da er seine Aufgaben besser außerhalb einer Bundesbehörde erfüllen zu können glaubt.
[37] Überschneidungen mit dem Kapitel Öffentlichkeitsarbeit konnten nicht vermieden werden.

D. Förderung von Begegnungen

willen müsse man auch halb offizielle Kontakte eingehen, nicht stichhaltig ist."[38]

Man befürchtete also neben einer Aufwertung besonders kommunistische Infiltrationspraktiken. Im Ministerium unter Thedieck glaubte man auch, daß „den fast immer recht unbefangenen westdeutschen Partner ... in den meisten Fällen Funktionäre mit klaren politischen Aufträgen" gegenüber stehen[39], denen man unterlegen sei.

Trotzdem kam es auf dem Gebiet der Kultur und des Sportes zu einer Vielzahl von Begegnungen, bei denen aber immer mehr die Forderung nach Anerkennung zu einer Voraussetzung der Weiterführung der Kontakte gemacht wurde. Vom BMG stellte man „die Pflege der Verbindungen von Mensch zu Mensch"[40] an die erste Stelle, die ihr Ende immer sofort fand, wenn Kontakte eine offizielle Ebene erhielten.

In den fünfziger Jahren bildete noch der Besuchsreiseverkehr aus der DDR ein Schwergewicht der Begegnungen und wurde im beträchtlichen Ausmaß vom BMG gefördert[41]. Seit 1956 gibt es zur Förderung des Interzonenreiseverkehrs einen eigenen Haushaltstitel[42]. Diese Ausgaben sanken in den fünfziger Jahren durch die restriktiven Reisebestimmungen der DDR ständig[43], und erreichten nach dem Bau der Mauer 1963 ihren Tiefpunkt[44]. Erst durch die Rentner-Reisen wurden dafür wieder erhöhte Mittel und Aktionen notwendig[45].

---

[38] Franz Thedieck, Kontakte über die Zonengrenze hinweg – aber wie? in: Der Landkreis, Januar 1961, S. 2.
[39] Franz Thedieck, Kontakte über die Zonengrenze hinweg – aber wie? in: Der Landkreis, Januar 1961, S. 6.
[40] Franz Thedieck, Kontakte über die Zonengrenze hinweg – aber wie? in: Der Landkreis, Januar 1961, S. 2.
[41] Franz Thedieck [3], S. 327: „Bis zum 13. August 1961, an dem durch die sowjetzonalen Sperrmaßnahmen der Besucherverkehr aus der SBZ zum Erliegen gekommen ist, ermöglichte das Ministerium durch mancherlei finanzielle Hilfen den Menschen aus der SBZ und den meisten Ostblockstaaten die Schwierigkeiten zu überwinden, die durch die strengen Devisenvorschriften entstanden. Die ‚Bargeldhilfe' nahmen etwa 77% aller Einreisenden aus den genannten Gebieten in Anspruch. Von der Möglichkeit, Gutscheine für die Rückreise zu erhalten, machten etwa 63% aller Einreisenden Gebrauch. Die ‚Krankenhilfe' wurde von etwa 5% der Einreisenden in Anspruch genommen."
Vgl. Tätigkeitsberichte [2] (Sonderdruck BMG) 1955, S. 4; 1956, S. 7; 1957, S. 6.
[42] Ist-Ergebnis: DM 25 000 000.
Sten. Berichte des BT vom 22. 6. 1956, S. 8220 ff., vom 28. 6. 1956, S. 8497 ff.
[43] Ist-Ergebnis 1957: DM 59 919; 1958: DM 16 334 000; 1959: DM 19 938 000.
[44] Ist-Ergebnis 1963: DM 759 000.
[45] 1965 wurden für den Titel 603 (Förderung des Besuchsreiseverkehrs aus

IV. *Förderungs- und Betreuungsmaßnahmen*

Das Ministerium unterstützt eine Vielzahl von Reisen nach Berlin[46], an die Zonengrenze[47] und seit 1967 auch wieder von Jugendgruppen in die DDR[48].

E. *Kulturelle Förderung und Betreuung*

1. *Vertriebenenverbände und Landsmannschaften*

„Die Arbeit der Landsmannschaften, der Heimatvertriebenen wurde vom Ministerium ebenfalls gefördert, da die Erhaltung der Heimattradition und die Förderung der kulturellen Belange der Flüchtlinge als eine wichtige Aufgabe angesehen werden"[49].

So entstand 1950 unter der Schirmherrschaft des Ministeriums in Berlin ‚Das Haus der Ostdeutschen Heimat'[50], das gemeinsam mit dem Berliner Senat finanziert wird[51].

„Diese Arbeit ist nicht nur für die Heimatvertriebenen in Berlin und für ihre Organisation von großer Bedeutung; das ‚Haus der Ostdeutschen Heimat' ist vor allem auch für die vier Millionen Heimatvertriebene in der Sowjetzone eine Stätte der Begegnung mit der unvergessenen Heimat jenseits von Oder und Neiße ...

Das Bundesministerium für gesamtdeutsche Fragen legt auf die Pflege der heimatlichen Traditionen großen Wert und setzt sich immer wieder dafür ein, daß der Osten im Bewußtsein des ganzen deutschen Volkes lebendig bleibt."[52]

In diesem Bereich kam es zu einer engen Zusammenarbeit mit dem Vertriebenenministerium und auch zu Absprachen über die Kompetenzen. Von jeder Subventionsentscheidung wurde das andere Ministerium unterrichtet,

---

dem Sowjetsektor und den Vertreibungsgebieten ost- und südostwärts der Bundesrepublik) wieder DM 86 958 000 ausgegeben.

[46] Vgl. S. 177.
[47] Haushaltsansatz 1970 Titel 685 07: DM 6 500 000.
[48] Vgl. der Stern vom 25. 3. 1970.
Tätigkeitsbericht [2] 1969, S. 566: „Aufgabe des Bundesministeriums für innerdeutsche Beziehungen ist es dabei, weiterhin auf vielfältige Weise Organisationen und informelle Gruppen anzuregen, Begegnungsarbeit zu leisten, und damit auch die Kontaktmöglichkeiten und innerdeutschen Beziehungen weiter zu steigern. Dabei hat sich herausgestellt, daß nicht ‚Lautstärke' sondern die Phantasie junger Leute zu qualifizierten Begegnungen führt."
[49] Tätigkeitsbericht [2] 1950, S. 114. Vgl. auch die späteren Tätigkeitsberichte.
[50] Der Spiegel vom 3. 8. 1950, S. 5.
[51] Tätigkeitsbericht [2] 1950, S. 220. Die Betreuung des Hauses der Ostdeutschen Heimat sollte in die BfgA übergehen. (Gutachten des BRH über die BfgA, S. 28)
[52] Tätigkeitsbericht [2] 1954, S. 323.

E. Kulturelle Förderung und Betreuung

um Doppelbewilligungen zu vermeiden. Die Landsmannschaften mit der Traditionspflege der Heimatgebiete lagen als Volkstumsarbeit beim BMG [53], für die Vereinigungen der Flüchtlinge, die sich um wirtschaftliche Wiedereingliederung und um die Wahrnehmung ihrer Rechte kümmerten, war das Vertriebenenministerium zuständig [54]. Kompetenzstreitigkeiten blieben trotzdem zwischen den beiden Ministerien nicht aus [55], zumal man im Vertriebenenministerium häufig Pläne hegte, sich auf Kosten des BMG zu regenerieren [56].

Die finanziellen Zuwendungen des BMG für die Vertriebenen- und Flüchtlingsvereinigungen wandelten sich im Laufe der Zeit erheblich. Die Höhe der zweckgebundenen Mittel stieg zuungunsten einer Pauschalsubventionierung. Heute gibt es – nach Franke –:

„... je nur zweckgebundene Bezuschussung. Verbände und Institutionen bekommen ja nicht einen Betrag zur Blankoverfügung überwiesen, sondern zur Förderung von Staatsbürgerlehrgängen, zur kulturellen Pflege, all die Dinge, die aus der Veränderung in den Grenzen sich ergeben, um das lebendig zu halten oder überhaupt am Leben zu erhalten, was ein Stück deutscher Geschichte ausmacht. Natürlich hat sich ergeben, daß manches, was vor Jahren finanziert wurde, überhaupt nicht mehr lebt in solcher Weise." [57]

Seit der Großen Koalition und insbesondere der Kanzlerschaft Brandts stiegen die Differenzen zwischen dem Ministerium und den Vertriebenen, da man sich dagegen wehrte, Veranstaltungen zu unterstützen, die sich zu ‚Kampfdemonstrationen' gegen die Politik der Regierung entwickelten [58].

---

[53] Eine Übersicht über diese Institutionen gibt der „Material- und Personalkatalog für ost- und mitteldeutsche Kulturarbeit in der Bundesrepublik und West-Berlin", Hamburg 1961.

[54] Wobei das BMG beratend eingeschaltet blieb: Tätigkeitsbericht [2] 1951, S. 219; und auch Einfluß auf die Organisation nahm: Tätigkeitsbericht [2] 1953, S. 287; vgl. Franz Thedieck [3], S. 287, Interview von Zahn vom 25. 6. 1969.

[55] FAZ vom 16. 1. 1958, 17. 1. 1958.

[56] FAZ vom 13. 8. 1957.
Im Taschenbuch über das Vertriebenenministerium (Lothar Wieland, Das Bundesministerium für Vertriebene, Flüchtlinge und Kriegsgeschädigte, Frankfurt, Bonn 1968) wird das BMG bemerkenswerterweise noch nicht einmal erwähnt!

[57] Interview Franke vom 24. 6. 1970.

[58] Vgl. die Auseinandersetzung um die Subventionierung des Tages der Heimat in Berlin; Der Spiegel vom 24. 8. 1970, S. 36.

[59] Vgl. Kapitel Koordinierung, S. 141 ff.

IV. Förderungs- und Betreuungsmaßnahmen

2. Zonenrandgebiet [59]

Erst nach der Sperrung der Zonengrenze im Juni 1952[60], auf die man offensichtlich nicht eingestellt war, und für die man auch keine Vorbereitungen getroffen hatte[61], bemühte man sich seit 1954 intensiv darum[62], die kulturellen Auswirkungen zu mildern, „die vor allem darin bestanden, daß manche Gemeinden von ihren zentralen Orten abgeschnitten waren, oder nur unzulängliche Schulen, keine Sportplätze und Turnhallen besaßen"[63].

Schon seit 1951 unterstützte man den Schulbau in den „gefährdeten Grenzgebieten", so insbesondere an der deutsch-dänischen Grenze[64].

Seit 1955 verfügt das BMG über Mittel zur Förderung des Schulbaus im Zonenrandgebiet[65] und zur „Förderung von kulturellen Maßnahmen gesamtdeutschen Charakters im Zonenrandgebiet"[66]. Da es sich hierbei um Aufgaben handelte, die eigentlich in die Kompetenz der Länder fielen[67], bedurfte es enger Zusammenarbeit mit den Kultusministerien[68]. Diese Mittel wurden nach einem vereinbarten Verteiler auf die vier Länder Schleswig-Holstein, Niedersachsen, Hessen und Bayern vergeben und nach Vorschlagslisten der Länder, denen vom BMG zugestimmt werden mußte, verwandt[69].

Um eine Zersplitterung der Mittel in Kleinstbeträge zu verhindern, wur-

---

[59] Bundesministerium für innerdeutsche Beziehungen (Hg.): Der Bund hilft, Förderung des Zonenrandgebietes, Bonn 1970.
[60] Tätigkeitsbericht [2] 1952, S. 215.
[61] Interview von Hammerstein vom 4. 2. 1970: „Die Entwicklung ging ja in die entgegengesetzte Richtung: Wir wollten ja jede Absperrung verhindern. Man hat sich relativ wenig damit beschäftigt, daß die nun wieder eine Verschärfung mehr hineinbrachten. Man kann sagen, Ihr ward ganz schön naiv! In mancher Sicht waren wir vielleicht auch naiv, das kann man nicht bestreiten, jedenfalls, wenn man es rückwärts sieht."
[62] Sten. Berichte des BT vom 26. 5. 1954, S. 1476.
[63] Interview von Zahn vom 25. 6. 1969.
[64] Sten. Berichte des BT vom 11. 10. 1951, S. 6852. Haushaltsentwurf 1951, Titel 33: DM 4 880 000.
[65] Titel 302a, Ist-Ergebnis 1955: DM 7 320 000.
[66] Titel 302b, Ist-Ergebnis 1955: DM 2 000 000.
[67] Tätigkeitsbericht [2] 1954, S. 319: „Wenn auch kulturelle Belange nach dem föderalistischen Aufbau der Bundesrepublik in die Zuständigkeit der Länder fallen, so ist es nicht zu verkennen, daß es sich bei der Betreuung der Zonenrandgebiete um ein Problem von politischer Bedeutung handelt, denn diese Gebiete liegen abseits des pulsierenden Lebens und sind den vielfältigen Infiltrationsversuchen der Sowjetzone besonders ausgesetzt."
[68] Interview von Zahn vom 25. 6. 1969.
[69] Tätigkeitsbericht [2] (Sonderdruck BMG) 1955, S. 8.

den ab 1965 Mindestbeträge für Einzelmaßnahmen festgesetzt[70]. 1966 wurden die Mittel erheblich aufgestockt. Wurden 1964 DM 12 854 000 für Schulbauten und DM 3 746 000 für kulturelle Maßnahmen im Zonenrandgebiet ausgegeben, so waren es 1966 DM 15 991 000 und 9 000 000 [71].
Erst unter Wehner erhielt das BMG Zuständigkeiten, die über die reinen kulturellen Angelegenheiten hinausgingen[72].

F. Unterstützung an Institutionen und Vereine in den fünfziger Jahren

Bei der Vergabe von Subventionen des BMG an zahlreiche Organisationen ergeben sich Schwierigkeiten der Klassifizierung. Man kann von einer Unterstützung in den verschiedensten Bereichen ausgehen, da „ein Ministerium ohne Unterbau und nachgeordnete Stellen besondere Wege gehen mußte, wenn es die außerordentlich weitschichtigen Aufgaben, die ihm gestellt waren, bewältigen sollte"[73].

In den vorangegangenen Kapiteln wurden einige der subventionierten Vereinigungen erwähnt[74], und die damit verbundene Problematik aufgezeigt (soweit man ihren Aufgabenbereich klassifizieren konnte).

Bei einigen Vereinen kann man Unterstützung vermuten, aber nicht nachweisen. Einfluß hatte das BMG z. B. auf die ‚Vereinigung 17. Juni‘ und die ‚Vereinigung Opfer des Stalinismus‘[75], die man 1954 durch Reduzierung der Zuschüsse zu Reorganisationen zwingen wollte[76]. Auch die Ostbüros der Parteien (CDU, SPD, FDP), die völlig unterschiedlich strukturiert waren, arbeiteten eng mit dem Ministerium zusammen[77]. Die Organisationen und auch zahlreiche Aktionen wurden vom Ministerium finanziert[78]. In welchen Bereichen die Ostbüros tätig geworden sind, ist schwer nachzuvollziehen. Dazu gehörten sicherlich Betreuungsmaßnahmen, Versand von In-

---

[70] Tätigkeitsbericht [2] (Sonderdruck BMG) 1965, S. 19.
[71] Ansätze für 1970: Titel 882 01: DM 22 000 000; Titel 685 03: DM 12 000 000. Seit 1969 wird auch der Kindergartenbau im Zonenrandgebiet gefördert.
[72] Vgl. S. 163.
[73] Ausarbeitung des Ministeriums über „die publizistischen Aufgaben" vom 14. 10. 1953, S. 4.
[74] Z. B. UFJ, IWE, VFF.
[75] Interview Thedieck vom 1. 12. 1969.
[76] Die Welt vom 4. 10. 1954.
[77] Interview Thedieck vom 9. 7. 1969: „Wir haben gut zusammengearbeitet." Die Neue Zeitung vom 15. 2. 1951: „Vertreter des Bundesministeriums für gesamtdeutsche Fragen und der Ostbüros der politischen Parteien besprachen am Dienstag in Bonn eine engere Koordinierung ihrer Arbeit. Diese soll sich vor allem auf den Austausch von Informationen erstrecken."
[78] Interview Thedieck vom 9. 7. 1969; Interview von Zahn vom 25. 6. 1969.

formationsschriften und vielleicht auch nachrichtendienstliche Tätigkeiten in der DDR [79]. John Dornberg berichtet auch von „Sabotagefeldzügen" des SPD-Ostbüros [80]. Obwohl es zwischen dem BMG und dem Ostbüro der SPD manchmal zu Differenzen über Aktionen kam, die das BMG nicht zu decken gewillt war, so verfügte Thedieck oft über einen ‚kürzeren Draht' zu Stephan Thomas [81], dem Leiter des Ostbüros, als Herbert Wehner [72]. Das SPD-Ostbüro wurde 1966 aufgelöst und in ein gesamtdeutsches Referat im Parteivorstand unter der Leitung von Bärwald überführt [83].

In ein sehr zweifelhaftes Licht geriet das BMG bei einigen Subventionsmaßnahmen [84] dadurch, daß es auch bei Vereinen, die finanziell vom BMG abhängig waren, deren völlige Unabhängigkeit betonte und so die Öffentlichkeit falsch informierte.

Ein Beispiel dafür ist die Kampfgruppe gegen Unmenschlichkeit (KgU), die im Dezember 1948 von Rainer Hildebrandt gegründet wurde und zunächst ihre Hauptaufgabe in einem Suchdienst sah [85]. Diese karitative Funktion wandelte sich bald, als nach Machtkämpfen in der KgU Tillich die Leitung übernahm und der Hauptanteil der finanziellen Mittel aus amerikanischen Quellen kam [86]. Die KgU wurde zu einer militanten Widerstandsgruppe, die auch vor Gewalttaten nicht zurückschreckte [87]. Offiziell erhielt die KgU bis November 1951 Zuwendungen vom BMG [88]. Den deut-

---

[79] Vgl. Schadensersatzprozeß Hiller-Ostbüros: Die Zeit 10/69, Der Spiegel vom 7. 4. 1969, S. 36.

[80] John Dornberg, Deutschlands andere Hälfte, Wien, München, Zürich 1969, S. 142. Der Spiegel vom 11. 7. 1966, S. 21.
Brief Thedieck vom 16. 4. 1970 an den Verfasser:
„Zu dem Buch von John Dornberg ‚Deutschlands andere Hälfte' kann ich nicht viel sagen. Ich halte es für ein ziemlich unzuverlässiges Machwerk; die Darstellung der Sabotage-Arbeit der Ostbüros scheint mir sehr übertrieben zu sein. Herr Thomas versicherte mir, daß das Ostbüro solche Aktionen wie die Verhinderung von Lebensmittellieferungen, nicht betrieben habe."

[81] Er ist jetzt Stellvertreter Thediecks beim Deutschlandfunk. Vgl. Der Spiegel vom 17. 8. 1960, S. 17.

[82] Was auch auf persönliche Differenzen zwischen Wehner und Thomas zurückzuführen ist.

[83] Ein Gespräch mit Bärwald vom Juli 1969 war völlig unergiebig.
Bärwald legte die Referatsleitung im Januar 1971 wegen „Bedenken gegen Praxis und Methode der Ost- und Deutschlandpolitik der SPD-Regierung" nieder. (Der Spiegel vom 2. 1. 1971, S. 26 f.)

[84] Vgl. Subventionen an das ‚Deutsche Büro', Der Spiegel vom 5. 5. 1954, S. 6 ff. Vgl. Zahlungen an den BDJ, Süddeutsche Zeitung 15. 10. 1952.

[85] Neue Zeitung vom 14. 12. 1948, KgU aus DDR-Sicht: Unmenschlichkeit als System, Dokumentarbericht über die KgU, Berlin 1957.

[86] Der Spiegel vom 2. 7. 1958, S. 28 ff.

[87] Der Spiegel vom 19. 11. 1952, S. 12 ff; FAZ vom 14. 12. 1957.

schen Behörden war es durch die amerikanischen Aktivitäten nicht möglich, rigoros gegen die KgU vorzugehen [88].

Durch eine Vielzahl von Hilfsorganisationen in Berlin, in denen sowohl BMG als auch KgU engagiert waren, bestanden auch weiterhin Kontakte und zum fünfjährigen Bestehen 1953 erreichten die KgU auch Glückwunschtelegramme von Thedieck und Kaiser [90]. Thedieck, der es zu seinen Hauptverdiensten zählt, „die KgU kaputtgemacht zu haben" [91], erinnert sich nur an die Finanzierung des Suchdienstes der KgU durch das BMG [92].

G. Veränderungen in der Organisation und Art der Subventionen

In der Anfangszeit
„hatten alle Referate die Möglichkeit, sich Hilfsorganisationen zur Durchführung ihrer gesamtdeutschen Aktivitäten zu schaffen".
Nachdem der Apparat größer wurde,
„da erwies es sich als sehr hinderlich, daß alle Referate gleichzeitig sowohl Grundsatzfragen auf ministerieller Ebene, als auch gesamtdeutsche Aktivitäten förderten und dazu Etatmittel bewirtschaften mußten, denn die Grundsätze, nach denen die Referenten vorgingen, waren sehr verschieden, und die Haushaltsabteilung drängte immer mehr darauf, reinlich zu scheiden zwischen Referaten, die mit Geld Aktivitäten förderten, ins Leben riefen oder unterstützten auf der einen Seite und Referaten, die mit Geldsachen nichts zu tun hatten" [93].
Diese Trennung – begonnen unter Mende und Krautwig – erfolgte in vollem Umfange erst 1967 [94].

Ähnlich der organisatorischen Veränderung wandelte sich auch die Art der Subventionierung. Bediente sich Thedieck noch eines ‚Gießkannenprinzips', um bei möglichst vielen gesamtdeutschen Aktivitäten eingeschaltet zu sein und so viele Wünsche wie möglich erfüllen zu können, so monierte schon Krautwig eine Vielzahl von Subventionen und wünschte ge-

---

[88] Archiv der Gegenwart 1958, S. 7061; Der Spiegel vom 2. 7. 1958, S. 36; FAZ vom 14. 12. 1957.
[89] Süddeutsche Zeitung vom 8. 7. 1955; Telegraf vom 6. 11. 1952.
[90] Neue Zeitung vom 15. 12. 1953.
[91] Interview Thedieck vom 9. 7. 1969: „Ich habe in harten Auseinandersetzungen mit den Amerikanern erreicht, daß die die Förderung eingestellt haben."
[92] Interview Thedieck vom 1. 12. 1969: „Dieser Suchdienst ist dann später vom Roten Kreuz übernommen worden. Wenn ich mich recht erinnere, hat die KgU fünftausend DM monatlich von uns bekommen. Das ist dann auf das Rote Kreuz übergegangen."
[93] Interview von Zahn vom 25. 6. 1969.
[94] Vgl. S. 61.

140   *IV. Förderungs- und Betreuungsmaßnahmen*

nauere Aufschlüsselung der Verwendungszwecke[95]. Auch die Veränderungen in der Regierungspolitik machten Umstrukturierungen notwendig, die aber nur sehr langsam bemerkbar wurden.
Der jetzige Minister Franke sieht die Entwicklung so:
„Da machte einer eine private Gesellschaft oder einen privaten Verein auf, da wurden dann Zeitschriften produziert und das hing uns dann immer an und war dann Veranlassung, hier uns in der Bundesrepublik nachzusagen, daß wir noch in einer Welt leben, die es gar nicht mehr gibt. Es wurde da vieles mitgemacht, was zeitbedingt richtig erschien, richtig erschien auch unter der damaligen Regierungsverantwortung, aber so etwas ändert sich dann peu à peu.."[96]

H. Thesen zu Kapitel IV

1. Das Ministerium verfügt über Haushaltstitel, die einen hohen Prozentsatz des Etats ausmachen, die und nur von einem Fünfer-(Achter)-Ausschuß des Bundestages kontrolliert werden.
2. Das BMG leistete und leistet der Bevölkerung der DDR und den von der Spaltung in der BRD Betroffenen materielle und ideelle Hilfe.
3. Dazu bedient sich das Ministerium einer Vielzahl von Organisationen, die sich im Laufe der Zeit erheblich wandelten.

---

[95] Interview Brodeßer vom 20. 6. 1969: „Versuche, die Subventionen einschneidend umzustrukturieren sind gescheitert."
[96] Interview Franke vom 24. 6. 1970.

KAPITEL V

BERATUNG UND KOORDINIERUNG

Vorbemerkung

Wehner sagte 1951 über das Ministerium:
Es „... müßte allgegenwärtig sein, wenn es seine Aufgaben erfüllen wollte, oder es müßte sich sozusagen um eine Art Überministerium handeln, denn jede Handlung der Regierung oder ihrer Teile müßte ja unter dem Gesichtspunkt gesamtdeutscher Verpflichtung stehen und geschehen...
Die behelfsmäßige Konstruktion, die das Kabinett in Gestalt des Ministeriums für gesamtdeutsche Fragen geschaffen hat, wird den Anforderungen, die an das Gesamtkabinett und an jedes einzelne Ministerium in dieser Hinsicht gestellt werden müssen, nicht gerecht. Dieses Ministerium ist ... eine Fehlkonstruktion."[1]

Eigentlich hatte man schon 1949 diese Schwierigkeit gesehen und in der Kabinettsvorlage festgestellt, daß ein gesamtdeutsches Ministerium mit allen anderen Ressorts in Konflikt kommen müsse. Man hatte ihm aber nicht die Stelle eines ‚Überministeriums' zugewiesen, sondern die Aufgabe auf die Information und Beratung der anderen Ressorts beschränkt[2].

Spannungen und Differenzen mit den anderen Ministerien konnten bei dieser Aufgabenstellung des BMG/BMB nicht ausbleiben.

Kompetenzauseinandersetzungen u. a. mit
- dem Auswärtigen Amt
- dem Wirtschaftsministerium
- dem Innenministerium
- dem Bundeskanzleramt

waren immer latent vorhanden.

Die vorhandenen Koordinationsgremien
- Interministerielle Ausschüsse[3]

---

[1] Sten. Berichte des BT vom 5.4.1951, S.4979.

[2] Kabinettsvorlage 1949, S. 3: „Soweit es sich bei dem Aufgabenkreis des Ministeriums nicht um rein politische Angelegenheiten, also etwa um die Aufklärung über ostdeutsche Verhältnisse handelt, wird die Arbeit des Ministeriums die Kompetenzen fast aller Fachministerien berühren. Dabei wird das Ministerium seine Hauptaufgabe darin sehen, die zuständigen Referate der Fachministerien über alle Vorgänge seines Bereiches ständig zu unterrichten."

[3] Ein sehr verzweigtes System interministerieller Ausschüsse, das eigentlich

V. Beratung und Koordinierung

– Staatssekretärausschuß [4]
– Kabinettsausschuß [5]

erfuhren dabei in der Entwicklung unterschiedliche Bedeutungen, wobei einige auch vorübergehend ‚einschliefen'.

A. Stellung des BMG/BMB in der Arbeit der Bundesregierung

1. Stellung des BMG unter Jakob Kaiser in der Arbeit der Bundesregierung

Die Aufgabe des Ministeriums bei allen Angelegenheiten anderer Ressorts ist es, „überall eben dabei zu sein und zu sorgen, daß im gesamtdeutschen Sinne richtig verhandelt und verkehrt wird"[6]. In alle diese Angelegenheiten eingeschaltet zu werden, setzt aber voraus – insbesondere da es darüber

---

kaum übersehbar ist, verbindet die Ministerien miteinander und soll der Koordinierung dienen. So ermittelte die Sachverständigen-Kommission zur Vereinfachung der Verwaltung 1960 etwa 50 solcher Ausschüsse (Bericht der Sachverständigen-Kommission für die Vereinfachung der Verwaltung beim Bundesministerium des Innern, Bonn 1960, S. 40)

Wichtigster Ausschuß für das BMG/BMB ist dabei der interministerielle Ausschuß für Fragen der Wiedervereinigung (jetzt: für innerdeutsche Kontakte), kurz Kontaktausschuß genannt. Seine Federführung lag zunächst im BMG (Tätigkeitsbericht [2] 1952, S. 215; Harm Prior [36], Die interministeriellen Ausschüsse der Bundesministerien, Stuttgart 1968, S. 20), ist aber bei der Einführung des Kontaktausschusses 1964 ins Bundeskanzleramt übergegangen. (Auskunft des BMB im Juni 1970, daß der Ausschuß jetzt mit der Leitung im BKA liegt) Über die Effektivität dieses Ausschusses gehen die Meinungen weit auseinander. Meinen die einen, daß die Größe des Ausschusses und das Ressortdenken eine echte Koordinierung vereitelt, (vgl. Klaus Seemann, Regierung und Verwaltung in: Die Neue Gesellschaft, Nr. 6/1967, S. 480) so halten ihn andere für einen der „vorzüglichsten interministeriellen Ausschüsse, die es gibt." (Interview Dr. Plück vom 3. 12. 1969) Neben diesem Kontaktausschuß war bzw. ist das Ministerium in einer Anzahl von weiteren Ausschüssen beteiligt, so z. B. im:
– interministeriellen Ausschuß für Notstandsgebietsfragen (IMNOS), jetzt Ausschuß für regionale Wirtschaftspolitik (näheres über Entstehung und Arbeitsweise bei: Prior [36], S. 155 f., der aber bei den beteiligten Ministerien (S. 156) das BMG vergessen hat. Vgl. Tätigkeitsberichte [2])
– Ausschuß für Ost-West-Filmfragen (Hermann Meyn, Massenmedien in der Bundesrepublik Deutschland, Berlin 1970, S. 94; Der Spiegel vom 12. 1. 1965, S. 37)
– Wirtschafts- und Sozialausschuß SAAR (Prior [36], S. 117; vgl. Tätigkeitsberichte [2]).

[4] Vgl. S. 147.
[5] Vgl. S. 148.
[6] Interview Thedieck vom 9. 7. 1969.

A. Stellung des BMG/BMB in der Bundesregierung

so gut wie keine schriftlichen Abmachungen gibt –[7], daß die anderen Ressorts das BMG in seiner personellen Besetzung ernst nehmen[8]. Thedieck hatte sich aufgrund seiner Einflußnahme und seiner Kontakte zu Globke und zum Bundeskanzleramt zu einem wichtigen Glied in der Koordination machen können, das auszuschalten den anderen Ressorts nicht ganz leicht fiel[9]. Dabei spielte auch die Persönlichkeit des Ministers eine Rolle, hier war Kaiser durchaus gewillt, Kompetenzkonflikte im Kabinett auch durchzustehen.

Seit der Entstehung kam dem Ministerium eine Vielzahl von Vorbereitungs- und Kleinarbeit zu (,Zulieferer'), doch wenn solche Arbeiten in ein entscheidendes Stadium traten, spielte das BMG keine bestimmende Rolle. Zwar waren bei allen wichtigen Konferenzen auch Vertreter des Ministeriums anwesend[10], doch nicht in solcher Besetzung, daß man von einer tatsächlichen Einwirkung sprechen könnte. Kaiser gehörte z. B. dem Kabinettsausschuß zur Vorbereitung der Viererkonferenz an[11], doch die Mitarbeit war bei der eigentlichen Konferenz mehr auf publizistische Bereiche beschränkt[12]. In den Memoiren von Eckardts, die sehr ausführlich über die Deutschland-Konferenzen berichten, ist kein Wort über das BMG verloren[13]; auch nicht bei der Beschreibung des Moskau-Besuchs Adenauers, an dem immerhin zwei Beamte des BMG teilnahmen[14]. Das mag mit darauf zurückzuführen sein, daß man die Viermächte-Verantwortung herausstellen und deutschlandpolitische Vorschläge und Initiativen entweder den Alliierten oder dem Bundeskanzler überlassen wollte. Dieses bewußte Zurückstufen

---

[7] Thedieck berichtete über Richtlinien des Bundeskanzleramtes. (Interview Thedieck vom 9.7.1969)

[8] Das kommt auch auf das persönliche Verhältnis zwischen den Referenten in den verschiedenen Ministerien an. Interview von Hammerstein vom 4.2.1970: „Das kann jahrelang gehen, weil dort zwei Leute sitzen, die bereit sind, sich zu vertragen, und die Kompetenz nicht bürokratisch ernst nehmen und kommt dann ein Wechsel, und es kommt einer, der eine bürokratische Auffassung von der Kompetenz hat, dann haben sie einen Krach und nichts funktioniert mehr."

[9] Von Zahn meinte aber, daß auch „das gute Verhältnis von Thedieck zu Globke" an der starken Zurückhaltung gewisser Ressorts nichts ändern konnte. (Brief von Zahns vom 11.4.1970 an den Verfasser)

[10] Brief von Felix von Eckhardt vom 29.6.1970 an den Verfasser

[11] Der Spiegel vom 16.12.1952, S. 5; vom 23.12.1953, S. 8.

[12] Es wurde eine Broschüre herausgegeben: „Sowjetische Auffassungen zur Deutschlandfrage 1945 bis 1953" (Tätigkeitsbericht 1954, S. 313) und Informationsmaterial bereit gestellt.

[13] Interview Kludas vom 17.4.1970: „... das ist ganz typisch, und das ist immer so gewesen. Wenn Deutschlandpolitik oder Ost-West-Politik dann in das Stadium der Entscheidung oder in die Öffentlichkeit trat, dann war das Ministerium immer sechstrangig."

[14] Tätigkeitsbericht [2] (Sonderdruck BMG) 1955, S. 4. (Dr. Müller, von Zahn)

des BMG [15] entsprach der Taktik Adenauers, der nicht daran interessiert war, Kaiser initiativ werden zu lassen und ihn mehrfach darum bat, Zurückhaltung in seinen Äußerungen zu üben [16].

Das Ministerium war aber in der Anfangszeit durch seine interpretierbare Aufgabenstellung und Flexibilität im Aufbau kultureller Angelegenheiten in der Lage, anderen Ressorts vorauszueilen und Kompetenzen anderer Ministerien wahrzunehmen, die für die anderen Randprobleme waren, für die sie sich zunächst nicht interessieren konnten [17]. So wurde z. B. der Aufbau der Ostforschung und die Planung einer Hochschullehrerreserve vom BMG wahrgenommen [18]. Diese Phase der Arbeit des BMG kann man Mitte der fünfziger Jahre als abgeschlossen betrachten, da das Ministerium einerseits durch die zunehmende Bürokratisierung nicht mehr elastisch genug dazu war, andererseits die anderen Ressorts in ihrem Aufbau abgeschlossen waren und ängstlich über ihre Kompetenzen wachten.

2. Stellung des BMG unter Ernst Lemmer in der Arbeit der Bundesregierung

Lemmer war als Persönlichkeit nicht überzeugend genug, um sich auch nur annähernd wie Kaiser durchsetzen zu können. Er war auch nicht gewillt, die Konfrontation mit den anderen Ministern oder mit Adenauer zu suchen. So nahm man ihm im Falle des Streites um die Olympia-Fahne eindeutig die Kompetenz.

a) Streit um die Olympia-Fahne (1959/60). Das BMG sah sich seit 1959 mit dem Problem einer eigenen DDR-Flagge konfrontiert [19]. Die DDR erstrebte natürlich, auch unter diesem Emblem bei den Olympischen Spielen zu starten. Die Bundesregierung war zunächst nicht bereit, den Kompromiß des Internationalen Olympischen Komitees anzunehmen, der eine Deutschland-Fahne mit den olympischen Ringen für die gesamtdeutsche Mannschaft vorsah. Lemmer stimmte als einziger im Kabinett dafür [20]. Nach dieser Abstimmungsniederlage trat er vor dem Kuratorium Unteilbares Deutschland

---

[15] Was eventuell sogar in einem Kabinettsbeschluß festgelegt ist.
[16] So z. B. in einem Brief vom 28. 6. 1955, Kosthorst [8].
[17] Interview von Zahn vom 25. 6. 1969.
[18] Damit sollten im Falle einer Wiedervereinigung die an den Hochschulen der DDR bestehenden Lücken gefüllt werden. Der Haushaltstitel dafür wurde 1958 vom Innenministerium übernommen. (Interview von Zahn vom 25. 6. 1969; Deutsche Zeitung und Wirtschaftszeitung vom 17. 12. 1955; Sten. Berichte des BT vom 21. 6. 1956, S. 8059 f.; vom 22. 6. 1956, S. 8220; Tätigkeitsberichte [2] (Sonderdruck BMG) 1956, S. 11; 1957, S. 16)
[19] Der Spiegel vom 21. 10. 1959, S. 25.
[20] Lemmer [10], S. 361: „Ich unterlag jedoch im Kabinett, was mich sehr verdroß ..."

A. *Stellung des BMG/BMB in der Bundesregierung* 145

in Berlin in einer scharfen Rede [21] für den Kompromiß ein [22]. Die Reaktion in Bonn war heftig, und Adenauer sagte in einem Gespräch mit seinem Pressechef von Eckardt, das ohne deren Wissen mitgeschnitten wurde:

„Wat soll ich denn mit de' Herrn Lemmer machen? Soll ich den Kerl jetzt deswegen aus dem Kabinett rausschmeißen! Wo er doch Berliner ist!" [23]

Auch wenn Lemmer behauptete: „Ich war bei diesem Streit um die Olympiaflagge und um die gesamtdeutsche Mannschaft zuständig" [24], bat ihn Adenauer wider Erwarten kurzerhand nicht zu einer Besprechung mit den Sportverbänden [25]. Schröder erklärte dazu im Bundestag:

„An der Besprechung habe ich als der für den Sport, für Olympische Spiele und für Flaggenfragen zuständige Bundesminister teilgenommen. Es ist nicht üblich, die Teilnahme oder Nichtteilnahme anderer Minister an einer Besprechung bei dem Herrn Bundeskanzler besonders zu begründen." [26]

Lemmer war ohnehin inzwischen erwartungsgemäß ‚umgefallen' und hatte den Mut, den er mit seiner Berliner Rede bewiesen hatte, erneut nicht durchstehen können. Nach einer Unterredung mit Adenauer beteuerte er, „von einem Gegensatz zwischen dem Kanzler und ihm könne keine Rede sein: Schwarz-Rot-Gold ohne Olympia-Emblem sei auch ihm lieber" und schrieb einen entsprechenden Brief an den Sportbundpräsidenten Daume [27]. Daß dann der Flaggen-Kompromiß doch praktiziert wurde, ist auf die Hartnäckigkeit der Sportverbände zurückzuführen [28], die Unterstützung in der Öffentlichkeit – vielleicht auch aufgrund des ersten Vorstoßes Lemmers – gefunden hatten.

b) Das Ein- und Ausreisegesetz. Lemmer äußerte sich 1960 zwar sehr negativ über diesen Gesetzentwurf [29], aber der doppelgleisigen Arbeit des

---

[21] Die vom Rheinischen Merkur sogar in die Nähe von Sportpalastreden gebracht wurde, vgl. ppp vom 3. 12. 1959.
[22] Lemmer [10], S. 362; Tagesspiegel vom 28. 11. 1959.
[23] Lemmer [10], S. 363. Viele seiner Ratgeber haben ihm daraufhin nahe gelegt, sofort zurückzutreten. (Interview von Hammerstein vom 4. 2. 1970; Interview Kludas vom 17. 4. 1970)
[24] Lemmer [10], S. 364.
[25] Der Spiegel vom 2. 12. 1959, S. 23.
[26] Sten. Berichte des BT vom 20. 1. 1960, S. 5268 f.
[27] Der Spiegel vom 9. 12. 1959, S. 14.
[28] Alfred Grosser, Die Bonner Demokratie, Düsseldorf 1960, S. 56.
[29] Die Entwicklung des Gesetzentwurfes ist sehr ausführlich bei Loewenberg, Parlamentarismus im politischen System der Bundesrepublik Deutschland, Tübingen 1969, S. 352, 377 ff. behandelt. Der Spiegel vom 7. 12. 1960, S. 29 ff. Lemmer hatte sich im Bundestag nur zu einer sehr zurückhaltenden Bemerkung durchgerungen. (Sten. Berichte des BT vom 20. 1. 1961, S. 7935)

Ministeriums entsprechend kam es zu keiner Frontstellung zwischen dem gesamtdeutschen Ministerium und dem Innenministerium, sondern zu einer Zusammenarbeit unterhalb der Ministerebene [30]. Der Gesetzentwurf – schon fast durch die Berliner CDU (insbesondere Benda) zu Fall gebracht – erledigte sich durch den Bau der Mauer.

3. Stellung des BMG unter Rainer Barzel [31] in der Arbeit der Bundesregierung

Entsprechend seinen außenpolitischen Ambitionen betrachtete Barzel insbesondere die Zusammenarbeit mit dem Auswärtigen Amt als unzureichend und war bestrebt, das BMG hier mehr und nach Möglichkeit institutionalisiert einzuschalten [32]. Die Beteiligung des Ministeriums und seine Mitarbeit an dem Memorandum der Bundesregierung vom August 1963 [33], das als Initiative auf die Unterzeichnung des Atomteststopp-Vertrages durch BRD und DDR gedacht war, war auf Barzels persönliche Initiative und persönliche Kontakte zu einigen höheren Beamten des Auswärtigen Amtes zurückzuführen.

4. Stellung des BMG unter Erich Mende in der Arbeit der Bundesregierung

Vorbemerkung

Mit dem gleichzeitigen Weggang von Thedieck und Globke bei Amtsantritt Mendes brach das gesamte Koordinierungssystem für gesamtdeutsche Fragen, das dem BMG zwar nie die Federführung gebracht, aber leidlich funktioniert hatte, zusammen. Waren die Beamten der anderen Ressorts schon

---

30 Interview Thedieck vom 9. 7. 1969: „Aber es sprach auch vieles für diese Gesetzesvorlage, nur war sie nicht sehr geschickt aufgemacht. Es mag sein, daß Ernst Lemmer sich schärfer dagegen ausgesprochen hat, ich selber war an der Verbesserung des Gesetzentwurfes beteiligt."

31 Seine heutige Darstellung der damaligen Möglichkeiten des BMG ist vielleicht etwas idealisiert: „Das gesamtdeutsche Ministerium ist eigentlich, wenn es will und wenn der Minister das richtig macht, in allen Fragen mit zuständig. Er kann eigentlich, wo immer er will, soweit seine Arbeitskraft und sein Interesse tragen, sich einschalten und mitwirken ... niemand hat mich je gehindert, weder der Kanzler, noch der Außenminister, noch der Familienminister, wer immer da zuständig war, da mitzuwirken, im Gegenteil, die haben sich immer gefreut darüber, also, wer zuerst nach Kompetenzen ruft, der hat es eben nötig, entschuldigen Sie, aber ..." (Interview Barzel vom 27. 8. 1970)

32 Interview Barzel vom 27. 8. 1970.

33 Interview Barzel vom 27. 8. 1970; Barzel [11], S. 224 f.; Der Spiegel vom 13. 1. 1965, S. 19 f.; Die Zeit vom 6. 12. 1963; Marion Gräfin Dönhoff, u. a., Was steht zur Wahl, Hamburg 1965, S. 89.

vorher kaum gewillt, das BMG einzuschalten, so wurden sie darin durch die Minister der CDU/CSU unterstützt, die Mendes Aktivitäten aus parteipolitischen Gründen so weit wie möglich einzuschränken suchten [34]. Auch der gute Kontakt zwischen Krautwig und Westrick konnte Mende nicht weiterhelfen. Von größter Bedeutung wurde der Staatssekretärsausschuß [35], der fest in der Hand des Bundeskanzleramtes blieb [36] und sogar weiterhin von Westrick geleitet wurde, auch als dieser Minister war [37].

a) Passierscheinverhandlungen. Im Staatssekretärsausschuß wurden die Hauptentscheidungen für die Passierscheinregelungen getroffen. Die Passierscheininitiative führte Mende auf seine gemäßigte Rede [38] vor dem Kuratorium Unteilbares Deutschland vom 30. 11. 1963 zurück [39]. Mende, der vom Brief Abuschs [40] durch den Berliner FDP-Senator Hoppe sofort unterrichtet worden war [41], konnte sich so von vornherein mehr in die Passierscheinaktion einschalten, als dies möglich gewesen wäre, wenn das Bundeskanzleramt und insbesondere Westrick zuerst informiert worden wären [42]. Mende beklagte:

„Hier in Bonn waren sehr viele Widerstände abzubauen und zu denen, die gegen die Passierscheinaktion waren, gehörte auch der Fraktionsvorsitzende Dr. Barzel, gehörte der Landesvorsitzende Franz-Josef Strauß ..."[43]

Die Passierscheinverhandlungen sind ein Spiegelbild für die Schwierigkeiten in der Koordination und bei Entscheidungen in gesamtdeutschen

---

[34] Interview Mende vom 7.7.1969: „Ich könnte Ihnen jetzt weitere zwanzig (Beispiele) darlegen, um Ihnen zu zeigen, wieviel Sand in die gesamtdeutsche Maschinerie durch die Deutschen selbst geworfen wurde ... das ist leider eine bedauerliche aber wahrscheinlich typisch deutsche Eigenschaft, propter invidiam aus Neid und Mißgunst. Zum Teil aus zu engem parteipolitischen Denken versäumen wir manchmal, eine staatspolitische Situation wahrzunehmen, nur weil man der anderen Partei den Vorteil nicht gönnt, das ist nicht gerade ein Musterbeispiel guter Deutschland- und Außenpolitik. Ich weiß um die Schwere des Vorwurfs, den ich erhebe, aber ich stehe zu ihm."
[35] Sten. Berichte des BT vom 26.5.1966, S. 2110.
[36] Interview Wehner vom 10.12.1969: „Das war besonders ausgeprägt in der Zeit, in der Herr Westrick die Geschäfte des Bundeskanzleramtes leitete. Da hat faktisch der Staatssekretärsausschuß die Fragen, die unter innerdeutschen Beziehungen zu verstehen sind, behandelt, ohne daß sie jemals tatsächlich ihrer Bedeutung nach im Kabinett oder von den Ministern behandelt werden konnten."
[37] Der Spiegel vom 1.8.1966, S. 18; vom 18.7.1966, S. 12; Frankfurter Rundschau vom 21.7.1966.
[38] Der Spiegel vom 11.12.1963, S. 21 f.
[39] Interview Mende vom 7.7.1969.
[40] Der Spiegel vom 18.12.1963, S. 21 ff.
[41] Interview Mende vom 7.7.1969.
[42] Vgl. Der Spiegel vom 10.2.1964.
[43] Interview Mende vom 7.7.1969.

Fragen. Nicht nur das unbeeinflußbare Nebeneinander von Passierscheinverhandlungen und Verhandlungen über Treibstofflieferungen sind typisch dafür, sondern auch die unklaren Kompetenzen und die vielfachen Wege über die Köpfe beteiligter Institutionen – zum Teil aus parteipolitischen Motiven hinweg – zu entscheiden. So verhandelte z. B. der Berliner Senator Schütz mit Westrick, ohne das BMG einzuschalten [44], oder Staatssekretär Krautwig direkt mit dem Verhandlungsleiter Korber, ohne dessen Senatsvorgesetzte zu unterrichten [45]. Dazu kamen noch Wahlkampfrücksichten vor den Bundestagswahlen 1965 [46] und den Wahlen in Nordrhein-Westfalen 1966 [47], denen Mende stets nachgab, um in keine zu enge Phalanx mit dem Berliner Senat eingereiht zu werden [48].

b) Der Kabinettsausschuß. Da der Staatssekretärsausschuß das Entscheidungszentrum in der Hand Westricks bleib [49], galt Mendes Streben über den Staatssekretärsausschuß [50] hinaus der Wiedereinsetzung eines Kabinettsausschusses [51]. Ein solcher Ausschuß hatte unter der Leitung von Blücher existiert, war aber unter der Vizekanzlerschaft Erhards wieder eingeschlafen [52], nachdem Lemmer einige Sitzungen geleitet hatte [53]. Mende unternahm zahlreiche Versuche, ihn wieder zu beleben:

„Damit hoffte ich, in meiner Funktion des Stellvertreters des Bundeskanzlers die Deutschlandpolitik wieder in den Griff zu bekommen, wie das ja auch nach der Geschäftsverteilung der Fall gewesen wäre. Ich habe immer wieder Einladungen an die Minister der CDU geschickt, immer wieder ist

---

[44] Der Spiegel vom 1. 8. 1966, S. 18 f.
[45] Der Spiegel vom 10. 2. 1964, S. 19.
[46] ppp vom 26. 11. 1965: „Die Kommentare aus dem Bonner Regierungslager zur neuen Passierscheinübereinkunft versuchen darüber hinweg zu täuschen, daß die Verhandlungen mit dem Ergebnis, aber ohne den jetzt vorhandenen schalen Nachgeschmack schon vor den Bundestagswahlen hätten abgeschlossen werden können, wenn die Bundesregierung nicht wahltaktische Gesichtspunkte in den Vordergrund gestellt hätte."
[47] Vgl. Der Spiegel vom 11. 7. 1966, S. 18 f.
[48] Interview Mende vom 7. 7. 1969: „Man warf mir vor, daß ich in der Passierscheinfrage zu eng mit dem Berliner Regierenden Bürgermeister Brandt zusammengearbeitet hätte ... und daß sich hier hinter dem Rücken des Kanzlers Erhard schon eine neue Koalition zwischen SPD und FDP anbahne ..."
[49] Vgl. Der Spiegel vom 1. 8. 1966, S. 18 f.
[50] Recht unverständlich ist die Behauptung Mendes auf der Pressekonferenz vom 28. 8. 1964 (Protokoll S. 18): „Die Koordinierung im Staatssekretärsausschuß ... ist gut, ja ausgezeichnet gewesen", wenn er gerade die mangelnde Koordinierung als Grund für notwendige Veränderungen angibt.
[51] Die Welt vom 20. und 25. 1. 1966; Sten. Berichte des BT vom 26. 5. 1966, S. 2105, 2112, 2116, 2118.
[52] Der Spiegel vom 10. 2. 1964, S. 19.
[53] Brief Thediecks vom 14. 8. 1968 an den Verfasser.

durch Absagen, durch zum Teil – ich möchte sagen – Vorschützen von organisatorischen oder terminlichen Schwierigkeiten eine solche Zusammenkunft der Ressortminister für die Deutschland- und Ostpolitik unter meinem Vorsitz sabotiert worden, ich sage bewußt sabotiert worden. Ich werfe dem Kanzleramt, hier Herrn Westrick, und ich werfe den CDU-Ministern, die damals ablehnten, vor, daß sie aus Gründen der Parteiproblematik das Funktionieren eines solchen Ministerausschusses unmöglich machten."[54]

Mende erhielt dabei Unterstützung von der SPD, und Wehner erklärte es zum „Konstruktionsfehler im Kabinett", daß es keinen Kabinettsausschuß für gesamtdeutsche Fragen gäbe[55]. Auch der geschäftsführende Vorsitzende des Kuratoriums Unteilbares Deutschland, W. W. Schütz, hielt die Einrichtung eines solchen Kabinettsausschusses für unbedingt notwendig[56].

c) Amt für innerdeutsche Regelungen. Mende sah sich also dem Problem gegenüber, auf die Deutschlandpolitik und auch auf die Interzonenhandelspolitik nur sehr geringen Einfluß ausüben zu können, weil sich sein Instrumentarium als nicht schlagkräftig erwies. Deshalb griff er einen Vorschlag auf[57], den die SPD im Oktober 1958 gemacht hatte[58], ein Amt für innerdeutsche Regelungen zu schaffen. Die SPD hatte damit 1958 keine Änderung erreichen können, obwohl auch die FDP[59] und die DP Vermittlungsvorschläge vorlegten[60]. Die Anträge wurden von der CDU/CSU-Fraktion einmütig abgelehnt, da man darin eine „Hintertür für Verhandlungen mit Ostberlin"[61] sah[62]. Egon Bahr forderte dann im Juli 1963 in seiner

---

[54] Interview Mende vom 7. 7. 1969; vgl. Protokoll der Pressekonferenz vom 28. 8. 1964, S. 5; Süddeutsche Zeitung vom 12. 2. 1964.
[55] Sten. Berichte des BT vom 26. 5. 1966, S. 2105.
[56] Wilhelm Wolfgang Schütz, Reform der Deutschlandpolitik, Köln 1965, S. 15; Süddeutsche Zeitung vom 24. 9. 1965.
[57] Mende betonte diese Kontinuität besonders auf seiner Pressekonferenz vom 28. 8. 1964.
[58] Drucksache des BT, III/549.
Inhalt des Antrages: Überparteilicher Vorstand (Nach Anhörung der Regierung und der Fraktionen vom Präsidenten ernannt); dieses Amt soll alle innerdeutschen Fragen koordinieren, Sitz des Amtes soll Berlin sein. Es ist an die Richtlinien der Regierung gebunden.
Nach Spiegel soll diese Initiative auf Heinemann zurückzuführen sein. (Der Spiegel vom 8. 10. 1958, S. 16)
[59] Der Vermittlungsvorschlag der FDP (auf den auch Lemmer Einfluß genommen hatte) sah die Koordinierungsstelle im BMG vor, der ein Beirat aus Vertretern der Bundestagsfraktion „zur Seite stehen" sollte. (Archiv der Gegenwart 1958, S. 7360)
[60] Nach dem Vorschlag der DP sollte der Leiter des Amtes der Berlin-Bevollmächtigte sein. (Spandauer Volksblatt vom 17. 10. 1958)
[61] Kurier vom 14. 10. 1958.

Tutzinger Rede, in der er ‚Wandel durch Annäherung' propagierte, wiederum eine solche Koordinationsstelle [63]. Mende schlug am 10. April 1964 im Bundesvorstand seiner Partei deshalb vor, die Treuhandstelle für den Interzonenhandel in ihrer Struktur zu verändern und alle Kontakte mit der DDR in einem Amt für innerdeutsche Kontakte zu integrieren [64]. Das Amt sollte beim BMG ressortieren; man wollte aber das Projekt bis zur Pensionierung Leopolds Ende 1964 zurückstellen [65]. Einige Mitglieder des FDP-Vorstandes waren sogar der Meinung, man sollte ein solches Amt zur Koalitionsfrage machen [66]. Im August 1964 tauchten in der Frankfurter Rundschau Behauptungen auf [67], daß im Frühjahr die DDR die Bildung eines Amtes für innerdeutsche Kontakte und Auftragsverhandlungen vorgeschlagen hätte [68], was sofort vom BPA dementiert wurde [69].

Ein Amt für innerdeutsche Regelungen muß von zwei Seiten gesehen werden: als Verhandlungspartner für die DDR und als notwendige Koordinierungsstelle aller Kontakte zur DDR. In der nun ausbrechenden Diskus-

---

[62] Gradl im Bundestag am 1. 10. 1958 (Sten. Berichte S. 2409): „Deshalb hat meine Fraktion auch allerstärkste Bedenken gegen eine solche Konstruktion, wie sie gestern zwischen den Fraktionen plötzlich zur Erörterung kam. Eine solche Konstruktion widerspricht unserer Auffassung nach zutiefst den Prinzipien unserer Verfassung. Man kann durchaus darüber reden, ob die Verhandlungstische der sogenannten technischen Kontakte gewissermaßen zu einem Tisch zusammengerückt werden. Aber wir dürfen Pankow und Moskau nicht die Hoffnung machen ..., daß wir auch nur auf Umwegen bereit sein könnten, unser Nein gegen Pankow als angeblichen deutschen Staat und gegen das Zonenregime als angebliche deutsche Regierung aufzugeben."

[63] Teile abgedruckt in: Siegler [26], Band I, S. 335 ff.

[64] Mende auf der Pressekonferenz vom 28. 8. 1964 (Protokoll S. 4 f.): „Es ging und geht um die Frage, ob die Treuhandstelle in ihrer jetzigen Zusammensetzung im Jahre 1964 noch allen an sie gestellten Anforderungen gerecht werden kann. Denn zu den früheren in wesentlichen wirtschaftlichen Kontakten sind neue technische Kontakte hinzugekommen; erstens die Passierscheinverhandlungen, die ja noch im Gange sind; es sind zweitens Ansatzkontakte für Fragen des Rechtsschutzes und der Rechtshilfe vorhanden, es sind drittens zahlreiche Kontakte im Bahnwesen, Postwesen, bei den Wasserstraßen, Fragen des Brückenbaus ja ständig in der Diskussion ..."

[65] Protokoll der Bundesvorstandssitzung vom 10./11. April 1964.

[66] Rubin, Borm, Weyer. (Interview Mende vom 7. 7. 1969)

[67] Frankfurter Rundschau vom 20. 8. 1964. Man vermutete die Informanten sicherlich nicht zu unrecht im FDP-Parteivorstand.

[68] Erwähnt auch von Rubin (Wiedervereinigung – warum? in: Was soll aus Deutschland werden, Hg.: L. Froese, München 1968, S. 250): „Ich weiß, daß im Sommer 1964 gesamtdeutsche Kommissionen mit ernsthaften Mandaten, daß der Verzicht auf die Drei-Staaten-Theorie – und gewiß nach Absprache der DDR mit den Sowjets – angeboten waren. Es wurde nicht beachtet."

[69] Mitteilung an die Presse, BPA Nr. 1083/64 vom 21. 8. 64.

sion⁷⁰ sah man in diesem Amt nur noch einen Verhandlungspartner für die DDR, und so protestierte die CDU/CSU scharf, weil man ein „Ersatz Auswärtiges Amt" witterte⁷¹. Als Weyer auch noch energisch Mende dazu aufforderte, den Parteiauftrag⁷² zur Errichtung eines Amtes für innerdeutsche Beziehungen durchzusetzen⁷³ und in der gleichen Woche in der ‚Quick' das Schollwer-Papier erschien, befand sich Mende vollends auf dem Rückzug:

„Der Wirbel war ja groß genug, und es schien mir nicht zweckmäßig zu sein, eine Koalitionskrise herbeizuführen. Zumal, als ich sah, daß es nicht durchzusetzen war, habe ich es dann fallengelassen."⁷⁴

Auch die Unterstützung, die die SPD diesem Mende-Projekt zukommen ließ⁷⁵, glaubte er nicht nutzen zu können:

„... das steigerte nur das Mißtrauen der CDU/CSU, daß sich hier eine Kooperation möglicherweise morgiger Koalitionspartner entwickele."⁷⁶

Doch der kreißende Berg hatte nur eine Maus geboren:

Am 9. September wurde in der Kabinettssitzung festgelegt, „daß der Vizekanzler Dr. Erich Mende als Minister für gesamtdeutsche Fragen künftig von allen zuständigen Ressorts rechtzeitig unterrichtet und eingeschaltet werden soll, wenn Fragen der innerdeutschen Kontakte aufgeworfen werden. Bundeskanzler Dr. Ludwig Erhard hat sich jedoch vorbehalten, die notwendige Koordinierung dieser Angelegenheiten selbst vorzunehmen."⁷⁷

Auch wenn Mende diese Richtlinie⁷⁸ als „guten Kompromiß" bezeichnete⁷⁹, so muß man eher den Kommentaren zustimmen, die sagten, daß es „nicht einmal ein Pflästerchen auf Mendes Kompetenznöte" war⁸⁰, und

---

⁷⁰ Vgl. u. a. Die Welt vom 21. 8. 1964; FAZ vom 22. 8. 1964; Neue Zürcher Zeitung vom 23. 8. 1964.
⁷¹ Rasner nach Die Welt vom 25. 8. 1964.
⁷² Mende hat sich dagegen scharf gewandt, da das gegen die Verfassung verstieße. Der Parteivorstand könne höchstens Empfehlungen aussprechen. (Protokoll der Pressekonferenz vom 28. 8. 1964, S. 14 f.)
⁷³ FAZ vom 24. 8. 1964.
⁷⁴ Interview Mende vom 11. 12. 1969.
⁷⁵ Erler hatte auch im März 1964 die Koordinierung aller gesamtdeutschen Aktivitäten in BMG gefordert (Westdeutsche Allgemeine vom 12. 3. 1964). Selbst Lemmer meinte in einem Spiegel-Interview vom 2. 9. 1964: „Mendes Plan ist nicht von der Hand zu weisen." (S. 19)
⁷⁶ Interview Mende vom 7. 7. 1969.
⁷⁷ Archiv der Gegenwart vom 9. 9. 1964, S. 1412.
⁷⁸ Interview Brodeßer vom 20. 6. 1969: Die Richtlinie ist die „Anordnung einer Informations- und Beteiligungspflicht für alle Ressorts."
⁷⁹ Süddeutsche Zeitung vom 2. 9. 1964.
⁸⁰ Süddeutsche Zeitung vom 11. 9. 1964.

sich „die christliche Status-quo-Brigade also durchgesetzt" hatte [81]. Auch im Parteivorstand der FDP empfand man die Regelung als völlig unzureichend [82]. Mit dieser Richtlinie wurde erst der Zustand wieder hergestellt, der vor Amtsantritt Mendes zwar nicht unumstritten, aber durch die Stellung Thediecks und eine Reihe von Richtlinien des Kanzleramtes immer wieder angestrebt worden war [83].

d) Kompetenz des Bundeskanzleramtes. Es steht außer Zweifel, daß die höchste Koordinierungsinstanz der Bundeskanzler ist.

„Ihm obliegt in seiner Koordinierungsfunktion sowohl die höchste Entscheidung in Kompetenzstreitigkeiten als auch die zentrale Kontrolle der ministeriellen Koordinierungsarbeit, mit anderen Worten: die Koordinierung der Koordinierung." [84]

Interpretiert auch Böckenförde die Verfassung dahingehend, daß kein Überministerium möglich ist und „kein Ressortminister ... der Koordinations- oder partiellen Oberleitungsbefugnis eines anderen Ministers unterstellt werden" kann [85], so waren es ausgesprochen machtpolitische Gründe, die Mende eine Koordinierung von gesamtdeutschen Problemen verwehrten. Die „ausgleichende Koordinationszuständigkeit des Gesamtkabinetts" [86] kann für diese diffizilen Probleme nicht ausreichen, zumal man sich nicht bereitfand, Mende einen Ministerausschuß zuzugestehen. Es blieb mehr als fraglich, ob die organisatorischen Voraussetzungen im Bundeskanzleramt, die auch nach der Richtlinie vom 9. 9. 1964 nicht geändert wurden, ausreichten, um zu verhindern, daß „die linke Hand nicht weiß, was die rechte tut" [87].

e) Verhandlungen um die Saalebrücke. Obwohl Mende den Aufbau der Saalebrücke [88] mit zu den Erfolgen seiner Amtszeit zählt [89], war das Ministerium nicht in die Verhandlungen, die schon im Dezember 1960 begonnen hatten [90], eingeschaltet. Zur Delegation der Bundesrepublik gehörten neben Vertretern der Treuhandstelle Angehörige des Verkehrsministeriums

---

[81] Frankfurter Rundschau vom 11. 9. 1964.
[82] Beschlußprotokoll der Sitzung des Bundesvorstandes vom 17. 9. 1964, S. 3.
[83] Interview Thedieck vom 9. 7. 1969.
[84] Prior [36], S. 11.
[85] Ernst-Wolfgang Böckenförde [30], Die Organisationsgewalt im Bereich der Regierung, Berlin 1964, S. 178.
[86] Böckenförde [30], S. 178.
[87] Frankfurter Rundschau vom 11. 9. 1964. Zur gleichen Problematik: FAZ vom 8. 7. 1965; Süddeutsche Zeitung vom 21. 7. 1965; Handelsblatt vom 31. 5. 1966; Christ und Welt vom 14. 1. 1966; Was steht zur Wahl, Hamburg 1965, S. 108 f.
[88] Das Abkommen wurde am 14. 8. 1964 geschlossen; die Brücke wurde am 19. 12. 1966 dem Verkehr übergeben.
[89] Vgl. S. 56.   [90] FAZ vom 17. 12. 1966.

und des Baudezernats Nürnberg [91], wogegen in der DDR-Delegation auch ein Vertreter des Ministeriums für Auswärtige Angelegenheiten zugegen war [92].

Wenn auch vom Verkehrsministerium dementiert [93], erklärt Mende: „Diese Vereinbarungen sind unter der Ressortverantwortung des Wirtschaftsministers erfolgt. Der gesamtdeutsche Minister war nicht eingeschaltet; er hat daher den Vertrag vor seiner Unterzeichnung nicht gesehen, konnte daher auch keine Stellung nehmen; er hat ihn erst nach der Unterzeichnung bekommen. Vielleicht ist das ein Stück Argumentation für meinen Wunsch nach stärkerer Koordinierung."[96]

Daß nicht immer der notwendige ‚Sachverstand' in die Verhandlungen um die Saalebrücke eingeschaltet war, zeigte sich, als ein Oberregierungsbaurat „arglos, weil mit den politischen Winkelzügen nicht vertraut"[95], ein Statut unterzeichnete, „das Grundsätze der Bonner Nichtanerkennungspolitik verletzte"[96].

5. Stellung des BMG unter Herbert Wehner in der Arbeit der Bundesregierung

Das Acht-Punkte-Programm der SPD vor Bildung der Großen Koalition enthielt wieder die Forderung nach einem Amt für innerdeutsche Regelungen, die Mende 1964 nicht hatte durchsetzen können. Jedoch für Wehner stellte sich die Problematik der Koordinierung anders. Aufgrund seiner starken Stellung in der Koalition brauchte er zumindest in der Öffentlichkeit nicht im gleichen Ausmaße nach Kompetenzen zu rufen, und das Amt für innerdeutsche Regelungen war für ihn mehr ein Problem des Verhältnisses zur DDR [97]. Doch hinter den Kulissen führte Wehner einen harten und seinem Temperament entsprechenden Kampf, um sein Ministerium überall eingeschaltet zu wissen [98]. Im Februar 1967 gelang es ihm, wieder

---

[91] FAZ vom 19. 8. 1964.
[92] Berliner Zeitung vom 18. 8. 1964.
[93] Handelsblatt vom 31. 8. 1964.
[94] Protokoll der Pressekonferenz vom 28. 8. 1964, S. 19 f.
[95] FAZ vom 17. 12. 1966.
[96] Der Spiegel vom 14. 7. 1965, S. 35.
[97] Brief des persönlichen Referenten Wehners vom 19. 9. 1968 an den Verfasser: „Wenn es sich also erweist, daß im Verlaufe derartiger Verhandlungen und Vereinbarungen die Errichtung eines solchen Amtes zweckmäßig wird und von der anderen Seite nicht zum Vorwand genommen werden kann, alles zu blockieren, wird der im 8-Punkte-Programm enthaltende Vorschlag einer solchen Behörde zweifellos wieder aufgegriffen."
[98] Interview Barzel vom 27. 8. 1970: „... ich kann nur sagen – ich habe das nie öffentlich gesagt –, ich habe mit Schmunzeln festgestellt, daß der eine oder andere meiner Nachfolger, es sind ja in der Zwischenzeit eine Reihe, ich will das

einen Kabinettsausschuß für innerdeutsche Beziehungen zu konstituieren[99], dessen Effektivität er allerdings selbst in Zweifel zog:

„Der Versuch bestand unter anderem darin, daß Anfang 1967 ein Kabinettsausschuß für innerdeutsche Beziehungen gebildet wurde, der aus den Ministern der damit befaßten Ressorts unter dem Vorsitz des Bundeskanzlers bestehend, alles was zu innerdeutschen Beziehungen gehört, grundsätzlich erörtern und für die Behandlung im Kabinett vorbereiten sollte. Das ist ... leider nur sehr unvollkommen gelungen. Der Ausschuß wurde gebildet, hat auch getagt, litt darunter, daß die Terminbelastung des Bundeskanzlers ihm nur wenig Gelegenheit ließ, sich der Sache wirklich anzunehmen, wie er es ursprünglich in der Absicht hatte und auch weil die Ressorts schließlich doch im Gegensatz zu der am Anfang vom Bundeskanzler gegebenen Weisung vorwiegend sich dort durch leitende Beamte vertreten ließen. Das entfremdete die Arbeit von der ursprünglichen Aufgabenstellung."[100]

Wehner ging es darum, die Selbständigkeit der Koordinierungsgremien unterhalb der Ministerebene zu stoppen.

„... ich halte es für widersinnig, daß sie das tun sozusagen selbsttätig, während meine Auffassung war und ist, daß sie im Auftrage der Minister etwas tun sollen ... Das ist in dieser Regierungsapparatur leider eigentlich immer umgekehrt gewesen. Es gibt unzählige Ebenen, in denen die verschiedenen Ressorts zusammenwirken, und um es einmal sehr spitz zu sagen, die oder der Minister bemerken das, was da vereinbart oder unterlassen wird, oft nur, wenn es Meinungsverschiedenheiten in dieser jeweiligen Ebene gibt, ..."[101]

Mit der Einrichtung des Ministerausschusses wurde der Staatssekretärsausschuß aufgelöst[102], vielleicht ist auch in dieser Tatsache ein Grund für das Nichtfunktionieren des Kabinettsausschusses zu finden, der die technischen Details des Staatssekretärsausschusses mit zu übernehmen hatte, so daß sich in den Sitzungen doch wieder mehr Beamte trafen.

---

nicht genau belegen, sich doch sehr viel mit Kompetenzfragen innerhalb des Kabinetts beschäftigt hat, der eine mit diesem, der andere mit jenem Temperament."

[99] Nach dem umstrittenen Interview Wehners in der Washington Post, die Welt vom 9. 2. 1967. Vgl. Wehner im ZDF am 9. 2. 1967; Günter Berendt [28], Das Bundeskanzleramt, Frankfurt, Bonn 1967, S. 55 f.; Siegfried Schöne [39], Von der Reichskanzlei zum Bundeskanzleramt, Berlin 1968, S. 169.
Scharf wurde der Kabinettsausschuß von der DDR angegriffen: Er „soll das nackte Annexionsprogramm des ‚Forschungsbeirates' durchsetzen". (Nationalrat der Nationalen Front (Hg.), Graubuch, Berlin 1967)
[100] Interview Wehner vom 10. 12. 1969.
[101] Interview Wehner vom 10. 12. 1969.
[102] Behrendt [28], S. 55.

Eine besonders schwierige Situation ergab sich immer im Verhältnis zwischen BMG und Auswärtigem Amt, da gesamtdeutsche Politik im außenpolitischen Rahmen gesehen werden muß und so zwangsläufig Reibungsflächen zwischen AA und BMG entstehen.

Zwischen Kaiser und Adenauer schwebten latente Konflikte.

Barzel war in einigen Auseinandersetzungen in der Lage, das BMG einzuschalten und ‚schlug Alarm', als man in einer Vorlage des Auswärtigen Amtes die Berlin-Klausel vergessen hatte.

Mende beklagte, daß sich das Auswärtige Amt für so ziemlich alles kompetent ansah, was mit Deutschlandpolitik zusammenhing[103].

Obwohl im Gegensatz zur Ministerzeit Mendes bei Wehner der Gesamtdeutsche und der Außenminister der gleichen Partei angehörten, sah sich Wehner ähnlichen Schwierigkeiten gegenüber:

„Da gibt es eine Viererkommission zum Beispiel. Es war gar nicht einfach, dort vor Festlegungen oder vor Empfehlungen dieses Ministerium mindestens in die Konsultation einzuschalten. Das geschah völlig selbständig, um nicht zu sagen selbstherrlich, oft durch das Auswärtige Amt, das heißt die dort damit betrauten Beamten."[104]

Wehner gelang es, sich in die Ressortbegegnungen mit der DDR in Verkehrsfragen[105], in Postfragen („wo es schwieriger war")[106] und in Wirtschaftsfragen einzuschalten. Nicht nur die Furcht im Kanzleramt während der Großen Koalition, dem BMG könnte zuviel Einfluß zukommen, sondern auch die Auffassung war dafür maßgebend, daß dies ja auf der anderen Seite alles ‚alte Postler' etc. seien, mit denen man sich auch ohne, oder besonders ohne einen ‚Politruk' aus dem BMG verständigen könnte. Diese Auffassung hatte in der Vergangenheit zu manchen Pannen bei den Verkehrsverhandlungen geführt[107].

---

[103] So beklagte sich Mende z. B., daß das Auswärtige Amt seine Übergabe von Memoranden bei der UNO stören wollte. (Interview Mende vom 11. 12. 1969) Gefragt nach schriftlichen Kompetenzabgrenzungen zum Auswärtigen Amt sagte Mende: „Ich habe lediglich, als ich mein Amt übernahm, eine Dokumentation vorgefunden, was zu den Zuständigkeiten des gesamtdeutschen Ministeriums gehört, und in der Praxis entwickelte sich dann eben oft der Kompetenzkonflikt gerade mit dem Auswärtigen Amt." (Interview Mende vom 11. 12. 1969)

[104] Interview Wehner vom 10. 12. 1969.
Einige hohe Beamte schätzen das Verhältnis zwischen BMG und AA weit positiver ein als Wehner.

[105] Der Spiegel vom 22. 9. 1969, S. 37.

[106] Interview Wehner vom 10. 12. 1969.

[107] Vgl. Der Spiegel vom 14. 7. 1965, S. 35; Sten. Berichte des BT vom 26. 5. 1966, S. 2105.

6. Stellung des BMB unter Egon Franke in der Arbeit der Bundesregierung

Erst der SPD-FDP-Koalition gelang es durch Kabinettsbeschluß [108], auch die Koordinierung aller innerdeutschen Fragen in das BMB zu verlegen, ohne daß sich das Bundeskanzleramt wie unter Mende, in seinen Kompetenzen eingeschränkt sah.

„Die Richtlinien der Politik bestimmt der Bundeskanzler. Das ist der Verfassungsauftrag; das ist auch der Auftrag, der durch nichts geändert werden soll. Aber in der Detailarbeit und in der ganzen Zu- und Aufbereitung ist dieses Haus federführend. Es wird natürlich engstens mit dem Bundeskanzleramt zusammengearbeitet."[109]

Das BMB wurde zum Mittelpunkt der Vorbereitungen von Erfurt und Kassel[110],

„... aufgrund der vorhandenen Materialien und der Fortschreibung alter Dokumente, ergänzt durch neuere Geschehnisse und die Vereinbarung, daß in den jeweiligen Spezialverhandlungen auch die Sachkenntnsssie hier im Haus verfügbar sind. So haben aus den anderen Ministerien hier im Hause Spezialisten an entsprechenden Beratungen teilgenommen, so daß unter dem besonderen Gesichtspunkt der politischen Aufgabe dieses Haus der jeweilige Sachverstand ressortmäßiger Art dabei war."[111]

Die neue Regierungskoalition schuf sich sowohl den Kabinettsausschuß unter der Leitung von Brandt als auch den Staatssekretärsausschuß[112], denn „Natürlich kommt man nicht umhin, daß Staatssekretäre sich mit der Ausarbeitung bestimmter Papiere befassen"[113].

Personalpolitische Veränderungen in den Ministerien ergaben für die Zusammenarbeit eine neue Basis, so ist es zum Beispiel nicht unwichtig, daß der zuständige Referent im Bundeskanzleramt seit 1970 Ernst-Günter Stern ist, der davor einige Jahre im BMG tätig war.

Noch immer aber ist Gestrüpp aus dem alten Wirrwarr gesamtdeutscher Kompetenzen übrig geblieben. So blieb z. B. das Innenministerium für den gesamtdeutschen Sport zuständig und aus Gründen eines ‚politischen Par-

---

[108] Kabinettsbeschluß vom 25. 3. 1970. (Interview Franke vom 24. 6. 1970)

[109] Interview Franke vom 24. 6. 1970.

[110] Die Koordinierung bei der Ausarbeitung des Berichts zur Lage der Nation 1970 konnte bei den Auseinandersetzungen nicht als gelungen bezeichnet werden. Vgl. Süddeutsche Zeitung vom 10., 12., 13. 1. 1970; der Spiegel vom 12., 19. 1. 1970; Tagesspiegel vom 13. 1. 1970.

[111] Interview Franke vom 24. 6. 1970.

[112] Frankfurter Rundschau vom 5. 12. 1969.

[113] Interview Wehner vom 10. 12. 1969. Einen solchen Auftrag an den Staatssekretärsausschuß gab Brandt z. B. im Dezember 1969. (Der Spiegel vom 29. 12. 1969)

kinsons' schuf man, um CDU-Beamte unterzubringen, auch noch ein Referat für gesamtdeutschen Sport im BMI [114].

B. Besondere Probleme in der Koordinierung und Beratung

1. Zusammenarbeit mit den Länderbehörden

a) *Gesamtdeutsche Referate der Länder.* Viele Aufgaben des BMG/BMB sind nur in Zusammenarbeit mit den Länderbehörden möglich. Auch wenn allgemein akzeptiert ist, daß der Bereich „gesamtdeutsche Fragen"[115] zur Kompetenz des Bundes gehört [116], muß man gewisse Aktionen mit den Ländern abstimmen, wobei Zuständigkeitsstreitereien nicht ausblieben. Das politische Referat (von Dellingshausen) schlug Ende der fünfziger Jahre den Ministerpräsidenten der Länder vor,

„man möchte eine Stelle in der Staatskanzlei jeweils benennen, an die wir uns in Fragen gesamtdeutschen Charakters wenden können, die von uns aus nicht eindeutig bei einem Landesressort unterzubringen waren ...

Die Einrichtung ist nicht sehr schlagkräftig geworden. Denn es kam sehr auf die Länderchefs an, ob die sich für gesamtdeutsche Aktivitäten interessierten oder nicht."[117]

Die Staatskanzleien in Hessen und Bremen führen die Errichtung ihres

---

[114] Auch der Schwerpunkt der gesamtdeutschen Forschung liegt nicht im BMG, sondern im Ministerium für wissenschaftliche Forschung:
Johannes Sobottka, Das Bundesministerium für wissenschaftliche Forschung, Bonn 1969, S. 164:
„II A 6
Gesamtdeutsche Wissenschaftsfragen
Die politische Teilung Deutschlands hat auch die Teilung der deutschen Wissenschaft bewirkt. Daher ist zunächst die Aufgabe des Referats, die Parallelentwicklung von Wissenschaft und Forschung im anderen Teil Deutschlands und den deutschen Ostgebieten zu beobachten, um nicht den gesamten Komplex des deutschen wissenschaftlichen Erbes aus den Augen zu verlieren. Über diese Entwicklung werden vergleichende Berichte über den Stand von Wissenschaft und Forschung angestellt, zunächst auf naturwissenschaftlichen Gebieten.
Das Referat hat ferner die Aufgabe, bei wissenschaftlichen Kontakten mit dem anderen Teil Deutschlands beratend mitzuwirken. Ihm obliegen außerdem gesamtdeutsche Aufgaben der wissenschaftlichen Hochschulen, insbesondere die Förderung der geflüchteten Hochschullehrer ..."
[115] Wobei nicht genau zu definieren ist, was man unter gesamtdeutschen Fragen versteht.
[116] Vgl. Kommission für die Finanzreform in der Bundesrepublik Deutschland, Stuttgart, Köln, Berlin, Mainz 1966, S. 27 ff., 178.
[117] Interview von Zahn vom 25. 6. 1969.

gesamtdeutschen Referats auf einen Brief von Jakob Kaiser vom 5. 6. 1951 zurück [118].

In Schleswig-Holstein soll das Referat auf Initiative des Ministers für Arbeit, Soziales und Vertriebene, Frau Dr. Ohnesorge, von 1960 zurückgehen [119].

In Niedersachsen scheinen parteitaktische Gründe des BHE bei der Schaffung des Referats eine Rolle gespielt zu haben [120]. In Bayern liegt seit dem 23. 1. 1965 die „Federführung und Koordinierung aller den Freistaat Bayern betreffenden gesamtdeutschen Angelegenheiten" im gesamtdeutschen Referat des Staatsministers für Bundesangelegenheiten [121]. Ein entsprechendes Referat besteht in Nordrhein-Westfalen erst seit drei Jahren beim Minister für Bundesangelegenheiten [122].

So ist die organisatorische Handhabung in den Ländern sehr unterschiedlich [123] und die Behauptung der Staatskanzlei Niedersachsens muß sehr angezweifelt werden:

„Die Benennung von gesamtdeutschen Referenten durch die Länder ist auf Initiative des Bundesministeriums für gesamtdeutsche Fragen erfolgt. Das Bundesministerium verfährt bei seinen Kontakten mit den Ländern einheitlich nach bestimmten Absprachen, aus denen sich auch die Koordinierungsaufgaben der gesamtdeutschen Referenten innerhalb der Landesregierungen ergeben." [124]

Beim tatsächlichen Wirrwarr der Kompetenzen und Organisationsformen wird verständlich, daß hauptsächlich die technischen Details über diese Referate abgewickelt werden. Wichtigen politischen Initiativen in der Zusammenarbeit Bund–Länder sind andere Wege vorbehalten.

b) Bezeichnungsrichtlinien und Rundschreiben. In die Kompetenz des BMG fiel die Herausgabe von Richtlinien und Rundschreiben zur Koordinierung

---

[118] Brief der Staatskanzlei Hessen (II 4/1 K 30/01) vom 1. 9. 1970; der Senatskanzlei Bremen vom 15. 7. 1970. Im Saarland entstand das Referat nach der politischen Eingliederung. (Brief der Staatskanzlei Saarland Az. B I 2–085 vom 28. 7. 1970)

[119] Das Referat wurde 1967 in die Staatskanzlei überführt. Brief der Staatskanzlei Schleswig-Holstein – Az 660 – vom 17. 7. 1970.

[120] Der Spiegel vom 11. 5. 1960, S. 48 f.

[121] Brief des Bayrischen Staatsministeriums für Bundesangelegenheiten (Az 851–1/4) vom 21. 7. 1970.

[122] Brief des Ministeriums für Bundesangelegenheiten Nordrhein-Westfalen vom 15. 7. 1970 (Az G 023 B4-2)

[123] Am 12. 7. 1970 wurden alle entsprechenden Referate in den Ländern angeschrieben. Mit der Ausnahme Baden-Württembergs wurden alle Briefe beantwortet. Die Staatskanzlei Niedersachsen verwies an das BMB. In Rheinland-Pfalz existierte nach Auskunft der Landespressestelle kein gesamtdeutsches Referat.

[124] Brief der Staatskanzlei Niedersachsens (Az 2421/70) vom 17. 7. 1970.

B. Besondere Probleme   159

und Beratung. So sind eine Reihe von Bezeichnungsrichtlinien erarbeitet worden [125].

Wenn Wehner auch behauptete, er sei nicht der „Nomenklatur-Einhalte-Obermeister"[126], so blieben die Richtlinien während seiner Amtszeit bestehen und werden momentan überarbeitet. Man erwägt sogar, solche Richtlinien ganz fallen zu lassen [127].

Auch die Vorlage für die Annahme von Briefen aus der DDR aus dem Jahre 1959, nach der sich ein Beamter des Postministeriums noch 1967 richtete und (im Gegensatz zum Verkehrsministerium) einen Brief zurückschickte [128], stammte aus dem BMG [129].

c) Kommunale Richtlinien. Waren die Bezeichnungsrichtlinien nach – wenn auch nicht allzu großen – Kampf mit dem Innenministerium in die Kompetenz des BMG gefallen [130], so gab es um die kommunalen Richtlinien heftige Auseinandersetzungen. Die Problematik der kommunalen Kontakte wurde erst relativ spät vom Ministerium erkannt und erst 1954 ausdrücklich in den Tätigkeitsberichten erwähnt [131]. Offensichtlich hatte das Ministerium zum damaligen Zeitpunkt auch keine Übersicht über die vielfältigen Kontakte. Man bewegte sich – in tiefer Furcht vor Infiltration – auf einer sehr vorsichtigen, defensiven Linie [132].

„Das Bundesministerium für gesamtdeutsche Fragen vertritt der Standpunkt: Soviel Kontakte von Mensch zu Mensch über die Zonengrenze hinweg wie nur möglich; so wenig Berührung mit sowjetzonalen Dienststellen wie immer nur angängig." [133]

1954 waren restriktive Richtlinien für den Amtshilfeverkehr zwischen der BRD und der DDR vom BMG herausgegeben worden [134], mit denen

---

[125] Z. B. Tätigkeitsbericht [2] 1954, S. 323; Kartenrichtlinien vom 1. 2. 1961; Bezeichnungsrichtlinien vom 12. 5. 1961.
Es wurden auch Rundschreiben herausgegeben, in denen vor kommunistisch unterwanderten Veranstaltungen gewarnt wurde. (z. B. 30. 4. 1959, Zeichen: I 3–1011– 4249/59 II)

[126] Herbert Wehner in der Bundestagsdebatte vom 16. 12. 1966, Sten. Berichte, S. 3873. Am 11. 3. 1954 hatte sich Kaiser noch dagegen gewandt, die Bezeichnung Ostzone anstelle von sowjetischer Besatzungszone zu verwenden. (Sten. Berichte S. 619)
Im Oktober 1959 gab es einen ‚Aufstand', als Hans-Joachim Kulenkampf in einer Fernsehsendung auch die Zuschauer in der DDR begrüßte. (Der Spiegel vom 21. 10. 1959, S. 91)

[127] Vgl. Der Spiegel vom 25. 1. 1971, S. 27 f.

[128] Der Spiegel vom 22. 5. 1967, S. 29.

[129] Interview Thedieck vom 9. 7. 1969.

[130] Harm Prior [36], S. 113.   [131] Tätigkeitsbericht [2] 1954, S. 318 f.

[132] Tätigkeitsbericht [2] 1954, S. 323.

[133] Tätigkeitsbericht [2] 1954, S. 324.

[134] Tätigkeitsbericht [2] 1954, S. 318.

als erster der schleswig-holsteinische Landrat Wandschneider in Konflikt kam, als er sich mit seinen Kollegen aus der DDR traf, um gemeinsam technische Probleme zu regeln. Das Innenministerium von Schleswig-Holstein lehnte solche Kontakte ab und berief sich auf den Erlaß aus dem BMG, in dem Kaiser erklärt hatte:

„Ich sehe mich veranlaßt, darauf hinzuweisen, daß bei all solchen Besuchen mit äußerster Zurückhaltung verfahren werden sollte, um nicht dem Freiheitskampf der deutschen Bevölkerung in der Sowjetzone zu schaden"[135].

Schon vor Amtsantritt Lemmers schien sich ein Wandel in den Auffassungen im BMG durchzusetzen, der nach seinem Amtsantritt deutlich wurde. Er sprach sich „für eine großzügige Entwicklung der technischen Kontakte zwischen West- und Mitteldeutschland aus"[136] und wollte sich dabei weniger als bisher durch Formalien festlegen lassen[137]. In dieser Zeit entstanden im Referat I/3 unter der Leitung von Zettelmeyer neue Richtlinien, die in einer Vielzahl von Zusammenkünften mit den Landräten erarbeitet wurden und die den kommunalen Organisationen einen weiteren Spielraum geben sollten[138]. Sie wurden allerdings nicht schriftlich fixiert, sondern in einem Gespräch zwischen dem Bundeskanzler und den Ministerpräsidenten der Länder bekanntgegeben.

1959 wurden die von der DDR verhängten Reise- und Kontaktrestriktionen so groß[139], daß trotz der veränderten Tendenz in der Haltung des Ministeriums – die ohnehin nur auf wenige Bereiche beschränkt blieb – von dort keine entscheidenden Impulse ausgehen konnten.

1964 machte sich Mende die Forderungen des Landrates Zerbe zu eigen, der einen „kleinen Grenzverkehr" über die Zonengrenze angeregt hatte[140], und erwog neue Regelungen der kommunalen Kontakte[141]:

„Mir kommt es darauf an – wo immer es möglich ist –, die zerrissenen Bande wieder zu knüpfen"[142].

Im September 1965 unternahm der Präsident des Deutschen Städtetages einen Vorstoß bei Mende, neue Richtlinien zu erlassen[143]. Doch erst im Mai 1966 beschloß das Kabinett über Verwaltungsrichtlinien[144], die einen wei-

---

[135] Der Spiegel vom 17. 11. 1954.
[136] ppp vom 23. 9. 1959.
[137] Vgl. seine Interviews mit dem Spiegel vom 25. 12. 1957, S. 20 ff. und der Süddeutschen Zeitung vom 20. 2. 1958.
[138] Interview Dr. Plück vom 3. 12. 1969.
[139] Verschärfung des Paßgesetzes vom Dezember 1957.
[140] Der Spiegel vom 29. 4. 1964, S. 34 f.
[141] FAZ vom 21. 4. 1964; Neues Deutschland vom 22. 4. 1964.
[142] Die Welt vom 22. 4. 1964.
[143] Der Spiegel vom 2. 5. 1966, S. 43 f.
[144] Abgedruckt in: Politik Heft 3/1966, S. 107 ff.

teren Bereich als nur den Amts- und Rechtshilfeverkehr umfaßten[145]. Dem waren scharfe Auseinandersetzungen im Kabinett[146] und mit einigen Bundesländern vorausgegangen, die sich besonders damit beschäftigten, in wie weit man auch politische Themen zulassen sollte[147]. Einige kritisierten den Grad der öffentlichen Auseinandersetzung und fragten: „Wäre etwas weniger Publictiy der ganzen Sache nicht dienlicher gewesen?"[148] Von der DDR wurden diese Aktionen als „Revanchepolitik mit doppelten Boden" abgetan[149]. So kann nicht nachgeprüft werden, ob diese Richtlinien tatsächlich zur Verstärkung der Kontakte geführt haben oder durch die öffentliche Auseinandersetzung Kontakte zerstört wurden.

Wehner erklärte am 9. 1. 1968,

„Daß die Bundesregierung keine Auflagen für Besuche, Diskussionen oder Fachkontakte mit Gemeinden, Kreisen oder Städten aus dem anderen Teil Deutschlands erteilt"[150].

d) Aufgaben der Grundsatzabteilung bei der Beratung der Länderbehörden. Bei Entscheidungen der Länderbehörden (aber auch anderen Behörden) in gesamtdeutschen Fragen sind die Grundsatzreferate des BMG/BMB maßgeblich beteiligt, um bei allen Kontakten zwischen Behörden der BRD und der DDR beraten und die notwendigen Informationen geben zu können[151].

---

[145] Sten. Berichte des BT vom 26. 5. 1966, S. 2119; Süddeutsche Zeitung vom 23. 6. 1966; Mende im RIAS am 25. 6. 66.

[146] Tagesspiegel vom 21. 6. 1966; Mende im Deutschlandfunk am 22. 6. 1966.

[147] Die Welt vom 23. 6. 1966.
Interview Mende vom 7. 7. 1969: „Ich stellte bei diesen Zonenrandbesuchen fest, daß der eine Bürgermeister noch mit dem anderen Kontakt hatte, der Landrat mit dem anderen, der andere wieder nicht, daß es bei Überflutungsvorgängen ... in Niedersachsen noch gewisse Warnungen gab, daß es im bayrischen Gebiet sogar noch zum Austausch von Fußballmannschaften kam ... Und mir kam es darauf an, den Versuch zu machen, das zu institutionalisieren. Da Bürgermeister mir sagten, dürfen wir, dürfen wir nicht; Landräte: Der kam, ich darf nicht; haben wir im gesamtdeutschen Ministerium Richtlinien ausgearbeitet ... mit denen jeder dortige Kommunalmann ... bis zum Regierungspräsidenten Gelegenheit gehabt hätte, mit der anderen Seite Kontakt aufzunehmen. Da waren ebenfalls die größten Schwierigkeiten beim Innenminister Lücke und bei der bayrischen CSU. Der bayrische CSU-Minister Junker hat ganz entschieden bei Erhard widersprochen, auch der Ministerpräsident Goppel ..."

[148] Zerbe (SPD), Sten. Berichte des BT vom 22. 6. 1966, S. 2368.

[149] Neues Deutschland vom 29. 6. 1966.

[150] Tätigkeitsbericht 1968, S. 490.
Die Richtlinien werden zur Zeit im Ministerium überarbeitet (Brief des BMB vom 5. 8. 1970 an den Verfasser).

[151] Vgl. Tätigkeitsberichte [2].

2. Interzonenhandel

Mit der Treuhandstelle für den Interzonenhandel schuf man eine Institution in Abhängigkeit vom Wirtschaftsministerium, die „eigentlich juristisch nicht definierbar ist"[152]. Die Einflußmöglichkeiten des BMG auf den Interzonenhandel wurden im Staatssekretärsausschuß kanalisiert[153], der sein Hauptaugenmerk auf Wirtschaftsfragen richtete und der, wenn Interzonenhandelsverhandlungen im Gange waren, auch mehrmals in der Woche tagte[154].

In der Kabinettsvorlage von 1949 wurde eine Kompetenzabgrenzung zum Bundeswirtschaftsministerium festgelegt:

„Die Federführung für den Interzonenhandel muß selbstverständlich beim Wirtschaftsministerium liegen, aber es ist notwendig, das Ministerium für gesamtdeutsche Fragen einzuschalten, um die bisher vielfach fehlende Kenntnis der ostdeutschen Wirtschaftsverhältnisse zu vermitteln und für die Beachtung der politischen Gesichtspunkte zu sorgen, die im Hintergrund der interzonalen Wirtschaftsbeziehungen stehen"[155].

Auch wenn das BMG bestrebt war, „den Interzonenhandel als wichtiges Bindeglied zwischen dem Bundesgebiet und Westberlin einerseits und der sowjetischen Besatzungszone andererseits nach besten Kräften zu fördern"[156], blieben die Einwirkungsmöglichkeiten des BMG schon aufgrund der unzureichenden organisatorischen und personellen Voraussetzungen gering[157].

3. Zonenrandförderung[158]

Bei der Förderung des Zonenrandgebietes blieb die Koordinierung immer ein offenes Problem. Unumstritten war die Kompetenz des BMG in kulturellen Angelegenheiten. Alle darüber hinausgehenden Versuche, das BMG einzuschalten, schlugen fehl, wie zum Beispiel der Vorschlag der SPD von 1958, das BMG zu beauftragen, „die Maßnahmen dieses Strukturprogramms

---

152 Leopold, nach Der Spiegel vom 11. 11. 1968, S. 224.
153 Emil Hoffmann [24], Die Zerstörung der deutschen Wirtschaftseinheit, Hamburg 1964, S. 43 f.
154 Interview Thedieck vom 9. 7. 1969.
155 Kabinettsvorlage 1949, S. 4.
156 Tätigkeitsbericht 1954, S. 319.
157 Personelle Besetzung 1970:
Wirtschaftsministerium: Referat IV C 7, innerdeutsche Wirtschaftsbeziehungen – 9 Beamte, 9 Angestellte, wobei der Referatsleiter in Personalunion Leiter der Treuhandstelle ist. BMB: Referat II 4, Wirtschaft, Verkehr, Post, Ernährung, Landwirtschaft – 3 Beamte.
158 Bundesministerium für innerdeutsche Beziehungen (Hg.): Der Bund hilft, Bonn 1970.

B. Besondere Probleme

aufeinander abzustimmen und mit den Entwicklungsplänen der Länder zu koordinieren"[159].

Auch Mende, der als Ausgangsbasis eine Koordinierung innerhalb seiner Partei anstrebte[160] und 1965 „die Errichtung der Stelle eines Beauftragten für Zonenrandfragen oder die Beauftragung seines Bundesministeriums für die Koordinierung gefordert" hatte[161], mußte der Auffassung Wehners recht geben, der 1966 im Bundestag erklärte:

„Selbst das, was alles zur Förderung der Zonenrandgebiete gehört, ist noch nicht einmal in Ihrem Haus zusammenfaßbar und geht im wesentlichen an Ihrem Haus vorbei ... Heute ist es so, daß man aufpassen muß wie ein Luchs, und es gehört ein ganzes Spezialwissen dazu. Im Haushaltsplan des Bundeswohnungsministeriums, im Haushaltsplan des Verkehrsministeriums und in vielen anderen – ich habe es einmal zusammengerechnet, es sind insgesamt, wenn ich Ihr Haus mitrechne, tatsächlich zwölf, in denen man suchen muß – sind Fragen, die den Zonenrand betreffen."[162]

Wehner gelang es dann als Minister weit mehr, sich in Zonenrandfragen einzuschalten[163].

Doch erst nach Amtsantritt Frankes erhielt das BMB offiziell die Koordinierung aller Zonenrandprobleme zugewiesen[164]. Der parlamentarische Staatssekretär ist nun speziell mit diesen Fragen beschäftigt. Damit wurden organisatorische Veränderungen verbunden: Man verfügt jetzt über zwei Referate, die mit dieser Problematik befaßt sind (Ref. I/5; I/6)[165].

---

[159] Bundestagsdrucksache III/479; Ablehnung durch Erhard am 28. 1. 1959 im Bundestag. (Sten. Berichte, S. 3189)

[160] Beschlußprotokoll des Bundesvorstandes der FDP vom 17. 9 1964, S. 4: „Der Bundesvorstand beschließt, daß bezüglich der Förderungsmaßnahmen eine Koordinierung innerhalb der Partei zu erfolgen hat, um in Zukunft divergierende Entscheidungen zu verhindern. Eine Koordinierung muß insbesondere sichergestellt sein zwischen dem gesamtdeutschen Ministerium, dem Bundesfinanzministerium und dem Arbeitskreis Zonenrandgebiete sowie mit den FDP-Ministerien der an den Zonenrand angrenzenden Bundesländern."

[161] FAZ vom 5. 5. 1965; Christ und Welt vom 14. 5. 1965.

[162] Sten. Berichte des BT vom 26. 5. 1966, S. 2105 f.

[163] Interview Wehner vom 10. 12. 1969: „... wenn sich das Bundesministerium für gesamtdeutsche Fragen tatsächlich auf das beschränkt hätte, was ihm zustand, nämlich gewisse kulturelle Förderungsmaßnahmen und später auch Schulbauförderungsmaßnahmen, wäre das wenig gewesen und hätte nicht ausgereicht, aber in Kombination und Kooperation mit den Wirtschaftsministerien haben wir ja dann im Jahre 1968 und gesteigert 1969 zum ersten Mal auch gesetzliche Ansprüche und Möglichkeiten für Wirtschafts- und entsprechend dann auch Verkehrsförderungsmaßnahmen im Zonenrandgebiet zuwege gebracht."

[164] Interview Herold vom 25. 6. 1970.

[165] Vgl. Stellenplan im Anhang.

C. Thesen zu Kapitel V

1. Die Kabinettsvorlage von 1949 wies dem BMG keine Koordinierungs- sondern nur Beratungsfunktionen zu.
2. Die tatsächlichen Einwirkungsmöglichkeiten waren deshalb weitgehend von den Ministern und Staatssekretären abhängig; Kaiser konnte sich im Beschränkten Maße, Lemmer und Mende so gut wie gar nicht durchsetzen.
3. Alle Versuche, effektive Koordinierungsgremien zu schaffen, scheiterten.
4. Wehner gelang es, sich einen größeren Spielraum zu verschaffen. Unter Franke wurde dem BMB durch Kabinettsbeschluß die Koordinierung der innerdeutschen und Zonenrandfragen zugesprochen.

KAPITEL VI

DIE WESTABTEILUNG – DAS SAARPROBLEM

A. *Entstehung der Westabteilung*

In der Kabinettsvorlage war man noch nicht ganz sicher, ob auch die Westgebiete in die Kompetenzen des BMG gehören sollten:

„Die Benennung des Ministeriums für gesamtdeutsche Fragen macht es notwendig, zu erklären, ob die Angelegenheiten der innerdeutschen Grenzgebiete der Bundesrepublik von diesem Ministerium bearbeitet oder ob sie in die Zuständigkeit des Innenministeriums überführt werden sollen. Dabei handelt es sich um die Frage der Koordinierung der Arbeit der Länderregierungen im Bezug auf die strittigen innerdeutschen Gebiete an der holländischen, belgischen, luxemburgischen und dänischen Grenze. Weiterhin um die Frage des Saargebietes. Dieser ganze Fragenkomplex muß in erster Linie unter dem Gesichtspunkt der außenpolitischen Wirkung gesehen werden. Vom innerdeutschen Gesichtspunkt aus wäre es zweifellos erwünscht, diese Frage im Bereich des Ministeriums zu behandeln."[1]

Nachdem sich Kaiser und Thedieck sehr für die Westabteilung eingesetzt hatten, wurde sie Ende 1949 eingerichtet[2]. Diese Abteilung III war stets die kleinste im BMG. 1951 bestand sie nur aus dem Abteilungsleiter, einem Referenten und einem Mitarbeiter.

B. *Das Saarproblem*

Vorbemerkung

Das Saarproblem spielte in der Arbeit des Ministeriums eine große, heute aber in vollem Umfange noch nicht durchschaubare Rolle[3]. Das ist nicht nur der geheimen Unterstützung der Opposition im Saarland durch das BMG zuzuschreiben, sondern auch den Kompetenzkonflikten mit dem Auswärtigen Amt[4], die besonders im Licht der Auseinandersetzungen zwischen

---

[1] Kabinettsvorlage 1949, S. 4.
[2] Der Tag vom 4. 10. 1949.
[3] Jacques Freymond [23], Die Saar 1945–1955, München 1961, S. 317: „Man kann natürlich genaue und für den Historiker brauchbare Auskünfte über die Tätigkeit des Ministeriums nicht erhalten..."; vgl. Kosthorst [8], S. 312.
[4] Interview Thedieck vom 9. 7. 1969: „Es bestand eine gewisse Neigung im

Kaiser und Adenauer gesehen werden müssen [5]. „Alles, was Kaiser mit dem Instrument des BMG tun konnte, mußte hinter dem Rücken des Kanzlers geschehen"[6].

Adenauer, sein Ziel des integrierten Europas vor Augen, war bereit, das Saarland als ersten Schritt für dieses Europa zu ‚geben'. Kaiser trat diesen Bestrebungen aufgrund seiner Konzeption eines geeinten deutschen Reiches in einem ‚Europa der Vaterländer' entgegen [7].

In einer Rede in Pirmasens vom 27. 7. 1949 hatte sich Kaiser schon deutlich für die Zugehörigkeit der Saar zu Deutschland ausgesprochen:

„Der Wille zur Neugestaltung unseres Kontinents im Sinne europäischer Zusammenarbeit verlangt Großzügigkeit im Verhältnis der Völker zu einander. Dieser Wille – wenn er als ehrlich angesehen werden soll – verlangt die Anerkennung, daß das Saarland politisch und staatsrechtlich zu Deutschland gehört."[8]

1. Auseinandersetzungen um die Saardenkschrift

Im Januar 1950 kam es zur ersten Auseinandersetzung zwischen Kaiser und Adenauer in der Saarfrage, die den Rücktritt des Bundespressechefs Bourdin zur Folge hatte [9].

Auswärtigen Amt, dem BMG keinen zu großen Einfluß im Saargebiet zukommen zu lassen, weil man Störungen der Außenpolitik dadurch befürchtete. Aber daß die eine besonders zugespitzte Form angenommen haben, das kann man nicht sagen."

[5] Vgl. Kosthorst [8], S. 312 ff.

Tendenzen, die Geschichtsschreibung in eine gewisse Richtung lenken zu wollen, indem man Adenauer und Kaiser untereinander abgesprochene Rollen zuschiebt, sind erkennbar, aber kaum verifizierbar. Vielleicht in dieser Art interpretierbar sind die Äußerungen Thedieks in seinem Nachruf auf Adenauer im Deutschlandfunk (19. 4. 1967): „Lassen Sie mich ein Wort sagen zur Saarpolitik Konrad Adenauers. Auch in dieser nationalen Frage ist viel unberechtigte Kritik an der Politik des Bundeskanzlers geübt worden. Ich bin überzeugt, daß auch hier die spätere Geschichtsschreibung bestätigen wird, daß es die großartige weitsichtige und abgewogene Politik Adenauers gegenüber Frankreichs war, die letzten Endes die Rückgewinnung des Saarlandes mit Zustimmung Frankreichs ermöglicht hat."

[6] Kosthorst [8], S. 329.

[7] Paul Sethe: Ins Wasser geschrieben, Frankfurt 1968, S. 77: „Werde ich je dieses sich versteinernde Gesicht vergessen? Das war, als er (Kaiser) in seiner Wohnung am Rundfunk hörte, wie der Kanzler in Bochum den Saarländern empfahl, den Vorschlag zur ‚Europäisierung' anzunehmen."

[8] Brammer [4].

[9] Der Spiegel vom 2. 2. 1950, S. 5 f.; Interview von Hammerstein vom 4. 2. 1970; Kosthorst [8], S. 118.

B. *Das Saarproblem* 167

Im BMG war eine Denkschrift zur Saarfrage verfaßt worden[10], die nicht in das Konzept Adenauers paßte. Als sie durch Indiskretionen – u. a. durch eine Rede Dehlers in Hamburg – bekannt wurde, erklärte Bourdin auf einer Pressekonferenz, daß die Denkschrift dem Bundeskanzler erst durch Pressemeldungen bekannt geworden wäre. Kaisers Pressereferent von Hammerstein dementierte das sofort, und Bourdin nahm seinen Abschied[11]. In einem Brief vom 30. 1. 1950 erklärte Adenauer Kaiser, daß er unter den gegebenen Umständen gezwungen gewesen wäre, von der Denkschrift abzurücken und verlangte von Kaiser mehr Kabinettsdisziplin: „Der Eintritt eines Ministers in ein Kabinett bedeutet die Aufgabe des Rechts, zu politischen Fragen sich frei und abweichend von der Gesamtpolitik des Kabinetts zu äußern"[12].

Am 9. Juni 1950 bat Adenauer Kaiser, die Tätigkeit des Saarreferats bis auf weiteres einzustellen, da auch der französische Hochkommissar Beschwerden erhoben hätte[13].

2. *Interpretationen der Wahlen vom November 1952*

Auch über die Interpretationen der Wahlen im Saarland vom November 1952 bestanden zwischen Adenauer und Kaiser erhebliche Unterschiede – die der Briefwechsel besonders deutlich macht – und die Adenauer veranlaßten, schon am 3. 11. 1952 zu bitten, an der Saar „keine selbständige Politik dort zu treiben oder dort treiben zu lassen"[14].

Adenauer an Kaiser am 8. Januar 1953:
„Ich habe von den Wahlen an der Saar eine andere Auffassung als Sie. Ich fürchte, Sie haben sich durch optimistische, einseitige Berichte täuschen lassen. Die Wahl bedeutet einen Teilerfolg für Hoffmann und seine Politik. Das können wir nicht aus der Welt schaffen. Unsere Aufgabe an der Saar ist es, sie wirtschaftlich von Frankreich möglichst unabhängig zu machen. Die Erklärung des französischen Ministerpräsidenten René Mayer hat ein neues Moment gebracht. Welche Folgen diese Erklärung haben wird, übersehe ich noch nicht. Ich bitte, daß Ihr Ministerium sich nunmehr völlig zurückhält. Die Bemühungen Ihrer Herren haben nicht nur keinen Erfolg gehabt, sie haben im Gegenteil geschadet."
Kaiser antwortete:
„Sie haben selbst aktive deutsche Saarpolitik gefordert. Die Lostrennung

---

[10] Autor Friedrich von Zahn.
Teile der Denkschrift sind abgedruckt in Freymond [23], S. 317; Kosthorst [8], S. 119 f.; Der Spiegel vom 26. 1. 1950.
[11] Interview von Hammerstein vom 4. 2. 1970; Baring [22], S. 43.
[12] Brammer [4]; vgl. Kosthorst [8], S. 123.
[13] Kosthorst [8], S. 321.
[14] Kosthorst [8], S. 330.

der Saar ist ein altes französisches Ziel. Da jetzt keine freien Wahlen stattfinden, konnte auch kein anderes Ergebnis erwartet werden ...
Ich weiß um die Summe der Schwierigkeiten, denen Sie sich als Außenminister in der Saarfrage gegenübersehen. Aber die Saarfrage ist wie die der Sowjetzone nicht nur eine außenpolitische, sie ist vor allem auch eine gesamtdeutsche und damit innenpolitische Aufgabe, für die ich mich mitverantwortlich fühlen muß ..."[15]

3. Aktionen des BMG im Saarland

Die Aktionen des Ministeriums waren vielfältiger Art[16]: So stellte z. B. Robert H. Schmidt fest:

„Neben den Unterstützungen für die unterdrückte Opposition an der Saar in der Form der Beratung und als fester Treffpunkt für die an der Saar in ihrer Bewegungsfreiheit weitestgehend eingeschränkten oppositionellen Politiker und neben den bekannten (Anm.: Etwa für die ‚Deutsche Saarzeitung'...) oder von uns vermuteten mittelbaren materiellen Hilfen hat das Saarreferat der saarländischen Opposition sowohl in der Bundesrepublik als auch in der öffentlichen Meinung des Auslandes dadurch Unterstützung gewährt, daß es die an der Saar selbst nicht zu veröffentlichenden Untersuchungen und Kampfschriften oppositioneller und wissenschaftlich neutraler Autoren zur Saarfrage gefördert hat ..."[17]

Die Initiative des BMG führte 1950 auch zur Gründung des Saarbundes[18], der erhebliche Zuwendungen erhielt[19]. Die Finanzierung wurde gestoppt, als man das Plakat: „Die Saar bleibt deutsch – fort mit den Separatisten" herausgab[20]. Adenauer wies deshalb am 23. 11. 1954 darauf hin, daß eine weitere Unterstützung des Saarbundes nicht mehr mit seinen Richtlinien der Politik vereinbar sei und bat um eine Übersicht der geleisteten Zahlungen[21].

---

[15] Brammer [4]; vgl. Kosthorst [8] S. 333 f.
[16] Vgl. Freymond [23], S. 155.
Sicherlich ist es dabei auch zu nachrichtendienstlicher Tätigkeit gekommen. (Der Spiegel vom 2. 7. 1952, S. 6 ff.)
[17] Robert H. Schmidt [25], Saarpolitik 1945–1955, Band 1, Berlin 1959, S. 533. Das BMG hat Schmidt für das Buch einen Druckkostenzuschuß gewährt. (S. 14) Doch Thedieck sagte: „Es sind in dem Buch einige Dinge erwähnt – und daran ist Herr Bodens nicht ganz unschuldig – die besser nicht öffentlich erwähnt worden wären." (Interview Thedieck vom 9. 7. 1969)
Vom BMG wurden z. B. herausgegeben: 1951 – Übersicht für eine Änderung des gegenwärtigen Status des Saargebietes; 1952 – Wer regiert die Saar (Auflage 300 000); Menzel: Das Saarproblem (in deutsch, englisch und französisch).
[18] Freymond [23], S. 102.
[19] „Monatlich eine vierstellige Summe", Der Spiegel vom 17. 11. 1954, S. 12.
[21] Brammer [4].   [20] Der Spiegel vom 17. 11. 1954, S. 11 f.

B. *Das Saarproblem* 169

4. *Die Saarreferate des BMG und des Auswärtigen Amtes – Pläne zu Veränderungen*

Das Saarreferat des Auswärtigen Amtes wurde 1952 von Dr. Gustav Strohm geleitet. Zwischen ihm und Adenauer kam es jedoch zu starken Meinungsverschiedenheiten, und nach seinem Ausscheiden im März 1952 wurden die Hauptkontakte der saarländischen Opposition mit Bonn vom BMG aufrechtgehalten [22]. Der ‚Verbindungsmann' des BMG war Wilhelm Josef Bodens [23]: „der Kontakt ... mit Bodens wurde sehr eng und sehr gut" [24] und wurde auch aufrecht erhalten, als „1953 die Verbindungen von Bonn ... zur Saaropposition fast ‚eingeschlafen' waren [25]. Im November 1953 versuchte Adenauer, Kaiser die Kompetenzen in der Saarfrage völlig zu nehmen:

„Unter Bezugnahme auf meine Briefe vom 3. November 1952 und vom 8. Januar 1953 teile ich Ihnen ergebenst folgendes mit:

Die außenpolitische Lage hat es nötig gemacht, in konkrete diplomatische Verhandlungen über die Saarfrage einzutreten. Diese Verhandlungen setzen die zusammenfassende Behandlung aller politischen Saarprobleme in einem einzigen Bundesministerium voraus. Das kann im Hinblick auf den diplomatischen Charakter der Verhandlungen nur das Auswärtige Amt sein.

Daraus ergibt sich, daß die Zuständigkeit Ihres Ministeriums für die Saarfrage in Zukunft wegfällt. Dasselbe gilt für die Behandlung der übrigen Grenzfragen im Westen, insbesondere soweit sie die Niederlande und Belgien betreffen.

Ich habe Herrn Staatssekretär Hallstein gebeten, sich mit Ihnen darüber ins Benehmen zu setzen, wie die Arbeiten Ihres Ministeriums, soweit sie nicht abgewickelt werden können, auf das Auswärtige Amt zu überführen sind. Er wird Sie ferner über den Gang der Verhandlungen informieren." [26]

Das gelang aber Adenauer durch den Widerstand innerhalb des Kabinetts und auch der Parteien nur sehr beschränkt [27]. „Es bedurfte kaum eines Winkes von Kaiser, und Herbert Wehner, als Vorsitzender des Bundestagsausschusses für gesamtdeutsche Fragen ständiger Gesprächspartner des Bun-

---

[22] Schmidt [25], Band 1, S. 535.
[23] Bodens wechselte 1957 in die Staatskanzlei der Regierung des Saarlandes.
[24] Schmidt [25], Band 2, S. 503.
[25] Schmidt [25], Band 3, S. 29; Der Spiegel vom 6. 8. 1952, S. 5.
[26] Kosthorst [8], S. 337 f.
Der Spiegel vom 16. 12. 1953, S. 8: „Er schrieb seinen Brief an Jakob Kaiser, ohne seine übrigen Minister auch nur zu unterrichten, geschweige denn zu befragen."
[27] Freymond [23], S. 325; Der Spiegel vom 16. 12. 1953, S. 6 ff.; Tagesspiegel vom 10. 12. 1953.

desministers für gesamtdeutsche Fragen, schlug im Namen der SPD die Alarmglocke."[28]

Kaiser antwortete Adenauer am 3. 12. 1953:

„Aber die Saarfrage bleibt nun einmal nicht nur eine Angelegenheit der Außenpolitik. Sie ist und bleibt vor allem auch eine innerdeutsche Frage. Die Saarfrage ausschließlich zu einer Sache des Auswärtigen Amtes zu machen, käme einer Demonstration gleich, die bedeuten würde, daß man das Saarland als Ausland behandele. Zugleich würde die Wahrnehmung der innerdeutschen Verantwortungen für die Bevölkerung an der Saar eine einfach störende Belastung für das Außenamt und für unsere Beziehungen zu den westlichen Ländern zur Folge haben."[29]

Kaiser hielt das Ergebnis einer Unterredung mit Adenauer vom 16. 12. 1953 brieflich fest:

„Es besteht nicht die Absicht, dem Ministerium für gesamtdeutsche Fragen seine bisherige Zuständigkeit für Saarfragen sowie für die Behandlung der übrigen Grenzfragen im Westen zu entziehen. In Anlehnung an die Zuständigkeitsabgrenzung in der Weimarer Zeit ist das Auswärtige Amt für außenpolitische Verhandlungen über die Saarfrage federführend; im übrigen ist die Betreuung des Saargebietes als eines deutschen Territoriums innerhalb der Grenzen vom 31. Dezember 1937 eine Aufgabe der deutschen Innenpolitik. Soweit nicht für Spezialfragen das Bundesministerium des Innern zuständig ist, gehört diese Aufgabe zur Kompetenz des Bundesministeriums für gesamtdeutsche Fragen."[30]

5. Das Saarstatut

In konsequenter Fortsetzung seiner Politik wandte sich Kaiser gegen das Saarstatut und schrieb am 20. 2. 1955 an Adenauer:

„Sie wissen, daß ich dem Saarabkommen in der vorliegenden Form nicht zustimmen kann. Ich verkenne nicht die Zwangslage, der Sie sich in Paris gegenübersahen. Ich kann aber bei der Fragwürdigkeit des Regimes in Saarbrücken ... einfach nicht der Überzeugung sein, daß das vorliegende Saarstatut Ihre Zuversicht rechtfertigt ..."[31]

Als Antwort darauf drohte Adenauer am 23. 2. 1955 – drei Tage vor der Schlußabstimmung im Bundestag –, Kaiser aus dem Kabinett zu entlassen:

„Ich bin bestürzt, daß Sie, trotz des Beschlusses des Parteivorstandes, des Parteiausschusses und der Bundestagsfraktion, als Mitglied des Kabinetts dabei beharren, gegen das Saarabkommen zu stimmen. Ich bitte Sie, alles das, was in den genannten Gremien angeführt worden ist, doch noch

---

[28] Kosthorst [8], S. 338.
[29] Kosthorst [8], S. 339.
[30] Kosthorst [8], S. 339.
[31] Kosthorst [8], S. 347.

einmal zu überdenken. Ich würde es sehr begrüßen, wenn Sie Ihren Beschluß ändern könnten. Eine Ablehnung des Saarstatuts durch Sie würde ja notwendigerweise auch Konsequenzen mit sich bringen, die ich gern vermieden sehen möchte."[32]

Bei der Abstimmung im Kabinett und im Parlament enthielt sich Kaiser der Stimme [33] und machte vor Pressevertretern keinen Hehl daraus, „daß er das Saar-Abkommen für unbefriedigend halte"[34]. Der Bundestag nahm das Abkommen mit 264 gegen 201 Stimmen bei 9 Enthaltungen an.

Tage vor der Volksabstimmung erdreistete sich Adenauer sogar, von Kaiser die Suspendierung des Saarreferenten Bodens zu verlangen, der aber dann nach der Abstimmung wieder im Dienst erschien[35].

In der Volksabstimmung wurde das Statut am 23. 10. 1955 mit 67,71% abgelehnt. Nach mehreren Konferenzen unterzeichnete man am 27. 10. 1956 die Saarverträge, die eine politische (1. 1. 1957) und wirtschaftliche (vorzeitig am 5. 7. 1959) Eingliederung in die BRD ermöglichten.

C. Auflösung der Westabteilung

Nach der politischen Eingliederung des Saargebietes beschränkte sich die Arbeit des BMG auf die Förderung kultureller Maßnahmen und die Mitwirkung an den Eingliederungsgesetzen. Damit war die ‚große Zeit' der Westabteilung vorbei, zumal Bodens das BMG verließ. Zwar blieben der Abteilung Aufgaben in den nördlichen und westlichen Grenzgebieten, aber eine eigene Abteilung rechtfertigte das nicht mehr. Noch 1960 entschloß man sich, mit den Problemen des Zonenrandes weitere Aufgaben in die ‚Westabteilung' zu delegieren, und erst im August 1964 wurde sie aufgelöst und der Rest der Aufgaben in die Verwaltungsabteilung überführt[36].

---

[32] Kosthorst [8], S. 347 f.
[33] Kosthorst [8], S. 348: „So entschloß sich Kaiser, der kein Michael Kohlhaas war und Prinzipienfestigkeit mit politischem Pragmatismus zu verbinden wußte, sich bei der Schlußabstimmung über das Saarabkommen der Stimme zu enthalten. Seine Nein-Stimme hätte ohnehin nur noch eine politische Demonstration sein, politische Änderungen aber nicht mehr hervorrufen können. Eine Demonstration, wenn nur dies noch übrig blieb, war aber auch schon die bloße Stimmenthaltung."
[34] Kurier vom 12. 3. 1955.
[35] Interview von Hammerstein vom 4. 2. 1970; Civis vom Februar 1963; Kosthorst [8], S. 51.
[36] Vgl. S. 52.

D. Thesen zu Kapitel VI

1. Die Westabteilung war neben kulturellen Aufgaben in nördlichen und westlichen Grenzgebieten vor allen Dingen mit der Saar-Frage befaßt.
2. Kaiser betrieb mit seinem Ministerium im Saargebiet eine eigene Politik, die seinen Vorstellungen von einem geeinten deutschen Reich entsprach und zu zahlreichen Konflikten mit Adenauer führte.
3. Nach der Wiedereingliederung der Saar, an der das BMG beteiligt war, verlor die Westabteilung ihre eigentliche Bedeutung.

KAPITEL VII

DIE BERLINER ABTEILUNG

A. Entstehung 1949

In der Kabinettsvorlage von 1949 hieß es:
„Die Frage Berlin muß notwendig in diesem Ministerium bearbeitet werden. Dabei ist Vorsorge zu treffen, daß die Zuständigkeiten dieses Ministeriums für die Bestrebungen Berlins, 12. Bundesland zu werden, keine Hinderung bedeuten.

Selbstverständlich wird in Berlin eine Verbindungsstelle eingerichtet werden müssen. Sie hat als korrospondierende Stelle der Referate des Bundesministeriums in Bonn die Materialbeschaffung und laufende Unterrichtung durchzuführen und andererseits die Verbindungen mit Berliner Dienststellen herzustellen. Der Errichtung der Verbindungsstelle in Berlin kommt auch größte psychologische Bedeutung für die Berliner Bevölkerung zu.

Da auch einzelne andere Ministerien in Berlin Verbindungsreferate einrichten werden, insbesondere das Wirtschafts-, das Ernährungs- und das Finanzministerium, ist es erforderlich, deren reibungslose Zusammenarbeit durch klare Abreden von Anfang an sicherzustellen.

Es wird sich empfehlen, eine Art interministeriellen Ausschuß zu bilden, dessen Vorsitz dem Leiter der Berliner Verbindungsstelle übertragen wird. Die fachliche Unterstellung der Verbindungsreferate unter die zuständigen Ministerien soll davon unberührt bleiben."[1]

Diese klare und organisatorisch auch faßbare Schwerpunktbildung der Berliner Abteilung war auf die Initiative Jakob Kaisers zurückzuführen[2], der sich aber noch einen stärkeren Ausbau gewünscht hätte, in dem die Berliner Abteilung nicht nur aus Hilfsreferaten der entsprechenden Referate in Bonn bestehen sollte. Er mußte aber einsehen, daß es für seinen Einfluß im Kabinett nicht sinnvoll sein konnte, den Hauptsitz des Ministeriums nach Berlin zu verlegen. Er beabsichtigte aber, besonders in der Berliner Abteilung, auf einer breiteren Parteienbasis zu arbeiten, um von der Bevölkerung der DDR nicht als katholisch, einseitig westlich orientiert, abgelehnt zu werden[3].

---

[1] Kabinettsvorlage von 1949, S. 4.
[2] Nürnberger Zeitung vom 3. 10. 1949.

B. Aufgabenstellung der Berliner Abteilung

1. Verbindung zur Bundesregierung

a) *Bundesbevollmächtigter.* Erste Auseinandersetzungen gab es um die Einrichtung eines Bundesbevollmächtigten für Berlin, eine Position, die auf Vorschlag Kaisers geschaffen worden war [4], und die er seinem Ministerium unterstellt wissen wollte. Adenauer lag aber viel daran, Jakob Kaisers Abteilung in Berlin und auch die anderen Referate dort kontrollieren zu können. So vermochte sich Kaiser mit seinen Vorstellungen nicht durchzusetzen [5].

Als Kompromiß wurde der Leiter der Abteilung II des BMG Stellvertreter des Berlin-Bevollmächtigten, er kann aber nur im Einvernehmen mit dem Bevollmächtigten ernannt werden [6]. Mit Heinrich Vockel wurde im Februar 1950 eine Persönlichkeit erster Bevollmächtigter [7], die sich weder vom Berliner Senat noch von der Abteilung II übergehen ließ. Seine Nachfolger konnten sich nicht in dieser Weise durchsetzen, zumal die Bedeutung des Amtes durch die politische Entwicklung erheblich gemindert wurde [8].

Felix von Eckardt wurde in dieser Position quasi ‚kaltgestellt‘ [9]. Während seines Wahlkampfes 1965 übernahm Staatssekretär Krautwig das Amt und führte es nach den Wahlen in Personalunion weiter. Man erhoffte sich davon eine wirksamere Koordination [10]. Die Ernennung Lemmers zum Son-

---

[3] Deswegen sollte der Leiter des politischen Referats ein Sozialdemokrat, der Abteilungsleiter ein Protestant sein.

[4] Tätigkeitsbericht [2] 1950, S. 112.

[5] Interview Thedieck vom 9. 7. 1969: „Sicherlich wollte Minister Kaiser zunächst gerne, daß der Berlin-Bevollmächtigte ein Mann des Ministeriums sein sollte. Das Bundeskanzleramt wollte, daß er unmittelbar ihm unterstellt wurde. Aber als dann Herr Vockel ausgewählt wurde, wurde er vom Ministerium ebenso anerkannt, wie er eben im Bundeskanzleramt geschätzt wurde. Daraus ergaben sich hinterher hier und da mal gewisse Differenzen. Doch Differenzen sollte man überhaupt nicht so überbewerten; wo gibt es einen Behördenapparat der ohne Differenzen, der ohne Reibungen funktioniert. Wir hatten das denkbar beste Verhältnis, aber wir hatten auch manchmal Krach. Das gehört nun mal dazu."

[6] GMBL 1953, S. 565.

[7] Tagesspiegel vom 28. 1. 1950.
Davor hatte Prof. Ernst eine Berufung abgelehnt. (Tagesspiegel vom 12. 1. 1950)

[8] Süddeutsche Zeitung vom 11. 11. 1969.
Seit dem Dritten Überleitungsgesetz vom Juni 1952, mit dem Berlin in das Finanzsystem des Bundes einbezogen wurde, führte man die finanziellen Verhandlungen nicht mehr über den Berlin-Bevollmächtigten, der damit seine Hauptfunktion verlor.

[10] Tagesspiegel vom 7. 1. 1966; Der Spiegel vom 7. 7. 1965, S. 14.

B. Aufgabenstellung der Berliner Abteilung

derbeauftragten des Bundeskanzlers in Berlin 1965 war mehr ein Trostpflaster für einen entgangenen Ministersessel[11], als politisch relevant. Daß man die Position des Berlin-Bevollmächtigten auch nach den Wahlen von 1969 beibehielt und mit Egon Bahr besetzte, der gleichzeitig Staatssekretär im Bundeskanzleramt wurde, kann man nur aus psychologischen Aspekten erklären, denn eine tatsächliche Funktion kommt diesem Amt nicht mehr zu.

b) Errichtung von Bundesbehörden in Berlin. Das BMG betrachtete es in den Anfangsjahren als eine wichtige Aufgabe, die Errichtung von Bundesbehörden in Berlin zu unterstützen:

„Wir haben erreicht, daß eine ganze Serie von Bundesbehörden nach Berlin kam, und das zu erreichen, war immer ein großer Kampf im Kabinett oder in den Vorbesprechungen dazu."[12]

Bei einer Bestandsaufnahme der Bundespräsenz in Berlin 1970 zeigte sich, daß die Anzahl der Bundesbehörden höher ist, als allgemein angenommen wird, wobei es sich allerdings um politisch nicht sehr relevante Institutionen handelt[13].

c) Auseinandersetzungen zwischen dem Berliner Senat und der Bundesregierung. Als Berliner Senat und Bundesregierung von verschiedenen Parteien getragen wurden, kam es oft zu erheblichen Schwierigkeiten, denen man mit neuen Koordinationsgremien beikommen wollte. So wurde z. B. Thedieck im September 1962 mit einer solchen Aufgabe betraut, ohne aber nennenswerten Erfolg zu haben[14]. Heute, wo Berliner Senat und Bundesregierung von den gleichen Parteien gebildet werden, sieht die Berliner Abteilung ihre Aufgabe mehr in „einer flankierenden Schützenhilfe"[15].

---

[11] Vgl. Sten. Berichte des BT vom 12. 1. 1966, S. 487 f.; vom 16. 2. 1967, S. 4295.
[12] Interview Thedieck vom 9. 7. 1969.
Vgl. Tätigkeitsbericht 1950, S. 112; Sten. Berichte des BT vom 24. 3. 1950, S. 1843 f.
[13] Der Spiegel vom 31. 8. 1970, S. 24.
[14] Zur Errichtung dieser Stelle: Thedieck im Hessischen Rundfunk am 6. 9. 1962; Christ und Welt vom 14. 9. 1962. Interview Thedieck am 9. 7. 1962: „Es hat sich nicht in meiner Erinnerung eingeprägt, daß es da eine besonders große Aktivität gab. Es wurde eine Weisung an alle Ressorts herausgegeben, sie müßten mich bei allen Dingen, die Berlin beträfen, informieren und ich müßte das koordinieren. Aber ich glaube nicht, daß ich da eine besonders verdienstliche Tätigkeit entwickelt habe. Was koordiniert werden mußte, das wurde im Staatssekretärsausschuß gemacht."
[15] Interview Kreutzer vom 7. 7. 1970.

VII. Die Berliner Abteilung

2. Schwerpunkte der Arbeit [16]

„Gesamtdeutsche Aufgaben in der deutschen Hauptstadt erfüllt die Berliner Abteilung des Bundesministeriums für gesamtdeutsche Fragen, die Abteilung III. Sie wirkt bei politischen und kulturellen Veranstaltungen mit, sie fördert die menschlichen Kontakte im geteilten Deutschland und in der geteilten deutschen Hauptstadt und ist an der Information der Besucher Berlins beteiligt." (1966) [17]

Hauptaufgaben der Abteilung bestehen in einer Vielzahl von Betreuungs- und Förderungsmaßnahmen [18]. Die finanziellen Aufwendungen des Ministeriums für Berlin sind groß, und es gibt kaum einen Lebensbereich, in dem das BMG nicht tätig geworden wäre [19]. So zum Beispiel im kulturellen Leben: die Internationalen Filmfestspiele [20], die Berliner Festwochen [21] und die Urania [22].

Um Berliner Tageszeitungen trotz des fehlenden Hinterlandes am Leben zu erhalten, wurden hohe Subventionssummen über die Gesellschaft NEUTRA gezahlt [23]. Schon Barzel nahm an der Höhe der Summen Anstoß [24], und DER TAG mußte sein Erscheinen einstellen [25]. Mendes Versuche, hier weiter zu kürzen, gelangen aufgrund des Widerstandes im Kanzleramt und beim Koalitionspartner nicht [26]. DER KURIER, der jähr-

---

[16] Der Leiter des politischen Referats in der Berliner Abteilung von 1952 bis 1955, Karl J. Germer, sah seine Arbeit so: „Zwar wurden die speziellen Dinge, die in Berlin geschahen, natürlich auch hier gestaltet. Aber die Entscheidung über jede praktische Durchführung lag automatisch – schon aus der Verwaltungsstruktur des Ministeriums heraus – beim Staatssekretär und seiner Abteilung in Bonn. Die politischen Dinge waren insofern interessanter, weil es hier in Berlin Aufgaben gab, von deren Existenz man in Bonn oft gar nichts wußte." (Interview Germer vom 28. 1. 1970)

[17] Tätigkeitsbericht [2] 1966, S. 266 f.

[18] Bis zum Bau der Mauer war die Berliner Abteilung auch leichter in der Lage, Kontakte mit der DDR zu halten, Besucher aus Ostberlin zu beraten und materiell zu unterstützen.

[19] So z. B.: Tagesspiegel vom 21. 8. 1968: BMG finanziert Sprachkurse für Industriechefs mit; nacht-depesche vom 3. 1. 1964: BMG subventioniert Burschenschaftstreffen; Tagesspiegel vom 27. 2. 1963: BMG finanziert Heime für werdende Mütter mit.

[20] Vgl. Tätigkeitsberichte [2].

[21] Vgl. Tätigkeitsberichte [2].

[22] Tätigkeitsberichte [2] 1955 (Sonderdruck BMG), S. 9.

[23] Der Spiegel vom 3. 2. 1965, S. 54 ff.

[24] Interview Barzel vom 27. 8. 1970.

[25] Der Spiegel vom 17. 4. 1963, S. 52.

[26] Interview Mende vom 7. 7. 1969.

C. *Organisatorische und personelle Veränderungen* 177

lich laut SPIEGEL DM 1,5 Millionen erhielt, fiel dann erst der Restriktion Ende 1966 zum Opfer [27].

Das BMG/BMB war bis Ende 1970 für die Verwaltung des Bundesjugendplans Berlin zuständig [28] und ist an der Förderung der Berliner Hochschulen beteiligt (auch an der Vorbereitung des Wissenschaftszentrums) [29]. Für die Öffentlichkeitsarbeit baute das Ministerium – im Rahmen des Vereins zur Förderung der Wiedervereinigung Deutschlands – seit 1956 einen Besucherdienst auf [30], der sich in Zusammenarbeit mit dem Senat bei einer klaren Aufgabentrennung um die Betreuung der Berlin-Besucher bemüht [31].

C. *Organisatorische und Aufgabenveränderungen*

Ist eine organisatorische Trennung von Öffentlichkeits-, Grundsatz- und Förderungsarbeit in den Bonner Referaten erst sehr spät durchgeführt worden, so bemühte man sich bis heute nicht um eine ähnliche Gliederung in der Berliner Abteilung. Zwar leistete die Berliner Abteilung Grundsatzarbeit, wenn man die Definition des Beobachtens, Sammelns und Ordnens zugrunde legt [32], politische grundsätzliche Entscheidungen wurden jedoch nie in Berlin getroffen [33]. So war die Berliner Abteilung in keiner Phase in die Passierscheinverhandlungen eingeschaltet. Nach dem Bau der Mauer sank die Bedeutung der Berliner Abteilung erheblich. Auch verbale Erklärungen der Minister konnten daran nichts ändern.

Bei einer Umorganisation unter Mende im Juli 1966 erhielt die Berliner Abteilung die alleinige Zuständigkeit für die Berliner Angelegenheiten – sofern sie nicht politisch so relevant waren, daß sie sofort in Bonn behandelt wurden. Die Beobachtung der Verhältnisse in der DDR, die bis dahin zum Teil in Berlin erfolgt war, wurde in die Grundsatzabteilung nach Bonn verlegt.

Wehner versuchte nach seinem Amtsantritt, hier wieder Veränderungen durchzusetzen:

„Ich fand bei Übernahme des Ministeriums eine – ein halbes Jahr vorher in Kraft gesetzte – Organisationspraxis vor, die ich nicht auf einmal

---

[27] Der Spiegel vom 14. 4. 1965, S. 65; Archiv der Gegenwart 1966, S. 12894; Der Spiegel Nr. 1/2/1966, S. 73.
[28] Haushaltsplan 1970 DM 3 900 000; bei der Verteilung kommt es manchmal auch zu Differenzen, vgl. Telegraf vom 5. 4. 1970; Tagesspiegel vom 18. 4. 1970.
[29] Interview Kreutzer vom 7. 7. 1970.
[30] Walter Krumholz, Berlin ABC, Berlin 1968, S. 103.
[31] Kritik an der Durchführung der Besuche: Der Spiegel vom 23. 2. 1970, S. 60.
[32] Tätigkeitsbericht [2] 1950, S. 112, vgl. Kabinettsvorlage 1949.
[33] Vgl. S. 176.

ändern konnte, um nicht alles durcheinander zu bringen, und in deren Rahmen die Abteilung in Berlin eigentlich kaum nennenswerte Zuständigkeiten hatte. Das war für den Arbeitsgeist der Abteilung nicht gut. Da mußte ich also, ohne alles von Grund auf wieder umwerfen zu können, wenigstens einiges nach dorthin delegieren, z. B. Entscheidungen und Bearbeitungen des Komplexes Berlin-Reisen, Berlinbesuche, was sicher eine gewisse Befriedigung für die Mitarbeiter insgesamt gebracht hat, was aber nicht ausreichte. Mit dem Plan ... der Überleitung von Forschungsbeirat und Forscherkreis und alles was dazu gehörte, in eine neue Institution hätte und hat – wenn es dazu kommt – die Berliner Abteilung unmittelbare Arbeitsaufgaben. Es sind im Laufe der Jahre die humanitären Hilfsaufgaben vorwiegend dort behandelt worden, die sehr delikater Art sind, die eine enge und vertrauensvolle Zusammenarbeit zwischen Bonn und Berlin zur Voraussetzung haben. Das ist auch gelungen."[34]

In der Amtszeit Wehners wurden erhebliche Umstrukturierungen in der Berliner Abteilung vorgenommen, die aber nicht einer Schwergewichtsverlagerung nach Berlin gleichkommt. Im Juni 1968 wurde die Leiterin des Referats ‚Politische Bildungsarbeit', Charlotte Pieser, CDU-Bundestagsabgeordnete. Die CDU begriff dieses Referat, das über einen beträchtlichen Fonds verfügt, als ihre Domäne und setzte (auch als Bedingung für die Zustimmung zur BfgA)[35] durch, daß wieder ein CDU-Vertreter – Michaelis – dieses Referat übernahm. Weil das Referat aber ohnehin durch die Zuteilung der Bearbeitung sämtlicher Informationsreisen ziemlich groß geworden war, wurde es – unter Protesten der CDU – geteilt in die Referate Informationsreisen (Michaelis) und Bildungsaufgaben (Weber – SPD). Da aber vor Michaelis Beamte ihrem Dienstgrad nach als Referenten ‚drangewesen' wären, blähte sich die Berliner Abteilung weiter auf.

Das war der Leitung des BMG nicht unlieb, da Kreutzer[36] Leiter der Berliner Abteilung werden wollte[37] und man durch die Anzahl der Re-

---

[34] Interview Wehner vom 10. 12. 1969.

[35] Bei der Gründung der BfgA entstand auch in Berlin eine Abteilung, die Aufgaben vielfältiger Natur hat und die größten Integrationsprobleme zu überwinden hatte, denn neben den Teilen des VFWD (Besucherdienst etc.) und Förderungsmaßnahmen aus dem Ministerium wurden auch die Aufgaben des UFJ und der Zentralstelle für gesamtdeutsche Hochschulfragen übernommen. Ähnlich dem Vorbild ‚Deutschlandhaus' in Bonn wurde eine ‚Deutschlandinformation' (Berlin-Daten Nr. 2, März/April 1970, S. 4) geschaffen, die vor allem zur Unterrichtung der Berliner Bevölkerung gedacht ist.

[36] Kreutzer wird zum rechten Flügel der SPD gezählt. (Vgl. Der Spiegel vom 1. 7. 1968, S. 49)

[37] Es war Kreutzers ausdrücklicher Wunsch.

Kreutzer bemängelt Kommunikationsschwierigkeiten mit der Bonner Abteilung, insbesondere wenn es in ad-hoc-Besprechungen in Bonn um schnelle Entscheidun-

D. Thesen zu Kapitel VII

ferate eher einen Ministerialdirektor rechtfertigen konnte. Bis jetzt kann man nur die Koordinierung im Referat Deutschlandpolitische Forschung als Schwerpunktverlagerung ansehen [38].

D. Thesen zu Kapitel VII

1. Die Berliner Abteilung entstand auf Initiative Jakob Kaisers und hatte ihre hauptsächliche Funktion in der Unterrichtung der Bonner Abteilung.
2. Eine Vielzahl der humanitären Hilfeleistungen und kulturellen Unterstützungen werden von der Berliner Abteilung abgewickelt.
3. Im Sinne von Grundsatzentscheidungen ist die Berliner Abteilung politisch nicht relevant und hat mehr psychologische Bedeutung.

---

gen geht. Hier plant man, auf technischen Wegen Abhilfe zu schaffen. (Interview Kreutzer vom 7. 7. 1970)
[38] Das Referat wurde u. a. auch deswegen in Berlin geschaffen, weil Prof. Ludz damals einen Lehrstuhl in Berlin hatte.

SCHLUSSBETRACHTUNG – THESEN

Man könnte die Entwicklung des Ministeriums in vier Phasen einteilen:

1. Phase: Entstehung (1949-1958) – ‚kalter Krieg'

Das Bundesministerium für gesamtdeutsche Fragen wird auf Initiative Jakob Kaisers geschaffen, als Zugeständnis Adenauers an Kaiser, zur Neutralisierung des linken Flügels der CDU.
Der Wirkungsbereich wird von vornherein beschränkt auf
– Informationsarbeit
d. h. Information der Bevölkerung in der BRD und DDR über deutschlandpolitische Fragen (Schwerpunkte: ‚SBZ-Regime', kommunistische Infiltration)
Information der anderen Bundesministerien, um ihre Entscheidungen im gesamtdeutschen Sinne zu beeinflussen;
– Förderungsmaßnahmen
d. h. materielle Hilfsmaßnahmen für die Bevölkerung der DDR;
Förderung von Begegnungen;
Förderung von kulturellen Angelegenheiten.

Man steht unter dem Eindruck, daß die Wiedervereinigung in relativ kurzer Zeit möglich ist.

Man beschäftigt sich deshalb mit naheliegenden praktischen Informations- und Förderungsmaßnahmen, ‚geplant' wird nur für die Zeit *nach* einer Wiedervereinigung.

Der Apparat wird so klein wie möglich gehalten. Der größte Teil der Aufgaben wird in Institutionen und Vereinigungen verlegt.

Die Referenten sind mit diesem völlig unübersichtlichen Vorfeld ausgelastet, immer bemüht, in alle gesamtdeutschen Aktivitäten eingeschaltet zu sein.

Diese viel zu langen Kommunikationskanäle tragen dazu bei, daß das BMG seiner Beraterrolle für die anderen Ressorts nicht gerecht werden kann.

Auf außenpolitische Entscheidungen Einfluß zu nehmen, bleibt der Funktion Kaisers im Kabinett überlassen. Differenzen im BMG erschweren seine Arbeit.

Eine Sonderstellung nimmt in dieser Phase der ‚Tätigkeitsbereich Saarland' ein.

Schlußbetrachtung – Thesen

2. Phase: Übergang (1958–1962)

Man erkennt auch im BMG, daß die Wiedervereinigung nicht in absehbarer Zeit erreichbar ist.

Daraus werden jedoch keine organisatorischen oder arbeitsmäßigen Folgerungen gezogen.

Thedieck läßt ‚sein' Ministerium arbeiten wie bisher.

Lemmer bleibt im Ministerium und im Kabinett einflußlos und sieht seine einzige Möglichkeit im rhetorischen Einsatz in der Öffentlichkeitsarbeit.

Das Vorfeld arbeitet unverändert weiter.

In der Publikationsarbeit werden unzählige Schriften herausgegeben; Flugblätter verschwinden aus dem Editionsprogramm.

3. Phase: Versuch einer Neuorientierung (1962–1967)

Man versucht, der veränderten Lage in der Deutschlandpolitik Rechnung zu tragen.

Mende will sich nicht mehr mit den beiden Hauptfunktionen der fünfziger Jahre zufrieden geben und strebt die Koordinierung der gesamtdeutschen Kontakte an.

Das kann ihm aus koalitionspolitischen Gründen nicht gelingen.

Ohnehin wäre die organisatorische Struktur des BMG – an der Aufgabenstellung von 1949 orientiert – dazu nicht in der Lage.

Erst 1966 kommt es zur organisatorischen Trennung von Förderungs- und Grundsatzarbeit.

In innerdeutsche Kontakte kann sich das BMG gar nicht (Saalebrücke) oder nur sehr mühsam (Passierscheine) einschalten.

So bleiben Information und Förderung Hauptaufgaben.

4. Phase: Umfunktionierung (ab 1968)

Veränderte Koalitionsbedingungen und neue Minister schaffen andere Voraussetzungen.

Die systematische Trennung der Aufgaben wird weiter konkretisiert.

Das Vorfeld wird ‚sichtbarer' gemacht und zum großen Teil in eine unselbständige Bundesbehörde überführt.

Die Öffentlichkeitsarbeit wird neu gefaßt, im Bereich der Publikationen mehr auf Textsammlungen beschränkt.

Das Ministerium erhält einen neuen Namen, wird mit zum Verhandlungspartner für die DDR und für die dazu notwendigen Vorarbeiten in der Regierung zuständig.

So ist aus einer Anstalt der Öffentlichkeitsarbeit mit Mäzenatenfunktionen eine Institution der Koordinierung und – soweit es das Bundeskanzleramt zuläßt – ein Verhandlungspartner für die DDR geworden.

Weiterhin ist die Organisation jedoch problematisch, da der Wandel nicht vollkommen gelungen ist.

Noch immer ist das Ministerium mit Aufgaben belastet, die von der neu erkannten Hauptfunktion ablenken.

Eine Bereinigung des Vorfeldes und eine praktikable Arbeitsteilung mit der BfgA ist noch nicht vollständig erreicht.

Die Frage, ob ein Bundesministerium bei all dieser Problematik in dieser Konstruktion überhaupt sinnvoll ist, oder ob man nicht andere Organisationsformen wählen sollte (z. B. Aufteilung auf Kanzleramt, Presseamt etc.) bleibt offen.

Doch weil das Ministerium zu einem Politikum geworden ist, ist bisher noch jede Bundesregierung vor einer Auflösung zurückgeschreckt.

ANHANG

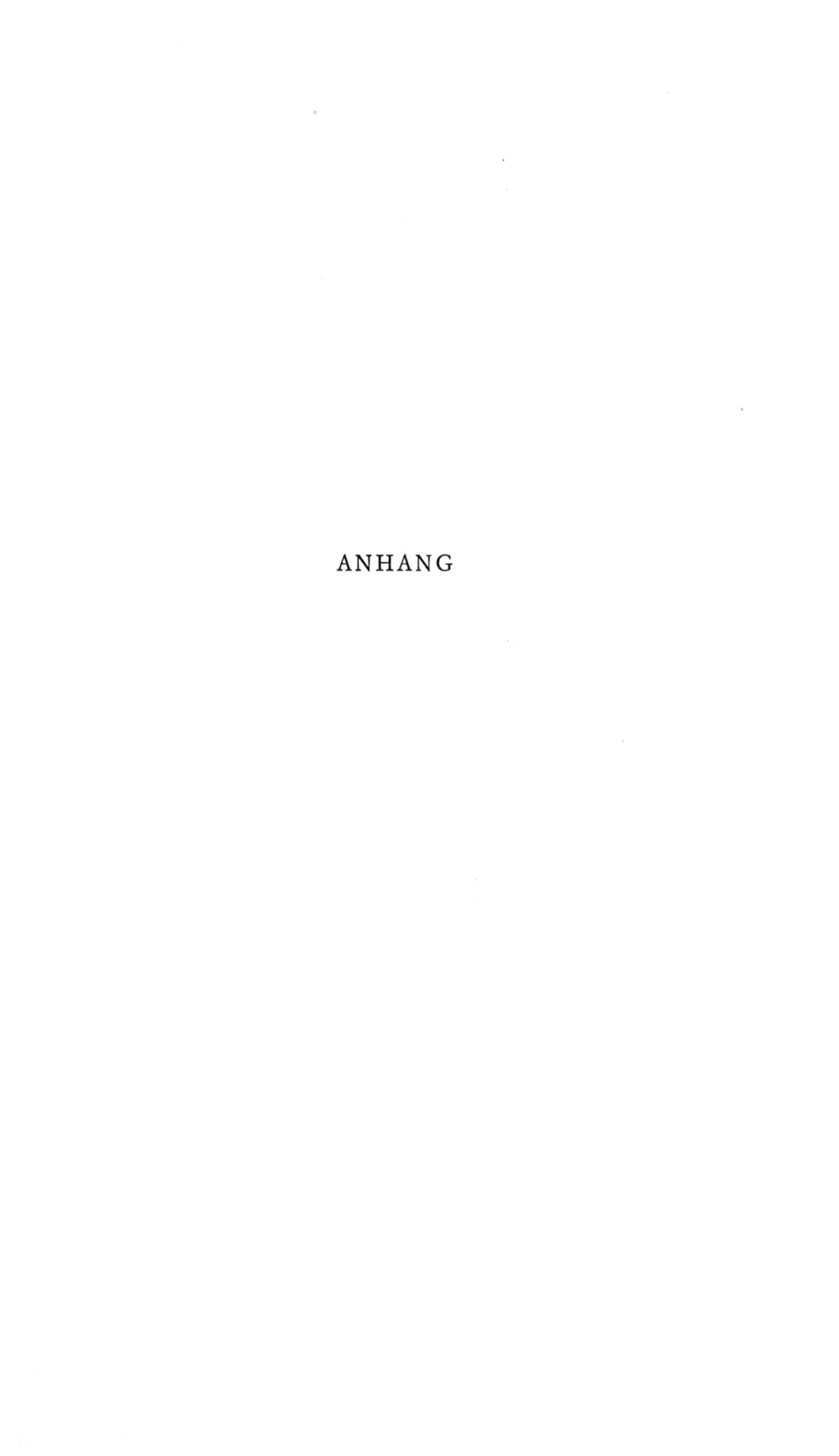

VERZEICHNIS DER WICHTIGSTEN INTERVIEWS

1. Interviews von denen korrigierte Protokolle vorliegen

Rainer Barzel, Minister für gesamtdeutsche Fragen 1962–63   27. 8. 1970
Karl-Friedrich Brodeßer, pers. Referent im BMG 1963–66   20. 6. 1969
Egon Franke, Minister für innerdeutsche Beziehungen, seit Oktober 1969
    24. 6. 1970
Karl J. Germer, im BMG 1952–55   28. 1. 1970
Horst Hämmerle, Geschäftsführender Vorsitzender des VFF (ASG)   21. 11. 1969
Ludwig von Hammerstein, Pressereferent im BMG von 1950–61   4. 2. 1970
Gottfried Kludas, 1950–60 im Pressereferat des BMG   14. 4. 1970
Hermann Kreutzer, seit 1969 Leiter der Berliner Abteilung des BMG/BMB (das Protokoll wurde auf eignen Wunsch nicht korrigiert)   7. 7. 1970
Ernst Lemmer, Minister für gesamtdeutsche Fragen 1957–62 (das Protokoll wurde nicht mehr korrigiert)   2. 2. 1970
    12. 2. 1970
Erich Mende, Minister für gesamtdeutsche Fragen 1963–66 (das Protokoll wurde auf eigenen Wunsch nicht korrigiert)   7. 7. 1969
    11. 12. 1969
Kurt Plück, Pressereferent im BMG von 1961–64, im BMG seit 1954   3. 12. 1969
Ludwig Rehlinger, Präsident der BfgA   9. 12. 1969
    2. 5. 1970
Franz Thedieck, Staatssekretär im BMG 1949–63   9. 7. 1969
    1. 12. 1969
Herbert Wehner, Minister für gesamtdeutsche Fragen 1966–69   10. 12. 1969
Manfred Wörner, MdB CDU   16. 6. 1970
Friedrich von Zahn, im BMG 1950–67   25. 6. 1969

2. Interviews ohne Protokoll

im BMG/BMB: Rolf Goßmann, Karl Herold, Waldemar Ritter, Bruno Warnke, Jürgen C. Weichert, Günter Zaluskowski
außerhalb des BMG/BMB: Johann B. Gradl, Elfriede Kaiser-Nebgen, Fred Sagner.

3. Schriftliche Antworten

Gesamtdeutsche Referate der Länderbehörden, Felix von Eckardt, Friedrich Koepp, Walther Rosenthal.

LITERATURVERZEICHNIS

A. Über das Bundesministerium für gesamtdeutsche Fragen – Innerdeutsche Beziehungen

1. *Adam, Alfred,* Das Bundesministerium für innerdeutsche Beziehungen, Bonn 1971
2. Tätigkeitsberichte der Bundesregierung, herausgegeben von Presse- und Informationsamt der Bundesregierung, 1950–1959 (Deutschland im Wiederaufbau), 1960–1966 (Deutsche Politik), 1967–1969 (Jahresbericht)
3. *Thedieck, Franz,* Das Bundesministerium für gesamtdeutsche Fragen, in: Bayerische Verwaltungsblätter Nr. 11/1961, S. 325–329

B. Bundesminister für gesamtdeutsche Fragen

Jakob Kaiser

4. *Brammer, Karl,* Materialien zu einer Biographie Jakob Kaisers (im Archiv der BfgA)
5. *Kosthorst, Erich,* Jakob Kaiser (Der Arbeiterführer), Stuttgart, Berlin, Köln, Mainz 1967
6. *Nebgen, Elfriede,* Jakob Kaiser (Der Widerstandsführer), Stuttgart, Berlin, Köln, Mainz 1967
7. *Conze, Werner,* Jakob Kaiser (Politiker zwischen Ost und West), Stuttgart, Berlin, Köln, Mainz 1969
8. *Kosthorst, Erich,* Jakob Kaiser (Bundesminister für gesamtdeutsche Fragen), Stuttgart, Berlin, Köln, Mainz 1972
9. *Schwarz, Hans-Peter,* Vom Reich zur Bundesrepublik, Politica 38, Neuwied, Berlin 1966

Ernst Lemmer

10. *Lemmer, Ernst,* Manches war doch anders (Erinnerungen eines Demokraten), Frankfurt 1968

Rainer Barzel

11. *Barzel, Rainer,* Gesichtspunkte eines Deutschen, Düsseldorf, Wien 1968

Erich Mende

12. *Zimmermann, Rainer,* gefragt: Erich Mende, Bonn 1969

Herbert Wehner

13. *Appel, Reinhard,* gefragt: Herbert Wehner, Bonn 1969

C. Vom Bundesministerium für gesamtdeutsche Fragen herausgegeben

14. *Gaus, Günter,* Staatserhaltende Opposition oder hat die SPD kapituliert? (Gespräche mit Herbert Wehner), Reinbek 1966
15. *Wehner, Herbert,* Wandel und Bewährung (Ausgewählte Reden und Schriften 1930–1967), Hannover 1968

Hier sei nur auf einige Standardwerke, im übrigen aber auf das Verzeichnis verwiesen.

16. Veröffentlichungen des Bundesministeriums für gesamtdeutsche Fragen, Berlin, Bonn 1967
17. A bis Z (Ein Taschen- und Nachschlagebuch über den anderen Teil Deutschlands), 11. Auflage, Bonn 1969
18. Die Bemühungen der Bundesrepublik um Wiederherstellung der Einheit Deutschlands durch gesamtdeutsche Wahlen, Teil I–III, Bonn, Berlin 1958–61
19. Dokumente zur Deutschlandpolitik, Reihe III, Band 1–3 (5. Mai 1955 bis 31. Dezember 1957), bearbeitet von Ernst Deuerlein und Hansjürgen Schierbaum, Frankfurt 1960–67
20. Literatur zur deutschen Frage (Bibliographische Hinweise auf neuere Veröffentlichungen aus dem In- und Ausland), bearb. von Günter Fischbach, Bonn, Berlin 1966
21. Tätigkeitsberichte des Forschungsbeirates für Fragen der Wiedervereinigung Deutschlands beim Bundesminister für gesamtdeutsche Fragen (1952/53, 1954/56, 1957/61, 1961/65, 1965/69)

D. Deutschlandpolitik

22. *Baring, Arnulf,* Außenpolitik in Adenauers Kanzlerdemokratie (Bonns Beitrag zur Europäischen Verteidigungsgemeinschaft), München, Wien 1969
23. *Freymond, Jacques,* Die Saar 1945–1955, München 1961
24. *Hoffmann, Emil,* Die Zerstörung der deutschen Wirtschaftseinheit (Interzonenhandel und Wiedervereinigung), Hamburg 1964
25. *Schmidt, Robert H.,* Saarpolitik 1945–1957, Band 1–3, Berlin 1959–1962
26. *Siegler, Heinrich von,* Wiedervereinigung und Sicherheit Deutschlands, Band I–II, 1944–1967, Bonn, Wien, Zürich 1967/68
27. *Tudyka, Kurt P.* (Hg.), Das geteilte Deutschland (Eine Dokumentation der Meinungen), Stuttgart, Berlin, Köln, Mainz 1965

E. Regierungslehre

28. *Behrendt, Günther,* Das Bundeskanzleramt, Frankfurt/Main, Bonn 1967
29. Bericht der Sachverständigenkommission für die Vereinfachung der Verwaltung beim Bundesministerium des Innern, Bonn 1960
30. *Böckenförde, Ernst-Wolfgang,* Die Organisationsgewalt im Bereich der Regierung, Schriften zum öffentlichen Recht, 18, Berlin 1964
31. Die Staatskanzlei; Aufgaben, Organisation und Arbeitsweise auf vergleichender Grundlage, Vorträge und Diskussionsbeiträge der verwaltungswissen-

schaftlichen Arbeitstagung der Hochschule für Verwaltungswissenschaften, Speyer 1966 (Schriftenreihe der Hochschule Speyer, Band 34), Berlin 1967
32. *Ellwein, Thomas,* Das Regierungssystem der Bundesrepublik Deutschland[2], Köln, Opladen 1965
33. *Hennis, Wilhelm,* Politik als praktische Wissenschaft (Aufsätze zur politischen Theorie und Regierungslehre), München 1968
34. *Kaps, Norbert, Küffner, Hanns,* Das Presse- und Informationsamt der Bundesregierung, Bonn 1969
35. *Koehler, A., Jansen, K.,* Taschenbuch für Verwaltungsbeamte, 62.–64. Jahrgang, 1952–1955; Die Bundesrepublik, 65.–69. Jahrgang, 1956–67, Köln, Berlin
36. *Prior, Harm,* Die Interministeriellen Ausschüsse der Bundesministerien, Stuttgart 1968
37. Öffentlicher Dienst und politischer Bereich, Vorträge und Diskussionsbeiträge der 35. Staatswissenschaftlichen Tagung der Hochschule für Verwaltungswissenschaften, Speyer 1967 (Schriftenreihe der Hochschule Speyer, Band 37), Berlin 1968
38. *Projektgruppe für Regierungs- und Verwaltungsreform,* Erster Bericht zur Reform der Struktur von Bundesregierung und Bundesverwaltung, Bonn 1969
39. *Schöne, Siegfried,* Von der Reichskanzlei zum Bundeskanzleramt, Beiträge zur politischen Wissenschaft, 5, Berlin 1968
40. *Wildenmann, Rudolf,* Macht und Konsens als Problem der Innen- und Außenpolitik, Köln, Opladen 1967

ORGANISATIONSPLÄNE

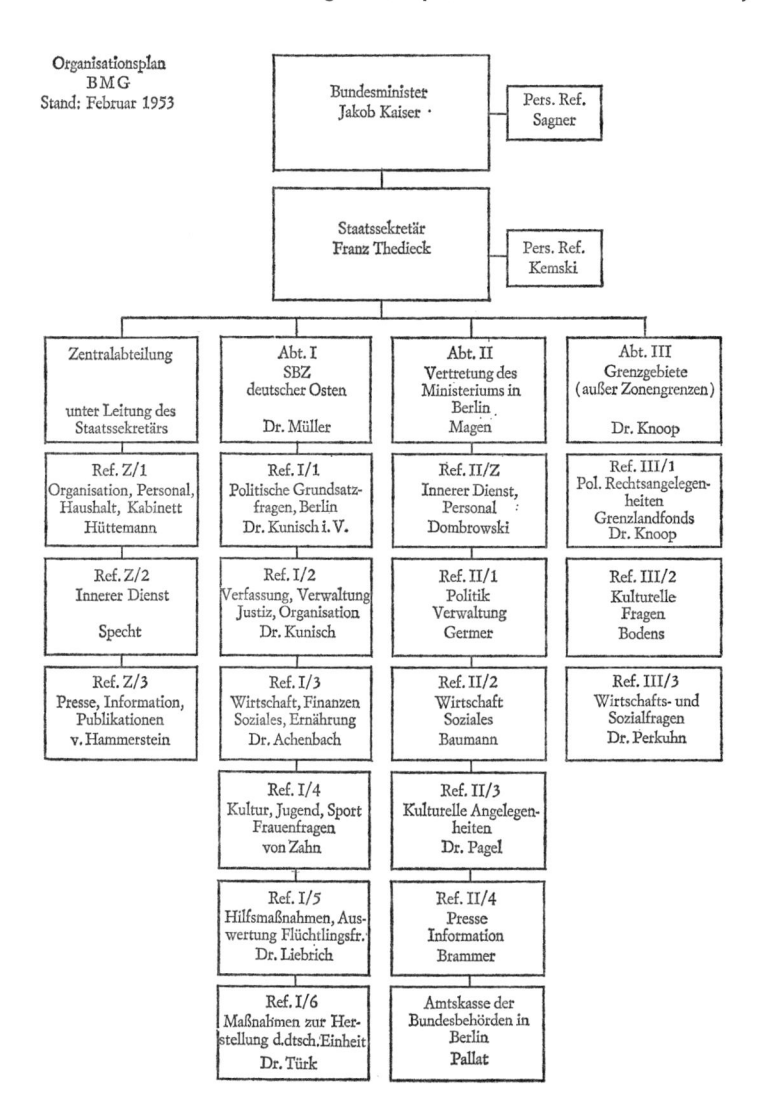

Organisationspläne

Organisationsplan BMG
Stand: Februar 1953

- Bundesminister Jakob Kaiser
  - Pers. Ref. Sagner
- Staatssekretär Franz Thedieck
  - Pers. Ref. Kemski

Zentralabteilung unter Leitung des Staatssekretärs
- Ref. Z/1 — Organisation, Personal, Haushalt, Kabinett — Hüttemann
- Ref. Z/2 — Innerer Dienst — Specht
- Ref. Z/3 — Presse, Information, Publikationen — v. Hammerstein

Abt. I — SBZ deutscher Osten — Dr. Müller
- Ref. I/1 — Politische Grundsatzfragen, Berlin — Dr. Kunisch i. V.
- Ref. I/2 — Verfassung, Verwaltung, Justiz, Organisation — Dr. Kunisch
- Ref. I/3 — Wirtschaft, Finanzen, Soziales, Ernährung — Dr. Achenbach
- Ref. I/4 — Kultur, Jugend, Sport, Frauenfragen — von Zahn
- Ref. I/5 — Hilfsmaßnahmen, Auswertung Flüchtlingsfr. — Dr. Liebrich
- Ref. I/6 — Maßnahmen zur Herstellung d.dtsch.Einheit — Dr. Türk

Abt. II — Vertretung des Ministeriums in Berlin — Magen
- Ref. II/Z — Innerer Dienst, Personal — Dombrowski
- Ref. II/1 — Politik, Verwaltung — Germer
- Ref. II/2 — Wirtschaft, Soziales — Baumann
- Ref. II/3 — Kulturelle Angelegenheiten — Dr. Pagel
- Ref. II/4 — Presse, Information — Brammer
- Amtskasse der Bundesbehörden in Berlin — Pallat

Abt. III — Grenzgebiete (außer Zonengrenzen) — Dr. Knoop
- Ref. III/1 — Pol. Rechtsangelegenheiten, Grenzlandfonds — Dr. Knoop
- Ref. III/2 — Kulturelle Fragen — Bodens
- Ref. III/3 — Wirtschafts- und Sozialfragen — Dr. Perkuhn

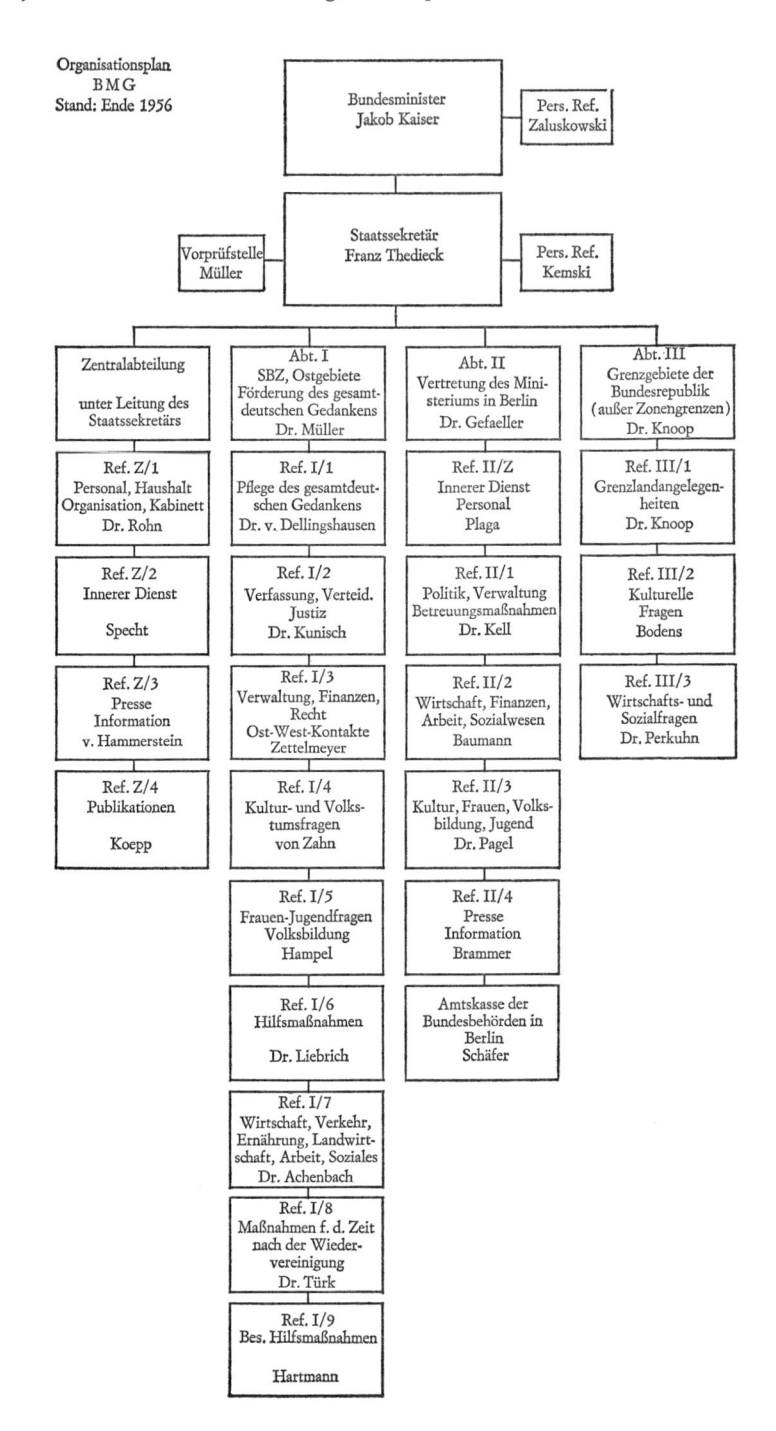

Organisationsplan BMG
Stand: Ende 1956

- **Bundesminister**: Jakob Kaiser
  - **Pers. Ref.**: Zaluskowski
- **Staatssekretär**: Franz Thedieck
  - **Vorprüfstelle**: Müller
  - **Pers. Ref.**: Kemski

Zentralabteilung
unter Leitung des Staatssekretärs

- **Ref. Z/1** – Personal, Haushalt, Organisation, Kabinett – Dr. Rohn
- **Ref. Z/2** – Innerer Dienst – Specht
- **Ref. Z/3** – Presse, Information – v. Hammerstein
- **Ref. Z/4** – Publikationen – Koepp

Abt. I
SBZ, Ostgebiete, Förderung des gesamtdeutschen Gedankens – Dr. Müller

- **Ref. I/1** – Pflege des gesamtdeutschen Gedankens – Dr. v. Dellingshausen
- **Ref. I/2** – Verfassung, Verteid. Justiz – Dr. Kunisch
- **Ref. I/3** – Verwaltung, Finanzen, Recht, Ost-West-Kontakte – Zettelmeyer
- **Ref. I/4** – Kultur- und Volkstumsfragen – von Zahn
- **Ref. I/5** – Frauen-Jugendfragen, Volksbildung – Hampel
- **Ref. I/6** – Hilfsmaßnahmen – Dr. Liebrich
- **Ref. I/7** – Wirtschaft, Verkehr, Ernährung, Landwirtschaft, Arbeit, Soziales – Dr. Achenbach
- **Ref. I/8** – Maßnahmen f. d. Zeit nach der Wiedervereinigung – Dr. Türk
- **Ref. I/9** – Bes. Hilfsmaßnahmen – Hartmann

Abt. II
Vertretung des Ministeriums in Berlin – Dr. Gefaeller

- **Ref. II/Z** – Innerer Dienst, Personal – Plaga
- **Ref. II/1** – Politik, Verwaltung, Betreuungsmaßnahmen – Dr. Kell
- **Ref. II/2** – Wirtschaft, Finanzen, Arbeit, Sozialwesen – Baumann
- **Ref. II/3** – Kultur, Frauen, Volksbildung, Jugend – Dr. Pagel
- **Ref. II/4** – Presse, Information – Brammer
- Amtskasse der Bundesbehörden in Berlin – Schäfer

Abt. III
Grenzgebiete der Bundesrepublik (außer Zonengrenzen) – Dr. Knoop

- **Ref. III/1** – Grenzlandangelegenheiten – Dr. Knoop
- **Ref. III/2** – Kulturelle Fragen – Bodens
- **Ref. III/3** – Wirtschafts- und Sozialfragen – Dr. Perkuhn

Organisationspläne

Organisationsplan BMG
Stand: 1962

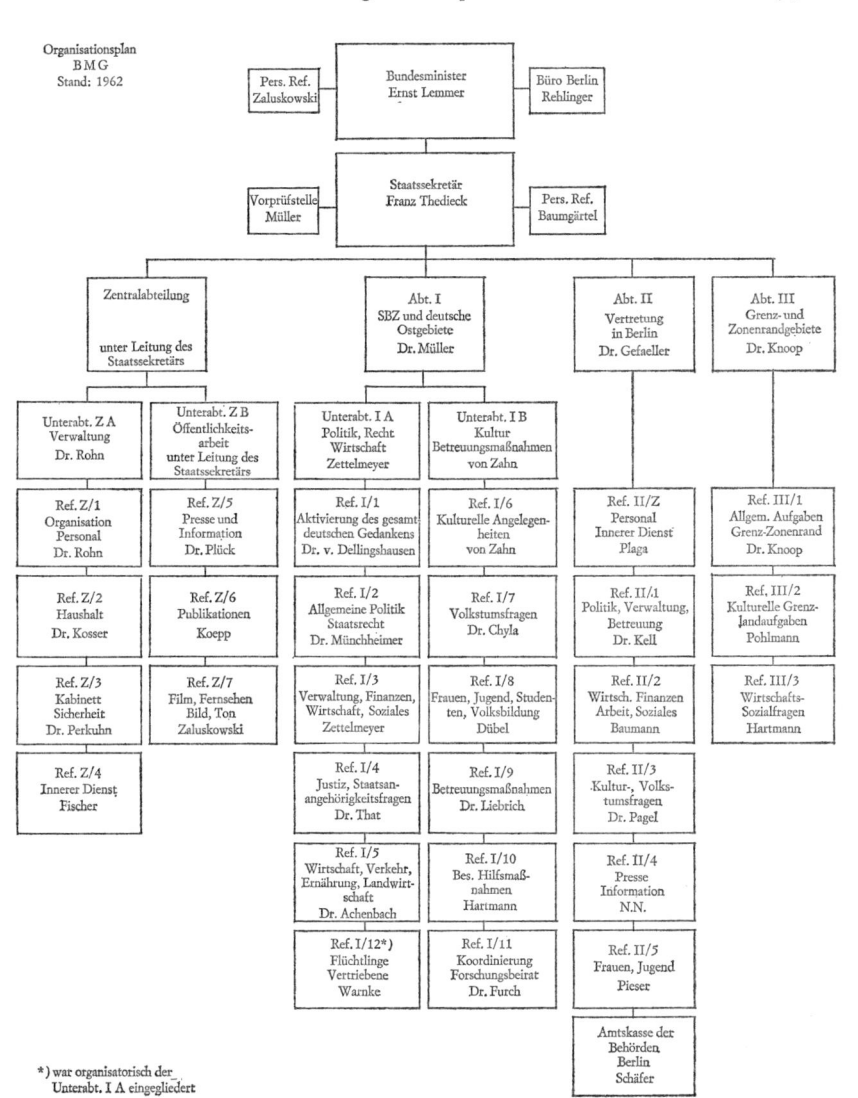

- Bundesminister Ernst Lemmer
  - Pers. Ref. Zaluskowski
  - Büro Berlin Rehlinger
- Staatssekretär Franz Thedieck
  - Vorprüfstelle Müller
  - Pers. Ref. Baumgärtel

Zentralabteilung
unter Leitung des Staatssekretärs

Unterabt. Z A Verwaltung – Dr. Rohn
- Ref. Z/1 Organisation Personal – Dr. Rohn
- Ref. Z/2 Haushalt – Dr. Kosser
- Ref. Z/3 Kabinett Sicherheit – Dr. Perkuhn
- Ref. Z/4 Innerer Dienst – Fischer

Unterabt. Z B Öffentlichkeitsarbeit unter Leitung des Staatssekretärs
- Ref. Z/5 Presse und Information – Dr. Plück
- Ref. Z/6 Publikationen – Koepp
- Ref. Z/7 Film, Fernsehen Bild, Ton – Zaluskowski

Abt. I
SBZ und deutsche Ostgebiete – Dr. Müller

Unterabt. I A Politik, Recht, Wirtschaft – Zettelmeyer
- Ref. I/1 Aktivierung des gesamtdeutschen Gedankens – Dr. v. Dellingshausen
- Ref. I/2 Allgemeine Politik Staatsrecht – Dr. Münchheimer
- Ref. I/3 Verwaltung, Finanzen, Wirtschaft, Soziales – Zettelmeyer
- Ref. I/4 Justiz, Staatsangehörigkeitsfragen – Dr. That
- Ref. I/5 Wirtschaft, Verkehr, Ernährung, Landwirtschaft – Dr. Achenbach
- Ref. I/12*) Flüchtlinge Vertriebene – Warnke

Unterabt. I B Kultur Betreuungsmaßnahmen – von Zahn
- Ref. I/6 Kulturelle Angelegenheiten – von Zahn
- Ref. I/7 Volkstumsfragen – Dr. Chyla
- Ref. I/8 Frauen, Jugend, Studenten, Volksbildung – Dübel
- Ref. I/9 Betreuungsmaßnahmen – Dr. Liebrich
- Ref. I/10 Bes. Hilfsmaßnahmen – Hartmann
- Ref. I/11 Koordinierung Forschungsbeirat – Dr. Furch

Abt. II
Vertretung in Berlin – Dr. Gefaeller

- Ref. II/Z Personal Innerer Dienst – Plaga
- Ref. II/1 Politik, Verwaltung, Betreuung – Dr. Kell
- Ref. II/2 Wirtsch. Finanzen Arbeit, Soziales – Baumann
- Ref. II/3 Kultur-, Volkstumsfragen – Dr. Pagel
- Ref. II/4 Presse Information – N.N.
- Ref. II/5 Frauen, Jugend – Pieser

Abt. III
Grenz- und Zonenrandgebiete – Dr. Knoop

- Ref. III/1 Allgem. Aufgaben Grenz-Zonenrand – Dr. Knoop
- Ref. III/2 Kulturelle Grenzlandaufgaben – Pohlmann
- Ref. III/3 Wirtschafts-Sozialfragen – Hartmann

Amtskasse der Behörden Berlin – Schäfer

*) war organisatorisch der Unterabt. I A eingegliedert

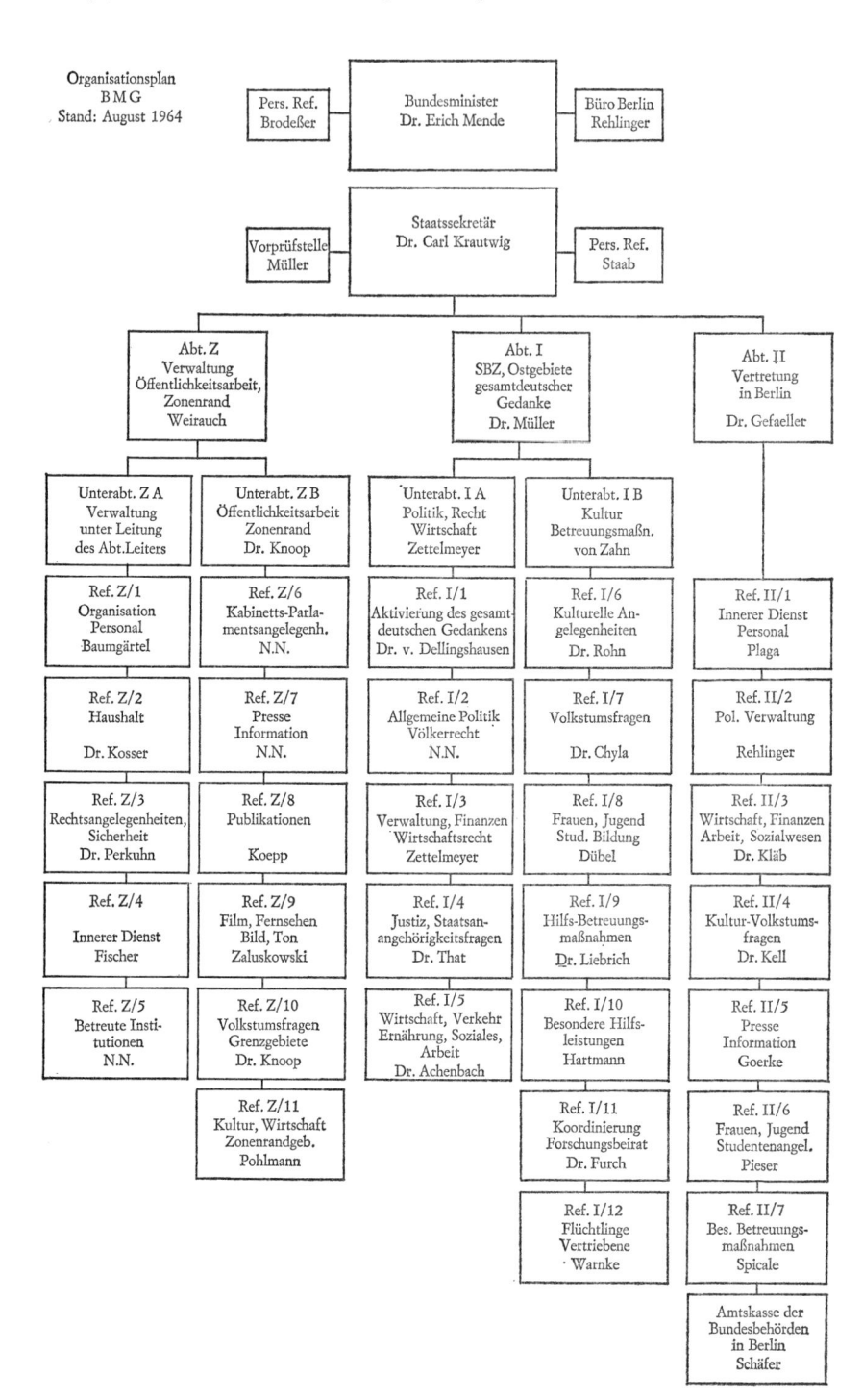

Organisationsplan BMG
Stand: August 1964

- Pers. Ref. Brodeßer
- Bundesminister Dr. Erich Mende
- Büro Berlin Rehlinger
- Vorprüfstelle Müller
- Staatssekretär Dr. Carl Krautwig
- Pers. Ref. Staab

Abt. Z — Verwaltung, Öffentlichkeitsarbeit, Zonenrand — Weirauch

- **Unterabt. Z A** — Verwaltung unter Leitung des Abt.Leiters
  - Ref. Z/1 — Organisation, Personal — Baumgärtel
  - Ref. Z/2 — Haushalt — Dr. Kosser
  - Ref. Z/3 — Rechtsangelegenheiten, Sicherheit — Dr. Perkuhn
  - Ref. Z/4 — Innerer Dienst — Fischer
  - Ref. Z/5 — Betreute Institutionen — N.N.
- **Unterabt. Z B** — Öffentlichkeitsarbeit Zonenrand — Dr. Knoop
  - Ref. Z/6 — Kabinetts-Parlamentsangelegenh. — N.N.
  - Ref. Z/7 — Presse Information — N.N.
  - Ref. Z/8 — Publikationen — Koepp
  - Ref. Z/9 — Film, Fernsehen, Bild, Ton — Zaluskowski
  - Ref. Z/10 — Volkstumsfragen Grenzgebiete — Dr. Knoop
  - Ref. Z/11 — Kultur, Wirtschaft Zonenrandgeb. — Pohlmann

Abt. I — SBZ, Ostgebiete, gesamtdeutscher Gedanke — Dr. Müller

- **Unterabt. I A** — Politik, Recht, Wirtschaft — Zettelmeyer
  - Ref. I/1 — Aktivierung des gesamtdeutschen Gedankens — Dr. v. Dellingshausen
  - Ref. I/2 — Allgemeine Politik, Völkerrecht — N.N.
  - Ref. I/3 — Verwaltung, Finanzen, Wirtschaftsrecht — Zettelmeyer
  - Ref. I/4 — Justiz, Staatsangehörigkeitsfragen — Dr. That
  - Ref. I/5 — Wirtschaft, Verkehr, Ernährung, Soziales, Arbeit — Dr. Achenbach
- **Unterabt. I B** — Kultur Betreuungsmaßn. — von Zahn
  - Ref. I/6 — Kulturelle Angelegenheiten — Dr. Rohn
  - Ref. I/7 — Volkstumsfragen — Dr. Chyla
  - Ref. I/8 — Frauen, Jugend, Stud. Bildung — Dübel
  - Ref. I/9 — Hilfs-Betreuungsmaßnahmen — Dr. Liebrich
  - Ref. I/10 — Besondere Hilfsleistungen — Hartmann
  - Ref. I/11 — Koordinierung Forschungsbeirat — Dr. Furch
  - Ref. I/12 — Flüchtlinge Vertriebene — Warnke

Abt. II — Vertretung in Berlin — Dr. Gefaeller

- Ref. II/1 — Innerer Dienst, Personal — Plaga
- Ref. II/2 — Pol. Verwaltung — Rehlinger
- Ref. II/3 — Wirtschaft, Finanzen, Arbeit, Sozialwesen — Dr. Kläb
- Ref. II/4 — Kultur-Volkstumsfragen — Dr. Kell
- Ref. II/5 — Presse Information — Goerke
- Ref. II/6 — Frauen, Jugend Studentenangel. — Pieser
- Ref. II/7 — Bes. Betreuungsmaßnahmen — Spicale

Amtskasse der Bundesbehörden in Berlin — Schäfer

Organisationspläne

Organisationsplan BMG
Stand: 1.7.1966

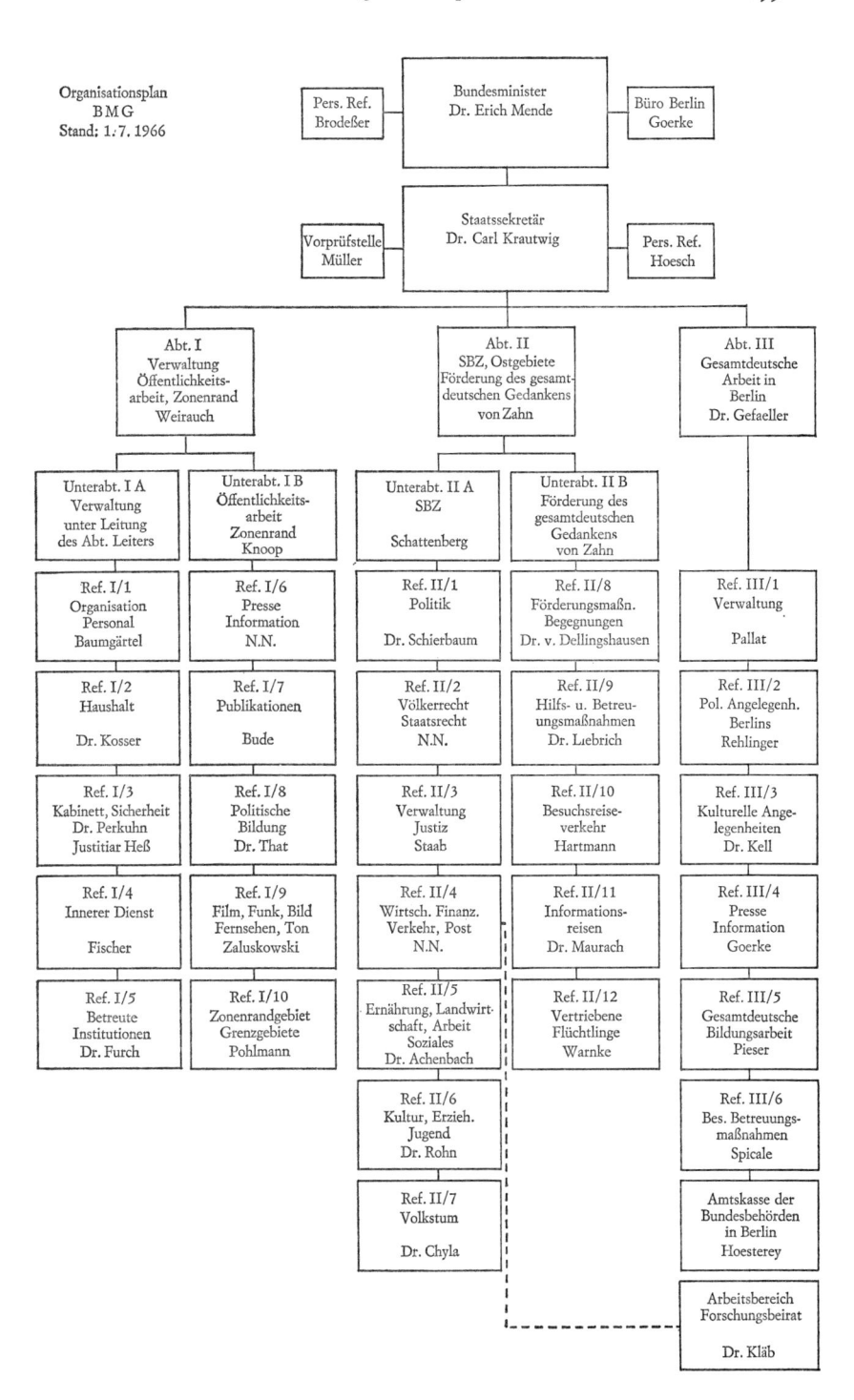

- Pers. Ref. Brodeßer
- Bundesminister Dr. Erich Mende
- Büro Berlin Goerke

- Vorprüfstelle Müller
- Staatssekretär Dr. Carl Krautwig
- Pers. Ref. Hoesch

Abt. I — Verwaltung, Öffentlichkeitsarbeit, Zonenrand — Weirauch

Unterabt. I A Verwaltung unter Leitung des Abt. Leiters

- Ref. I/1 — Organisation, Personal — Baumgärtel
- Ref. I/2 — Haushalt — Dr. Kosser
- Ref. I/3 — Kabinett, Sicherheit — Dr. Perkuhn, Justitiar Heß
- Ref. I/4 — Innerer Dienst — Fischer
- Ref. I/5 — Betreute Institutionen — Dr. Furch

Unterabt. I B Öffentlichkeitsarbeit Zonenrand — Knoop

- Ref. I/6 — Presse Information — N.N.
- Ref. I/7 — Publikationen — Bude
- Ref. I/8 — Politische Bildung — Dr. That
- Ref. I/9 — Film, Funk, Bild, Fernsehen, Ton — Zaluskowski
- Ref. I/10 — Zonenrandgebiet Grenzgebiete — Pohlmann

Abt. II — SBZ, Ostgebiete, Förderung des gesamtdeutschen Gedankens — von Zahn

Unterabt. II A SBZ — Schattenberg

- Ref. II/1 — Politik — Dr. Schierbaum
- Ref. II/2 — Völkerrecht Staatsrecht — N.N.
- Ref. II/3 — Verwaltung Justiz — Staab
- Ref. II/4 — Wirtsch. Finanz. Verkehr, Post — N.N.
- Ref. II/5 — Ernährung, Landwirtschaft, Arbeit Soziales — Dr. Achenbach
- Ref. II/6 — Kultur, Erzieh. Jugend — Dr. Rohn
- Ref. II/7 — Volkstum — Dr. Chyla

Unterabt. II B Förderung des gesamtdeutschen Gedankens — von Zahn

- Ref. II/8 — Förderungsmaßn. Begegnungen — Dr. v. Dellingshausen
- Ref. II/9 — Hilfs- u. Betreuungsmaßnahmen — Dr. Liebrich
- Ref. II/10 — Besuchsreiseverkehr — Hartmann
- Ref. II/11 — Informationsreisen — Dr. Maurach
- Ref. II/12 — Vertriebene Flüchtlinge — Warnke

Abt. III — Gesamtdeutsche Arbeit in Berlin — Dr. Gefaeller

- Ref. III/1 — Verwaltung — Pallat
- Ref. III/2 — Pol. Angelegenh. Berlins — Rehlinger
- Ref. III/3 — Kulturelle Angelegenheiten — Dr. Kell
- Ref. III/4 — Presse Information — Goerke
- Ref. III/5 — Gesamtdeutsche Bildungsarbeit — Pieser
- Ref. III/6 — Bes. Betreuungsmaßnahmen — Spicale

Amtskasse der Bundesbehörden in Berlin — Hoesterey

Arbeitsbereich Forschungsbeirat — Dr. Kläb

Organisationspläne

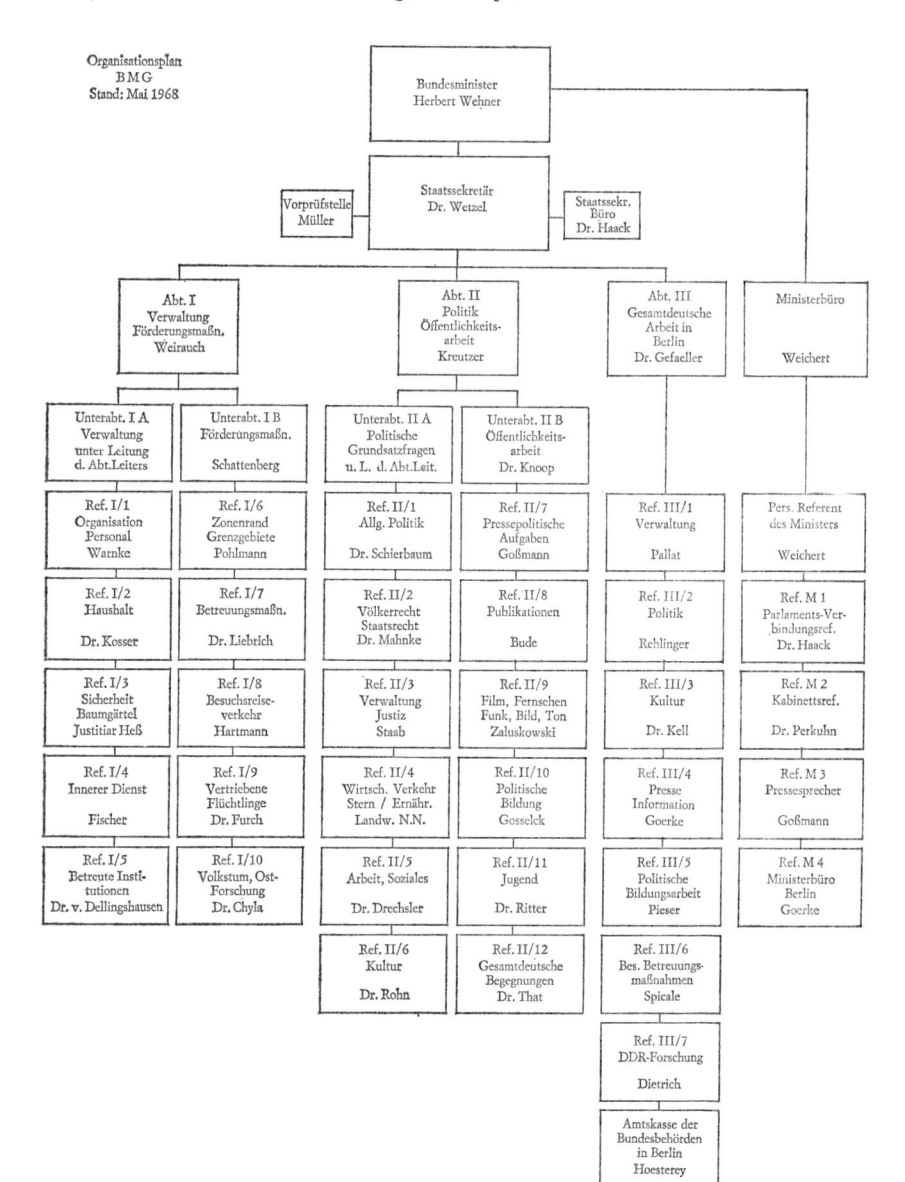

Organisationsplan BMG
Stand: Mai 1968

Bundesminister
Herbert Wehner

- Vorprüfstelle — Müller
- Staatssekretär — Dr. Wetzel
- Staatssekr. Büro — Dr. Haack

Abteilungen

Abt. I Verwaltung Förderungsmaßn. Weirauch	Abt. II Politik Öffentlichkeitsarbeit Kreutzer	Abt. III Gesamtdeutsche Arbeit in Berlin Dr. Gefaeller	Ministerbüro Weichert
Unterabt. I A Verwaltung unter Leitung d. Abt.Leiters	**Unterabt. II A** Politische Grundsatzfragen u. L. d. Abt.Leit.		
Unterabt. I B Förderungsmaßn. Schattenberg	**Unterabt. II B** Öffentlichkeitsarbeit Dr. Knoop		

Referate

Abt. I A	Abt. I B	Abt. II A	Abt. II B	Abt. III	Ministerbüro
Ref. I/1 Organisation Personal Warnke	Ref. I/6 Zonenrand Grenzgebiete Pohlmann	Ref. II/1 Allg. Politik Dr. Schierbaum	Ref. II/7 Pressepolitische Aufgaben Goßmann	Ref. III/1 Verwaltung Pallat	Pers. Referent des Ministers Weichert
Ref. I/2 Haushalt Dr. Kosser	Ref. I/7 Betreuungsmaßn. Dr. Liebrich	Ref. II/2 Völkerrecht Staatsrecht Dr. Mahnke	Ref. II/8 Publikationen Bude	Ref. III/2 Politik Rehlinger	Ref. M 1 Parlaments-Verbindungsref. Dr. Haack
Ref. I/3 Sicherheit Baumgärtel Justitiar Heß	Ref. I/8 Besuchsreiseverkehr Hartmann	Ref. II/3 Verwaltung Justiz Staab	Ref. II/9 Film, Fernsehen Funk, Bild, Ton Zaluskowski	Ref. III/3 Kultur Dr. Kell	Ref. M 2 Kabinettsref. Dr. Perkuhn
Ref. I/4 Innerer Dienst Fischer	Ref. I/9 Vertriebene Flüchtlinge Dr. Furch	Ref. II/4 Wirtsch. Verkehr Stern / Ernähr. Landw. N.N.	Ref. II/10 Politische Bildung Gosselck	Ref. III/4 Presse Information Goerke	Ref. M 3 Pressesprecher Goßmann
Ref. I/5 Betreute Institutionen Dr. v. Dellingshausen	Ref. I/10 Volkstum, Ost-Forschung Dr. Chyla	Ref. II/5 Arbeit, Soziales Dr. Drechsler	Ref. II/11 Jugend Dr. Ritter	Ref. III/5 Politische Bildungsarbeit Pieser	Ref. M 4 Ministerbüro Berlin Goerke
		Ref. II/6 Kultur Dr. Rohn	Ref. II/12 Gesamtdeutsche Begegnungen Dr. That	Ref. III/6 Bes. Betreuungsmaßnahmen Spicale	
				Ref. III/7 DDR-Forschung Dietrich	
				Amtskasse der Bundesbehörden in Berlin Hoesterey	

Organisationspläne 197

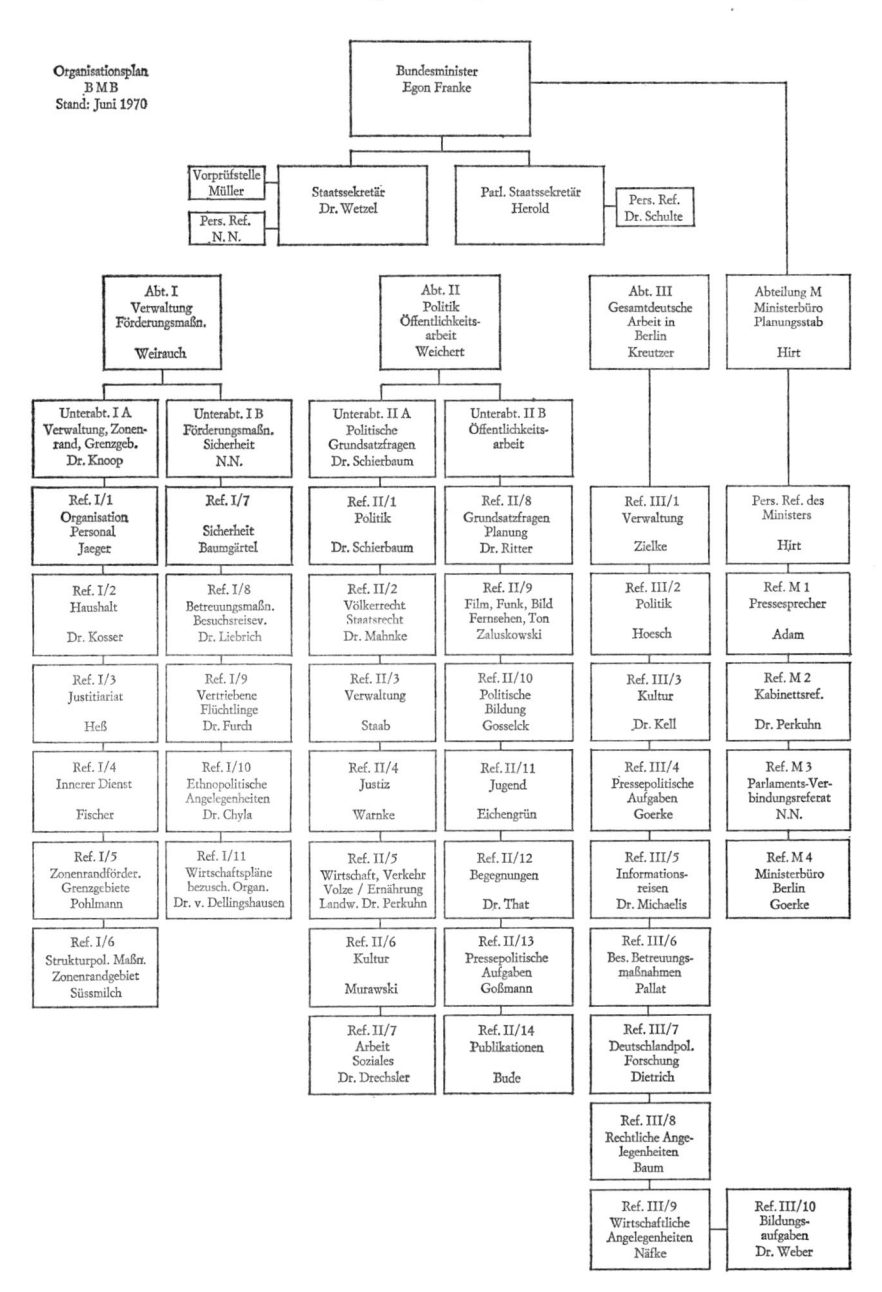

Organisationsplan BMB
Stand: Juni 1970

Bundesminister
Egon Franke

- Vorprüfstelle Müller / Pers. Ref. N.N.
- Staatssekretär Dr. Wetzel
- Parl. Staatssekretär Herold
- Pers. Ref. Dr. Schulte

Abt. I — Verwaltung Förderungsmaßn. — Weirauch

Unterabt. I A — Verwaltung, Zonenrand, Grenzgeb. — Dr. Knoop

- Ref. I/1 — Organisation, Personal — Jaeger
- Ref. I/2 — Haushalt — Dr. Kosser
- Ref. I/3 — Justitiariat — Heß
- Ref. I/4 — Innerer Dienst — Fischer
- Ref. I/5 — Zonenrandförder., Grenzgebiete — Pohlmann
- Ref. I/6 — Strukturpol. Maßn. Zonenrandgebiet — Süssmilch

Unterabt. I B — Förderungsmaßn. Sicherheit — N.N.

- Ref. I/7 — Sicherheit — Baumgärtel
- Ref. I/8 — Betreuungsmaßn. Besuchsreisev. — Dr. Liebrich
- Ref. I/9 — Vertriebene Flüchtlinge — Dr. Furch
- Ref. I/10 — Ethnopolitische Angelegenheiten — Dr. Chyla
- Ref. I/11 — Wirtschaftspläne bezüsch. Organ. — Dr. v. Dellingshausen

Abt. II — Politik Öffentlichkeitsarbeit — Weichert

Unterabt. II A — Politische Grundsatzfragen — Dr. Schierbaum

- Ref. II/1 — Politik — Dr. Schierbaum
- Ref. II/2 — Völkerrecht Staatsrecht — Dr. Mahnke
- Ref. II/3 — Verwaltung — Staab
- Ref. II/4 — Justiz — Warnke
- Ref. II/5 — Wirtschaft, Verkehr Volze / Ernährung Landw. Dr. Perkuhn
- Ref. II/6 — Kultur — Murawski
- Ref. II/7 — Arbeit Soziales — Dr. Drechsler

Unterabt. II B — Öffentlichkeitsarbeit

- Ref. II/8 — Grundsatzfragen Planung — Dr. Ritter
- Ref. II/9 — Film, Funk, Bild Fernsehen, Ton — Zaluskowski
- Ref. II/10 — Politische Bildung — Gosselck
- Ref. II/11 — Jugend — Eichengrün
- Ref. II/12 — Begegnungen — Dr. That
- Ref. II/13 — Pressepolitische Aufgaben — Goßmann
- Ref. II/14 — Publikationen — Bude

Abt. III — Gesamtdeutsche Arbeit in Berlin — Kreutzer

- Ref. III/1 — Verwaltung — Zielke
- Ref. III/2 — Politik — Hoesch
- Ref. III/3 — Kultur — Dr. Kell
- Ref. III/4 — Pressepolitische Aufgaben — Goerke
- Ref. III/5 — Informationsreisen — Dr. Michaelis
- Ref. III/6 — Bes. Betreuungsmaßnahmen — Pallat
- Ref. III/7 — Deutschlandpol. Forschung — Dietrich
- Ref. III/8 — Rechtliche Angelegenheiten — Baum
- Ref. III/9 — Wirtschaftliche Angelegenheiten — Näfke
- Ref. III/10 — Bildungsaufgaben — Dr. Weber

Abteilung M — Ministerbüro Planungsstab — Hirt

- Pers. Ref. des Ministers — Hirt
- Ref. M 1 — Pressesprecher — Adam
- Ref. M 2 — Kabinettsref. — Dr. Perkuhn
- Ref. M 3 — Parlaments-Verbindungsreferat — N.N.
- Ref. M 4 — Ministerbüro Berlin — Goerke

Organisationspläne

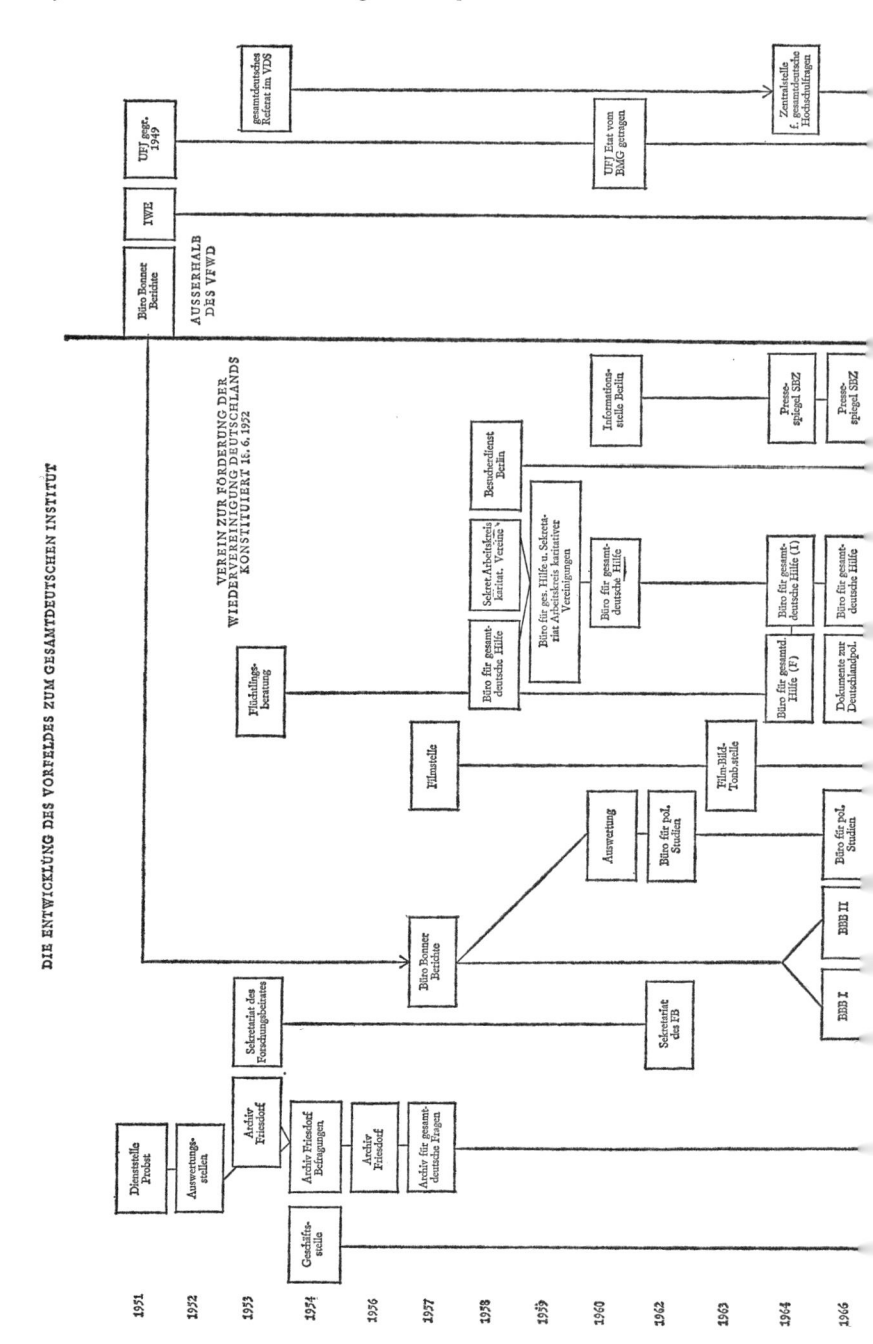

DIE ENTWICKLUNG DES VORFELDES ZUM GESAMTDEUTSCHEN INSTITUT

AUSSERHALB DES VFWD

- Büro Bonner Berichte
- IWE
- UfJ gegr. 1949
  - gesamtdeutsches Referat im VDS
  - UfJ Etat vom BMG getragen
  - Zentralstelle f. gesamtdeutsche Hochschulfragen

VEREIN ZUR FÖRDERUNG DER WIEDERVEREINIGUNG DEUTSCHLANDS KONSTITUIERT 15.6.1952

- Flüchtlingsberatung
- Büro für gesamtdeutsche Hilfe
- Sekret. Arbeitskreis karitat. Vereinig.
- Büro für ges. Hilfe u. Sekretariat Arbeitskreis karitativer Vereinigungen
- Besucherdienst Berlin
- Büro für gesamtdeutsche Hilfe
- Informationsstelle Berlin
- Pressespiegel SBZ
- Pressespiegel SBZ
- Büro für gesamtd. Hilfe (F)
- Büro für gesamtdeutsche Hilfe (I)
- Büro für gesamtdeutsche Hilfe
- Dokumente zur Deutschlandpol.
- Filmstelle
- Film-Bild-Tonb.stelle
- Auswertung
- Büro für pol. Studien
- Büro für pol. Studien
- BBB I
- BBB II
- Büro Bonner Berichte
- Sekretariat des Forschungsbeirates
- Sekretariat des FB
- Dienststelle Probst
- Auswertungsstellen
- Archiv Friesdorf
- Archiv Friesdorf Bedingungen
- Archiv Friesdorf
- Archiv für gesamtdeutsche Fragen
- Geschäftsstelle

1951 1952 1953 1954 1956 1957 1958 1959 1960 1962 1963 1964 1966

Organisationspläne

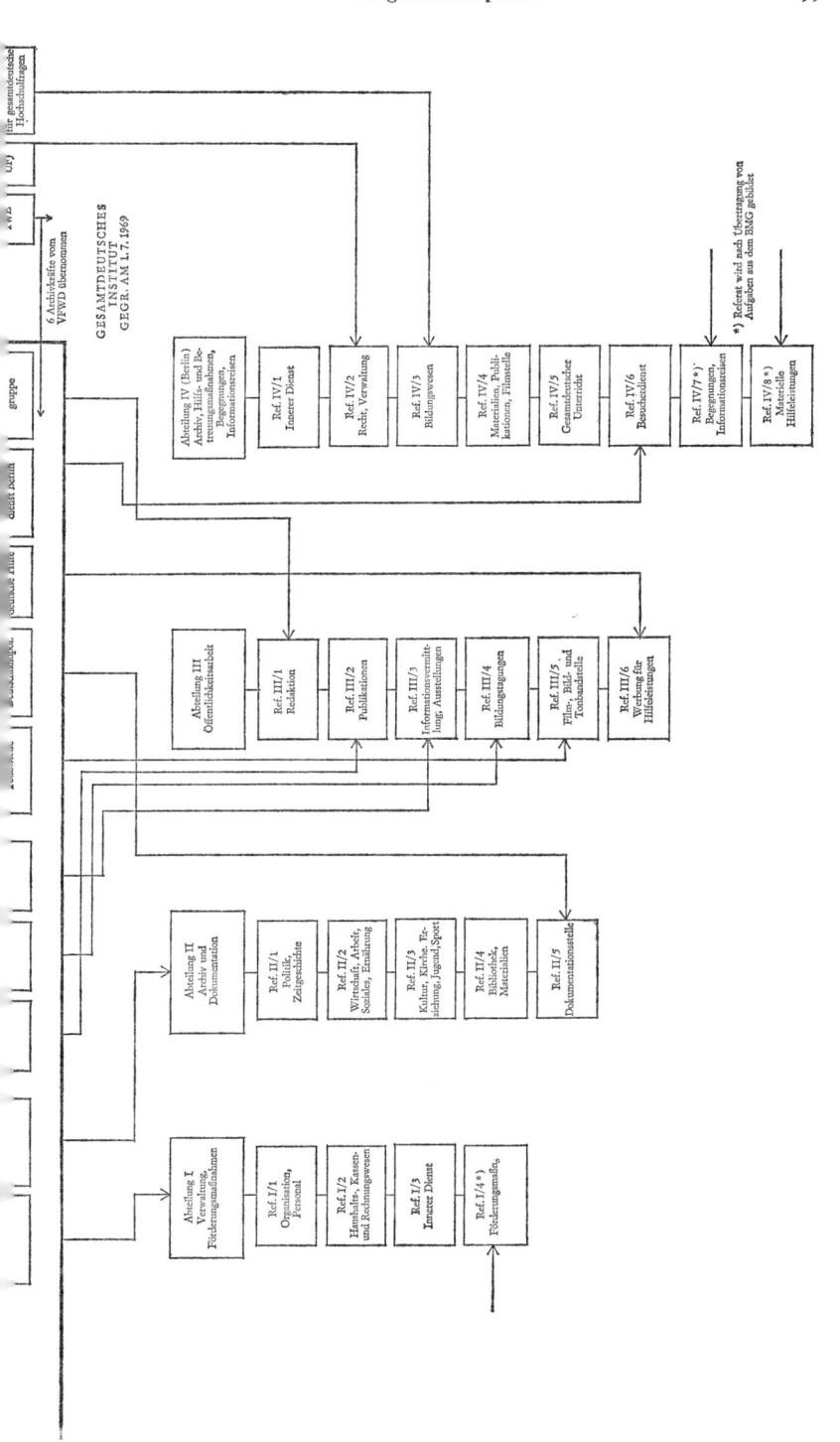

GESAMTDEUTSCHES INSTITUT
GEGR. AM 1.7.1969

6 Archivkräfte vom VFWD übernommen

Abteilung I
Verwaltung, Fördermaßnahmen

- Ref. I/1 Organisation, Personal
- Ref. I/2 Haushalts-, Kassen- und Rechnungswesen
- Ref. I/3 Innerer Dienst
- Ref. I/4 *) Fördermaßnahmen

Abteilung II
Archiv und Dokumentation

- Ref. II/1 Politik, Zeitgeschichte
- Ref. II/2 Wirtschaft, Arbeit, Soziales, Ernährung
- Ref. II/3 Kultur, Kirche, Erziehung, Jugend, Sport
- Ref. II/4 Bibliothek, Materialien
- Ref. II/5 Dokumentationsstelle

Abteilung III
Öffentlichkeitsarbeit

- Ref. III/1 Redaktion
- Ref. III/2 Publikationen
- Ref. III/3 Informationsvermittlung, Ausstellungen
- Ref. III/4 Bildungstagungen
- Ref. III/5 Film-, Bild- und Tonbandstelle
- Ref. III/6 Werbung für Hilfeleistungen

Abteilung IV (Berlin)
Archiv, Hilfs- und Betreuungsmaßnahmen, Begegnungen, Informationsreisen

- Ref. IV/1 Innerer Dienst
- Ref. IV/2 Rechn. Verwaltung
- Ref. IV/3 Bildungswesen
- Ref. IV/4 Materialien, Publikationen, Filmstelle
- Ref. IV/5 Gesamtdeutscher Unterricht
- Ref. IV/6 Besucherdienst
- Ref. IV/7 *) Begegnungen, Informationsreisen
- Ref. IV/8 *) Materielle Hilfeleistungen

*) Referent wird nach Übertragung von Aufgaben aus dem BMG gebildet.

SACHREGISTER

Aktuelle Materialien 111, 120
Amt für innerdeutsche Regelungen 149–153
Arbeitsgemeinschaft Gesellschaft und Staat 119
Archiv Friesdorf 88
Archiv für gesamtdeutsche Fragen 86–88
Ausstellungstätigkeit 113

Bauern-Verband Berlin 132
Berlin-Bevollmächtigter 49, 62, 174 f.
Berliner Abteilung 16, 39, 173–179
Bezeichnungsrichtlinien 158 f.
Bildungstagungen 122 f.
Bindungsklausel 30 f.
Brückekonzeption 10, 14, 34
Bundesanstalt für gesamtdeutsche Aufgaben 83 f., 125 f.
Bundesjugendplan Berlin 117
Büro Bonner Berichte 106–108
Büro für gesamtdeutsche Hilfe 131
Büro für politische Studien 90

CDU-Gründung 10 f.
CDU-Liste 17
Club der Staatssekretäre 26 f.

Deutschlandhaus 113 f.
Dokumentation zur deutschen Frage 108

Ein- und Ausreisegesetz 145 f.
Europaministerium 49
Europarat 29
Exil-CDU 12, 32, 34, 37, 42

FDP 45 f.
Filmstelle 112 f.
Flüchtlingsbefragungen 89
Flugblätter 109 f.

Förderungs- und Betreuungsmaßnahmen 127–140
Forschungsbeirat 94–97
Fünfer-Ausschuß 127 f.

Geheimfonds 99, 127–129
Gemeinsame Geschäftsordnung 4 f., 7
Gesamtdeutscher Ausschuß 30, 59, 67
Göttinger Arbeitskreise 97
Große Koalition 32, 58
Grundsatzarbeit 86–103

Haus der Ostdeutschen Heimat 134
Haushaltsdebatten 15, 129
Haushaltsvolumen 55
Haus Einheit in Freiheit 113 f.
Herder-Institut 97 f.
Hochschullehrerreserve 144

Ich-Reihe 109
Informationsfahrten 123, 132–134
Informationsministerium 32
Infra-Test 89
Interviews VI
Interzonenhandel 50 f., 54, 56, 162
Interzonenreiseverkehr 133
IWE 115–117

Kabinettsausschuß 55, 148 f.
Kabinettsvorlage 1949 15, 17, 75, 108, 173
Kalter Krieg 14, 45
Kampfgruppe gegen Unmenschlichkeit 138
Kanalarbeiter 68, 71
Komitee Rettet die Freiheit 27, 43
Kommunale Richtlinien 159–161
Königsteiner Kreis 13, 92–94
Koordinierung 141–164

Sachregister

Kuratorium Unteilbares Deutschland
 18, 26, 33
Kurier 176

Länderbehörden 157 f.
Lenkungsapparat 8
Lexikon SBZ von A bis Z 100

Materielle Hilfeleistungen 130–132
Memorandum der Bundesregierung von
 1964 45, 146
Meinungsbefragungen 89
Minister, politische Funktionen 3 f.
Ministerbüro 59, 70

Name des Ministeriums 13

Öffentlichkeitsarbeit 104–126
Olympia-Fahne 37
Ostabteilung 16
Ostbüros der Parteien 137 f.

Parlamentarischer Staatssekretär 71
Passierscheinabkommen 101, 147 f.,
 177
Persönlicher Referent 6
 unter Kaiser 27
 unter Mende 54
 unter Wehner 60
Personalreferent 6 f.
 unter Kaiser 28
 unter Mende 54
 unter Wehner 64
 unter Franke 71
Pflege menschlicher Kontakte 36
Planungsbeauftragter 70
Planungsstab 52, 59
Politische Häftlinge 56
Politischer Parkinson 7 f.
Präsident der BfgA 83–85
Pressereferat 6
 unter Kaiser 28
 unter Mende 54 f.
 unter Wehner 63 f.
Publikationstätigkeit 105–112

Rechtsschutz 129 f.
Rednerdienst 112

Referat
 Allgemeine Politik 101
 Begegnungen 61
 Besondere Hilfeleistungen 131
 Bildungsaufgaben 178
 Deutschlandpolitische Forschung 98
 Gesamtdeutscher Unterricht 123 f.
 Grundsatz- 53, 100 f.
 Informationsreisen 178
 Jugend 61, 71
 Kabinetts- 53, 60, 105
 Kultur, Erziehung, Jugend 54
 Parlaments- und Verbindungs- 60
 Personal- 71
 Politische Bildung 61
 Pressepolitische Aufgaben 63
 Publikations- 111
 Völkerrecht, Staatsrecht 101
 Volkstum 61
 Wirtschafts- 53, 56
Rentnerreisen 133
Rias-Kommentare 123 f.

Saalebrücke 56, 152 f.
Saarbund 168
Saardenkschrift 166 f.
Saarfrage 165–172
Saarreferat im Auswärtigen Amt 169 f.
Saarstatut 170 f.
Sonderbeauftragter der Bundesregierung 35
Sowjetische Note vom März 1952 30
Sozialausschüsse 10, 24, 32
Spandauer Volksblatt 39
SPD-Liste 17
Subventionen 24, 39, 139 f.

Schulen, Zusammenarbeit mit 123 f.

Staatssekretär 5
 Thedieck 20–27
 unter Mende 50 f.
 unter Wehner 62 f.
Staatssekretärsausschuß 147 f.
Struktur- und Personalpolitik 7, 23 f.
Strukturveränderungen 41, 51 f., 70

Der Tag 176

Treuhandstelle für den Interzonenhandel 150, 162

Umbenennung des Ministeriums 69
Untersuchungsausschuß Freiheitlicher Juristen 90–92, 130

Verhältnis Lemmer-Thedieck 38
Barzel-Thedieck 43 f.
Mende-Krautwig 51
Wehner-Krautwig 62 f.
Verteiler 109
Vertriebenenministerium 35, 134 f.
Vertriebenenverbände 134 f.
Verwaltungsabteilung 16

VFWD 76–82, 84, 88, 102
Vizekanzler 46
Volksbund für Frieden und Freiheit 117–119
Vorfeld 76–85

Wahlkampf 1961 46
Wehrbeitrag 29 f.
Westabteilung 16, 52, 166

Zentralstelle für gesamtdeutsche Hochschulfragen 79
Zonenrandgebiete 56 f., 71 f., 136 f. 162 f.

PERSONENREGISTER

Abusch, Alexander 147
Achenbach, Hermann 17
Adam, Alfred 64, 120
Adenauer, Konrad 10–13, 20 f., 21, 23, 25, 29–33, 35, 37, 42, 45 f., 48, 143–145, 155, 166–171, 174
Adolphi, Roland 77
Amrehn, Franz 50
Arndt, Klaus-Dieter 66
Arnold, Karl 10, 42, 46

Bahr, Egon 68, 103, 149, 175
Baring, Arnulf 11, 31
Barzel, Rainer 42–45, 49, 55, 71, 84, 100, 119, 122, 146 f., 176
Baumgärtel, Hans Georg 54, 62, 64, 101, 118
Behling, Rechtsanwalt 130
Blohm, Georg 95
Böckenförde, Ernst-Wolfgang 152
Bodens, Wilhelm Josef 168, 169, 171
Bohlmann, Gerhard 115 f.
Bosch, Werner 95
Bourdin, Paul 166 f.
Brammer, Karl 19
Brentano, Heinrich v. 42
Brodeßer, Karl-Friedrich 54
Bude, Roland 111
Cramer, Fritz 117

Dehler, Thomas 164
Dellingshausen, Freiherr Ewert v. 17, 19, 53, 61, 90, 100 f., 118, 157
Dietrich, Peter 98
Drechsler, Irmgart 17
Dübel, Siegfried 19, 20, 112

Eckhardt, Felix v. 31, 50, 143, 145, 174
Eichengrün, Ernst-Arthur 71
Eppler, Erhard 66

Erhard, Ludwig 44, 48, 51, 148, 151

Fischbach, Günter 110
Franke, Egon V, 66–72, 99, 103, 111, 122, 125, 129, 135, 140, 156, 163 f.
Friedenau, Theo 89, 115
Frohne, Edmund 95

Gefaeller, Heinz 19, 64
Germer, Karl J. 17, 18, 24
Gleitze, Bruno 95
Globke, Hans 19, 143, 146
Gosselck, Claus-Hinrich 61
Goßmann, Rolf 55, 63 f.
Gradl, Johann B. 42, 58, 96, 150

Haack, Dieter 19, 60 f., 102
Hahn-Butry, Jürgen 117
Hallstein, Walter 169
Hämmerle, Horst 117
Hammerstein, Ludwig v. 17, 19, 25, 28, 40, 116, 167
Heinemann, Gustav 18, 21, 29, 149
Hensel, Paul 95
Herold, Karl 71 f.
Hildebrand, Rainer 138
Hindrichs, Armin 114
Hirt, Edgar 71
Hoesch, Jan 102
Hoppe, Hans-Günter 147
Horchem, Hans-Josef 60
Hüttemann, Peter 17, 28

Jaeger, Wolf-Eckhard 71
Jäger, Willi 83
John, Otto 20 f., 26

Kaiser, Jakob VIII, 9–35, 38, 89, 123, 127, 139, 142 f., 155, 158, 160, 164–167, 169–174, 179
Kaiser-Nebgen, Elfriede 25

Kellermann, Volkmar 114
Kiesinger, Kurt Georg 35, 58
Klepsch, Egon 112
Kludas, Gottfried 77, 86
Knoop, Emil 17, 61, 70 f.
Koepp, Friedrich 17, 106 f., 111, 113
Korber, Horst 148
Kosser, Rolf 17
Kosthorst, Erich 31, 97
Krautwig, Carl 5, 50 f., 62 f., 98, 139, 147 f.
Kreutzer, Hermann 61, 70, 102, 178
Krone, Heinrich 35
Kühn, Detlef 84
Kunisch, Georg 17, 19, 95, 101

Lehmann, Walter-Jürgen 70
Leimbach, Werner 87
Lemmer, Ernst 5, 10, 23, 34-42, 44, 144 f., 148, 160, 164, 174
Lenz, Otto 48
Leopold, Kurt 150
Liebrich, Hans 131
Linse, Walter 89
Losch, Sebastian 77, 111
Lübke, Heinrich 50
Ludz, Peter Christian 179

Magen, Karl 19
Mahnke, Hans-Heinrich 101
Marx, Werner 78
Marx, Karl 118
Maurach, Bruno 55
May, Rolf 40
Mayer, René 167
McCloy, John 92
Meimberg, Rudolf 95
Mende, Erich 19, 38, 46-57, 78, 101 f., 122, 139, 146-156, 160, 163 f., 176 f.
Michaelis, Heinz 178
Mischnick, Wolfgang 66
Müller, Johannes 78
Müller, Udo 19
Münchheimer, Werner 94, 101
Musiolik, Alfred 130

Neumann, Erwin 89

Newman, Karl Johannes 83, 87
Nottbeck, Berend v. 77, 108

Pieser, Lieselotte 178
Pilsach, Heinrich Senfft von 77
Pleyer, Klemens 95
Plück, Kurt 27, 54 f.
Probst, Oskar 77
Prochazka, Karl 116

Quell, Hans Martin 79

Radmann, Helmuth 77
Rehlinger, Ludwig 49, 84, 125
Ritter, Waldemar 61, 70, 124
Rohn, Otto 17, 28, 41, 51, 61
Rosenthal, Walther 89, 92
Rubin, Hans Wolfgang 46
Ruppert, Arthur 117
Sagner, Fred 20, 27
Sethe, Paul 11, 45
Spangenberg, Dietrich 62, 79
Sucka, Karlheinz 17
Schattenberg, Horst-Henner 51, 61 f., 71, 102
Scheffler, Herbert 90
Schenk, Fritz 83, 126
Schierbaum, Hansjürgen 53, 101
Schmidt, Helmut 66
Schnorrenberg, Heinz 52
Schollwer, Wolfgang 46, 151
Schröder, Gerhard 48 f., 145
Schumacher, Kurt 11, 13 f., 18, 108
Schütz, Klaus 148
Schütz, Wilhelm Wolfgang 18, 25 f., 149

Staab, Franz-Jürgen 71
Stern, Ernst Günter 156
Stingl, Josef 50
Strauß, Franz Josef 49, 59, 147
Strohm, Gustav 169

Taubert, Eberhard 117 f.
Thalheim, Karl C. 95
That, Werner 53, 61
Thedieck, Franz 5, 13, 16 f., 19, 21, 23-28, 33, 35, 37 f., 40 f., 43 f., 50,

Personenregister

54, 76, 89, 99, 101, 106, 108, 114, 117, 123, 133, 138 f., 143, 146, 152, 165, 175
Thomas, Stephan 138
Tillich, Ernst 115, 138
Tillmanns, Robert 32
Timm, Richard 17, 18
Türk, Martin 17, 19

Vockel, Heinrich 174

Wandschneider, Gerhard 160
Warnke, Bruno V, 64, 71
Weber, Bernd 109, 178
Wehner, Herbert V, 5, 14, 57–66, 68, 78 f., 81 f., 93, 102 f., 111, 125 f., 137 f., 141, 149, 153–55, 159, 161, 163 f., 169, 177 f.

Weichert, Jürgen C. V, 7, 60, 62, 70, 102
Weirauch, Lothar 52
Welter, Erich 95
Wersebe, Gisbert von 57
Westrick, Ludger 48, 50, 147–149
Wetzel, Günther 61–63, 69, 72, 80, 114, 122
Weyer, Willi 151
Wildenmann, Rudolf 27
Wörner, Manfred 20, 80

Zahn, Friedrich v. 19, 26, 59, 61, 64
Zaluskowski, Günter 27, 113
Zerbe, Karl 160
Zettelmeyer, Hans 160

MÜNCHENER STUDIEN ZUR POLITIK

Heinz Laufer: Der parlamentarische Staatssekretär
Eine Studie über ein neues Amt in der Bundesregierung.
1969. XIII, 124 Seiten. Leinen DM 16.- (Band 12)

Karl Hahn: Staat, Erziehung und Wissenschaft bei J. G. Fichte
*Untersuchungen zu seiner im Jenenser Systemzyklus
entfalteten politischen Theorie.*
1969. XI, 183 Seiten. Leinen DM 32,- (Band 13)

N. Gehrig: Parlament – Regierung – Opposition
Dualismus als Voraussetzung für eine parlamentarische Kontrolle der Regierung.
1969. XII, 334 Seiten. Leinen DM 58,- (Band 14)

Chr. Schefold: Die Rechtsphilosophie des jungen Marx von 1842
Mit einer Interpretation der Pariser Schriften von 1844.
1970. XIII, 301 Seiten. Leinen DM 46,- (Band 15)

B. Jenschke: Zur Kritik der konservativ-revolutionären Ideologie in der Weimarer Republik
Weltanschauung und Politik bei Edgar Julius Jung.
1971. VIII, 200 Seiten. Leinen DM 35,- (Band 16)

Politik und Wissenschaft
Herausgegeben von Hans Maier, Klaus Ritter und Ulrich Matz.
1971. VIII, 573 Seiten. Leinen DM 75,- (Band 17)

Jean Bodin – Verhandlungen der internationalen Bodin-Tagung in München
Herausgegeben von Horst Denzer. 1973. XV, 547 Seiten. Leinen DM 78,-
(Band 18)

Lutz-Arwed Bentin: Johannes Popitz und Carl Schmitt
Zur wirtschaftlichen Theorie des totalen Staates in Deutschland.
1972. X, 186 Seiten. Leinen DM 32,- (Band 19)

Klaus-Michael Kodalle: Thomas Hobbes – Logik der Herrschaft
und Vernunft des Friedens
1972. IX, 210 Seiten. Leinen DM 36,- (Band 20)

W. Holzheuer: Karl Kautsky's Werk als Weltanschauung
Beitrag zur Ideologie der Sozialdemokratie vor dem ersten Weltkrieg.
1972. VIII, 123 Seiten. Leinen DM 22,- (Band 21)

Horst Denzer: Moralphilosophie und Naturrecht bei Samuel Pufendorf
*Eine geistes- und wissenschaftsgeschichtliche Untersuchung
zur Geburt des Naturrechts aus der praktischen Philosophie.*
1972. XV, 405 Seiten. Leinen DM 52,- (Band 22)

VERLAG C. H. BECK MÜNCHEN